Humanidades Digitales Hispánicas. Innovación, globalización e Impacto

Libro de resúmenes del II Congreso Internacional de la Asociación de Humanidades Digitales Hispánicas

LINHD – UNED

(http://hdh2015.linhd.es/)

Madrid, 5-7 de octubre de 2015

Humanidades Digitales Hispánicas. Innovación, globalización e Impacto

Libro de resúmenes del II Congreso Internacional de la Asociación de Humanidades Digitales Hispánicas

Prólogo

Elena González-Blanco García

egonzalezblanco@flog.uned.es

Álvaro Chaparro Sainz

a.chaparrosainz@gmail.com

La investigación actual en Humanidades, al igual que en el resto de las disciplinas, se encuentra en un proceso de redefinición, orientándose cada vez más hacia un mundo digital donde la difusión, el intercambio de información y la interoperabilidad constituyen factores clave para su avance. El investigador tradicional de disciplinas humanísticas y el usuario, en general, está viviendo una necesidad creciente de implementación de nuevas herramientas tecnológicas en su quehacer cotidiano, no solamente en su uso, sino también en su comprensión, adaptación y diseño adecuados a sus necesidades de investigación y difusión del conocimiento.

La investigación e innovación en Humanidades Digitales no es una novedad fuera de España. En otros países como Canadá, Estados Unidos, Alemania o Inglaterra canalizan la investigación interdisciplinar del conocimiento tecnológico aplicado a las humanidades a través de centros y laboratorios en las instituciones donde se llevan a cabo los proyectos más significativos, como la digitalización a gran escala, la elaboración de diccionarios o la creación de estándares, además de una labor formativa importante y de difusión orientada a su repercusión concreta en la ciudadanía.

En España están surgiendo en los últimos años iniciativas relevantes centradas en la difusión de contenidos culturales y artísticos para un público amplio como el CCCBLAB (Barcelona), o el Medialab Prado (Madrid). Vinculados a las universidades han surgido centros como el Medialab de la Universidad de Salamanca o el GrinUgr de Granada. Además, ha crecido enormemente el número de asociaciones nacionales enfocadas al estudio de las Humanidades Digitales, en la línea de otras asociaciones relevantes europeas, como la italiana AIUCD, o la alemana DHD, y en especial las internacionales como la European Association for Digital Humanities (antigua ALLC), o la mundial Alliance of Digital Humanities Organizations (ADHO). En este marco, se creó en España la HDH (Asociación de Humanidades Digitales Hispánicas, http://www.humanidadesdigitales.org/) constituida en 2013, celebrando su primer congreso en julio de ese año. El Congreso que aquí presentamos, además de ser el segundo, desea contextualizarse en el contexto de cambio y evolución de las Humanidades Digitales en España, Europa y el mundo, y en especial en el mundo hispanohablante, donde también la reciente aparición de la RedHD en México (http://www.humanidadesdigitales.net/) o la AAHD (http://aahd.com.ar/) en Argentina suponen un paso más hacia la apertura del español en este nuevo campo

El Laboratorio de Innovación en Humanidades Digitales (LINHD, http://linhd.uned.es/), responsable de la coordinación de este Congreso, es un laboratorio de reciente creación que traslada los modelos de centro de innovación internacionales a nuestro sistema hispánico de cara a crear un modelo de referencia integrado en las redes de centros y consorcios europeos, como Centernet (www.dhcenternet.org/), siendo el primer centro español que se integra en esta red, y recientemente como primer Clarin-K Center (https://www.clarin.eu/news/congratulations-our-first-clarin-knowledge-centre), en colaboración con la UPV y la UPF.

Si bien el germen inicial de este Congreso se encuentra en la Filología, quizás el área dentro de las humanidades más innovador, estamos ante una realidad en la que por encima de todo destaca la transversalidad. En este sentido, existen varios objetivos transversales que afectan a la totalidad del Congreso que pueden ser resumidos brevemente en cinco líneas principales:

- Accesibilidad: todos los contenidos han de ser accesibles a personas con dificultades y por ello tratar de facilitar al máximo la apertura de barreras.
- Adopción de estándares: en todos los objetivos, tareas y fases recogidas se siguen los estándares internacionales existentes.
- Acceso abierto y puesta a disposición del código libre bajo licencia de reconocimiento CC-by.
- Fomento del trabajo colaborativo e interdisciplinar entre informáticos y humanistas.
- Internacionalización, visibilidad, impacto y transferencia de los desarrollos a nivel internacional, tanto en los países de habla hispana como al nivel de los grandes centros e infraestructuras de Humanidades Digitales a nivel mundial, política que ya está siendo fuertemente impulsada por LINHD.

La celebración de este Congreso permite establecer un estado de la cuestión en relación a las Humanidades Digitales en España y en el mundo hispanohablante, que ya se inició en la primera edición del mismo en La Coruña en 2013 (http://hdh2013.humanidadesdigitales.org/). Además de ello, las conclusiones que a escala científica, tecnológica e innovadora se extraigan tras la conclusión del evento permitirán establecer estrategias de actuación con respecto a los años venideros en el marco de las Humanidades Digitales, en claro proceso de expansión.

De modo más concreto, a través de la organización de este Congreso se consigue impulsar las nuevas formas de trabajo colaborativas e interdisciplinares, tanto dentro de las propias disciplinas humanísticas, como tecnológicas. La comunicación entre los distintos grupos y el enriquecimiento de perspectivas basadas en la colaboración y en la búsqueda de nuevas formas de difusión abiertas a la participación externa y a la interacción con el usuario final constituyen un verdadero acicate revolucionario que aspira a superar la brecha digital existente entre tecnologías y humanidades, y a su vez entre el mundo académico de la investigación y los ciudadanos "de a pie", consumidores y destinatarios de los objetos culturales. Siendo consecuencias de estos resultados de esta colaboración la creación de nuevos programas formativos, el desarrollo de proyectos de innovación originales y la difusión y el acceso a la cultura gracias a las herramientas digitales.

La unión de cultura, difusión, ocio y empresa es una realidad que aún está lejos de llegar a su máximo exponente en nuestro país y que con esta iniciativa tratamos de fomentar. Este Congreso abre así una nueva línea de colaboración con las empresas que trabajan en el desarrollo de contenidos culturales de cara a establecer sinergias conjuntas, especialmente a través de la orientación en las necesidades culturales de la investigación así como en las líneas generales que se están siguiendo internacionalmente.

El II Congreso Internacional de la Sociedad Humanidades Digitales Hispánicas. **Innovación, globalización e Impacto** (http://hdh2015.linhd.es/) presenta más de cien intervenciones repartidas de la siguiente manera: 4 conferencias plenarias, 49 comunicaciones largas, 32 comunicaciones breves, 7 paneles y 13 pósters (http://hdh2015.linhd.es/programa/).

Los plenaristas que tomarán parte en el Congreso son: **Laurent Romary,** director de DARIAH (https://www.dariah.eu/) desde febrero de 2011, quien obtuvo su doctorado en lingüística computacional en 1989 y su tesis de Habilitación en 1999. A lo largo de los últimos años ha dirigido el equipo de investigación Langue et Dialogue (http://www.loria.fr/equipes/led/) en el laboratorio de Loria, desarrollando varios proyectos sobre el diálogo hombre-máquina, gestión de documentos multilingües y sobre ingeniería lingüística. Por su parte, **Alejandro Piscitelli** estudió filosofia en la UBA, teniendo como mentores a Michel Foucault, Jacques Ranciere, Alain Badiou y Francisco Varela. Desde hace 19 años es titular de un Laboratorio de Innovación pedagógica en la Carrera de Ciencias de la Comunicación en la UBA. Su trabajo soñado fue educ.ar 2003-2008 (http://www.educ.ar/). Desde 2012 crea laboratorios de artes/ciencias empezando por ConectarLab en Buenos Aires, pasando por TadeoLab en Bogotá y ahora Cultura Digital en Mexico. Por otro lado, **Asunción Gómez Pérez** es Catedrática de Universidad en la Facultad de Informática de la Universidad Politécnica de Madrid, Directora del Grupo de Ingeniería Ontológica y, actualmente es igualmente Directora del Departamento de Inteligencia Artificial de la Facultad de Informática. Doctora en Ciencias de la Computación e Inteligencia Artificial (1993), ha dirigido numerosos proyectos europeos (MKBEEM, Ontoweb, Esperonto, Knowledge Web, NeOn, SEEMP, OntoGrid, Admire, SemsorGrid4Env, SEALS, DynaLearn, Monnet, LÍDER, etc) y del Plan Nacional (España Virtual, Plata, Geobuddies, BabeLData, etc.). Finalmente, **Alicia Fornés** procede del Centro de Visión por Computador (UAB) (http://www.cvc.uab.es/) donde es especialista en reconocimiento digital de imágenes y, particularmente, en reconocimiento documental y de grafías por ordenador. Doctora por la Universidad Autónoma de Barcelona en 2009, actualmente es investigadora postdoctoral en la misma universidad, desde donde aborda investigaciones relacionadas con el análisis de documentos, el reconocimiento de símbolos, de documentos históricos, de la escritura y de la autoría.

En cuanto a los participantes, las cifras de inscripción nos indican cómo el setenta por ciento de los intervinientes son españoles, mientras que un treinta por ciento proviene del extranjero. Como se puede observar en las siguientes gráficas, tras España encontramos participantes procedentes de paises como Alemania, EEUU, Italia o Inglaterra.

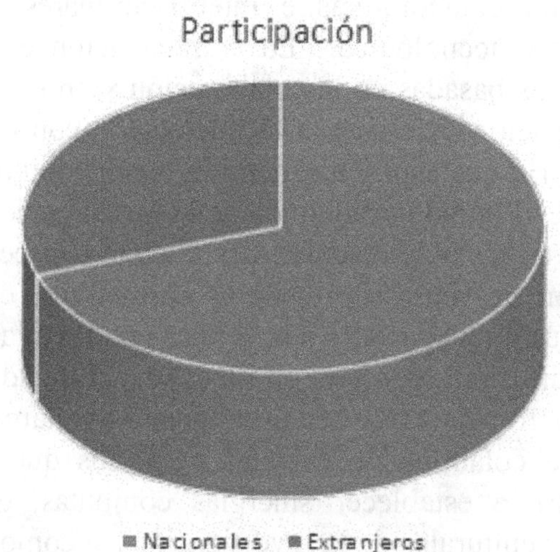

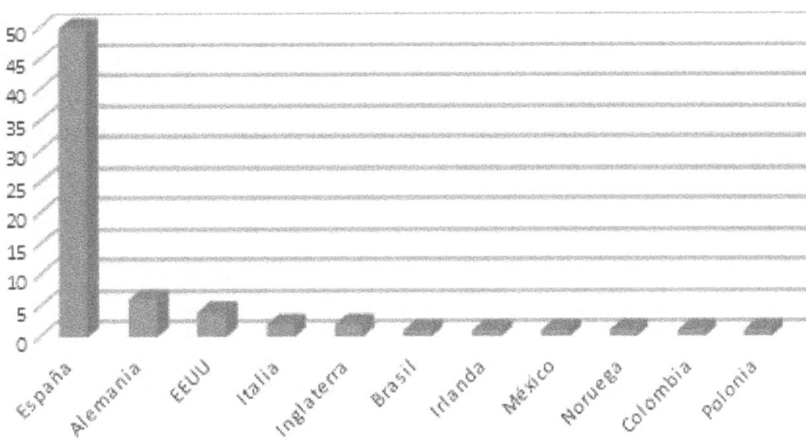

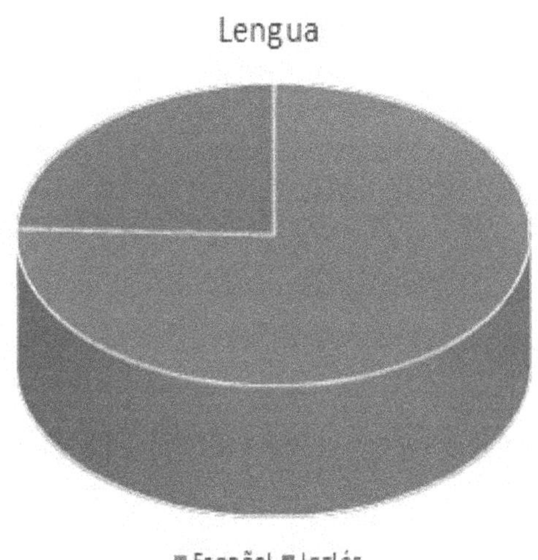

Del conjunto de intervenciones presentadas, independientemente de su modalidad, casi una veintena se han hecho en inglés, lo que muestra el carácter internacional del Congreso. Finalmente, debe ser subrayado, en relación al género de los firmantes de las intervenciones, cómo se produce una paridad casi absoluta. Del total de los 87 titulares, 42 son hombres mientras que el resto, 45, son mujeres.

Además de las intervenciones de los participantes, debe ser señalado el desarrollo íntegro de una de las jornadas del evento, la del miércoles día 7 de octubre, en las instalaciones de MediaLab Prado (Plaza de las Letras. C/ Alameda, 15, Madrid).

Mención especial merecen los patrocinadores, empresas, instituciones y organizaciones, que han hecho posible la celebración del Congreso, siendo por tanto de obligado cumplimiento un especial agradecimiento a: Oxygen (http://www.oxygenxml.com/), European Association for Digital Humanities, EADH (http://eadh.org/); Alma Sorolla Arte (http://www.almasorolla.es/), Vicerrectorado de Investigación de la UNED, MediaLab Prado (http://medialab-prado.es/) y la Alliance of Digital Humanities Organizations, ADHO (http://adho.org/).

El congreso finaliza con la celebración del primer EADH Day (o Día Internacional de la Asociación Europea de Humanidades Digitales www.eadh.org), que tendrá lugar el 8 de octubre con un formato más flexible a modo de "lightning talks" y debates o "challenges". Con Karina van

Dalen-Oskam, EADH President, como plenarista, se cerrará una jornada en inglés que servirá para clausurar todo el congreso hispánico con unos tonos internacionales de corte europeo que aspiran a abrir nuevas vías de comunicación científica entre los asistentes.

El carácter semipresencial de la UNED ha facilitado la virtualización del congreso mediante la grabación de la mayor parte de sus sesiones, que será posteriormente distribuida a través de CanalUNED así como en los canales de YouTube de LINHD.

Sirva pues, este congreso, para dar un paso más hacia el impulso y el avance de las humanidades digitales en España y en español.

Los caminos inescrutables de las HD o ¿qué enseñar en un curso de introducción?

SUSANNA ALLÉS TORRENT

a3251@columbia.edu

University of Columbia

Muchos son los países que ofrecen formaciones en Humanidades Digitales: Estados Unidos, Francia, Gran Bretaña, entre otros. También España ha visto aparecer la apertura de postgrados y másteres oficiales que ven un aumento progresivo de sus estudiantes. La etapa del autoaprendizaje, donde los diletantes de tecnologías aplicables a las humanidades debían recorrer un camino algo solitario, parece ya formar parte del pasado, y las nuevas formaciones aspiran a cubrir todo un abanico de lenguajes informáticos, plataformas y cuestiones de cultura digital de un modo más sistemático y profesionalizador.

Así pues, la cuestión sobre el tipo de cursos, la serie de habilidades y el equilibrio entre contenidos teóricos y técnicos ha sido ya largamente discutido, y a estas alturas toda formación parece poseer una lista más o menos cerrada y consensuada de materias, aunque existe siempre un espacio para los enfoques concretos que cada institución educativa quiera dar.

Pero no todas las universidades corren la misma suerte y muchas carecen de los recursos humanos suficientes, o simplemente de interés, por ofrecer este tipo de formación. Algunos departamentos tienen profesores que dedican sus esfuerzos a campos concretos de las HD, y en algunos casos, se les brinda la posibilidad de crear cursos concebidos como un introducción a las HD. Ahora bien, ¿qué enseñar en un curso de este tipo? Al tratarse de cursos trimestrales o semestrales el tiempo a disposición es verdaderamente escaso y las posibilidades muchas.

La literatura en torno a la pedagogía digital –lejos de identificarse con el mero uso de la tecnología en las aulas– es relativamente abundante; uno de los volúmenes más emblemáticos es sin duda el Digital Humanities Pedagoy. Practices, Principles and Politics (ed. Brett D. Hirsch, OBP, 2012), donde se documentan principios nacidos de prácticas y proyectos concretos.

Al interno de las prácticas de HD hay propuestas heterogéneas, si bien en su mayoría se basan en su aspecto práctico, participativo y creativo; muchos son también los que tachan como innecesarias cuestiones relativas, por ejemplo, a la autodefinición del campo, como el conocidopost del blog de Ryan Cordell: How not to Teach Digital Humanities (1 febrero 2015).

Mi intervención pretende abordar estas cuestiones y centrarse, en un segundo momento, en la experiencia docente llevada a cabo en el departamento de Latin American and Spanish Cultures de la universidad americana de Columbia (Nueva York). Por un lado, expongo la dinámica, los contenidos y las herramientas utilizadas en un curso introductorio a HD, y por el otro, propongo una serie de conceptos, habilidades y recursos que podrían constituir uno de los sílabos posibles de un curso de estas características.

La intervención aspira a entablar un diálogo y a ser una propuesta clara y precisa para otros docentes e investigadores en cualquier campo de las HD y que, en algún momento, deban confrontarse a una experiencia docente similar.

La producción documental de los condes de Luna al final de la Edad Media: hacia un modelo de digitalización de su estructura diplomática

FRANCISCO JAVIER ÁLVAREZ CARBAJAL

francisco.alvarez-carbajal@ehess.fr

EHESS

El Archivo de los Condes de Luna [1] (Centro de Documentación de Caja España, León) abarca una amplio y variado conjunto documental en el que se incluyen más de 900 documentos que comprenden desde el año 1285 hasta el siglo XIX, con una especial continuidad entre los siglos XIV y XVI. Dado que el factor que se utilizó para determinar la agrupación seriada de la documentación del archivo fue su material sustentante, como indica el nombre de los dos fondos más importantes (pergaminos y papeles), la variedad temática y de otorgantes que constituyen el fondo de papeles es ingente. De esta manera, y ciñéndonos exclusivamente al período medieval, además de la documentación generada por el linaje a lo largo de la Baja Edad Media, encontramos documentación producida por la monarquía castellana (Corona y Principado de Asturias), sus oficiales (especialmente corregidores) e instituciones (Audiencia, Contaduría Mayor); diferentes instituciones religiosas (monasterio de San Isidoro de León, diócesis de Oviedo y Astorga); documentación notarial; documentación concejil (recordemos que el señorío de los Quiñones-condes de Luna abarcó importantes territorios de la montaña central y occidental leonesa, así como del suroccidente asturiano, y que además su papel al frente del adelantamiento de León y de la merindad de Asturias provocó importantes conflictos con los concejos de realengo); e incluso documentación generada por otras familias aristocráticas del reino (Enríquez, Osorio, Pimentel, Acuña, Bazán, etc.) .

A esto hay que añadir un segundo grupo de documentos que conforman la *addenda* al archivo: 62 unidades, con un libro de casi 400 folios manuscritos. Las unidades documentales de esta *addenda* están formadas, por una parte, por 18 pergaminos desde principios del XIV sobre la construcción del mayorazgo de la casa en Toledo y sobre todo, montaña asturleonesa; y por otra por casi una cincuentena de papeles de los s. XV y XVI, fundamentalmente, que hacen referencia a las posesiones de la familia en Benavides y Laguna, sus dos centros más importantes, así como al entronque con los Pimentel. También se incluye el testamento de Diego Fernández I y su mujer, así como el del primer conde, Diego Fernández II.

Mi investigación doctoral en la Universidad de Oviedo toma como elemento de estudio dicho fondo, centrándonos en la edición de la documentación producida por el condado de Luna en la Baja Edad Media para analizar su génesis, forma diplomática, tradición y elementos de validación. A grandes rasgos, nuestro objetivo es estudiar los cauces que ofreció la escritura en la dinámica de conflicto bajomedieval y cómo se utilizaron tales mecanismos en las relaciones con la monarquía, otras familias aristocráticas y los concejos urbanos. ¿Qué papel juega la documentación como arma de legitimación social frente a otros estamentos? ¿Y como arma para el juego político? ¿Y como medio de gobierno y de administración?

Por lo tanto, la edición de dichas fuentes tiene como objetivo el estudio de la cancillería señorial y sus estrategias documentales, pero dicho estudio depende necesariamente del análisis pormenorizado de la estructura diplomática de los documentos. Es precisamente en esta etapa de la investigación donde consideramos que las herramientas digitales pueden suponer un elemento especialmente útil para nuestro propósito.

Fruto de mi inclusión en el proyecto DiXiT[2], donde desarrollo una investigación que analiza la práctica y facilidad de uso de la ediciones digitales[3], decidimos ampliar nuestro proyecto original y convertir la edición diplomática tradicional en una verdadera edición digital científica.

Durante nuestra estancia de investigación de tres meses (abril-julio de 2015) auspiciada por Georg Vogeler en el *Centre for Information Modelling - Austrian Centre for Digital Humanities* de la Universidad de Graz, elaboraremos un modelo de codificación en XML/TEI de la documentación producida por el condado de Luna. En dicho modelo pretendemos incluir al menos dos niveles de codificación:

- Un primer nivel encaminado a cribar la documentación en base a unos elementos generales: nombres de persona, lugares y fechas.
- Un segundo nivel de mayor interés para el diplomatista: la codificación de los caracteres internos del discurso diplomático.

Ahora bien, conscientes de la necesidad de dotar al investigador con las herramientas necesarias para agilizar la consulta de este corpus diplomático, desarrollaremos un motor de búsqueda capaz de seleccionar los elementos codificados anteriormente mencionados. Aspiramos por lo tanto a proponer un modelo de trabajo que pueda ser posteriormente adoptado en otras ediciones digitales diplomáticas similares.

Sin embargo, dicha labor no está exenta de problemas desde el mismo momento de la concepción del modelo de codificación. El primero y más notable es la ausencia de un standard de codificación específico para la documentación diplomática (la *Text Encoding Initiative* no dispone de ningún modulo dedicado a este tipo particular de documentación), lo cual ha conducido al actual panorama de fragmentación de los modelos de codificación empleados en las ediciones digitales de documentación diplomática y a la consiguiente pérdida de interoperabilidad entre la documentación editada. Hasta ahora, únicamente la *Charters Encoding Initiative* (CEI[4]) se había propuesto alcanzar dicho standard e integrarlo en TEI, pero lamentablemente, dicha tarea nunca se llegó a completar del todo. Por lo tanto, nos proponemos aquí retomar dicha labor mediante nuestra propuesta de una nueva TEI ODD que aplicaremos a la codificación de nuestro corpus documental. En definitiva, mi comunicación pretende ilustrar, mediante la exposición de una edición digital provisional, los previsibles obstáculos que un editor debe afrontar a la hora de codificar, manipular y presentar la estructura diplomática de la documentación, así como mostrar las posibilidades que las ediciones digitales proporcionan en el estudio de las fuentes diplomáticas bajomedievales.

[1] C. ÁLVAREZ ÁLVAREZ y J. A. MARTÍN FUERTES, *Catálogo del Archivo de los condes de Luna* (León, 1977); Id., "Addenda al Catálogo del Archivo de los condes de Luna", *Archivos Leoneses: revista de estudios y documentación de los Reinos Hispano-Occidentales*, 71 (1982), pp. 159-189. Parte de los documentos había sido previamente editada por el Marqués de Alcedo: *Los merinos mayores de Asturias (del apellido Quiñones) y su descendencia. Apuntes genealógicos, históricos y anecdóticos*, vol. 2, (Madrid, 1925).

[2] <http://dixit.uni-koeln.de/>

[3] <http://dixit.uni-koeln.de/fellowships/early-stage-researchers/#esr5>, <http://dixit.hypotheses.org/155>

[4] < http://www.cei.lmu.de/index.php>

Análisis comparativo de la oferta de educación en Humanidades Digitales en Europa

NURIA ÁLVAREZ ORTIZ

nualvare@bib.uc3m.es

Universidad Carlos III de Madrid

VIRGINIA ORTIZ-REPISO

Universidad Carlos III de Madrid

Objetivos:

El objeto de esta comunicación es doble. Por una parte definir el concepto de Humanidades Digitales y su alcance. Por otra parte, realizar un análisis de las propuestas educativas en el ámbito de las Humanidades Digitales en Europa y compararlas con la que se están llevando a cabo en España.

Esta comunicación tiene su origen en el Trabajo de Fin de Máster (Máster en Bibliotecas y Servicios de Información Digital de la Universidad Carlos III de Madrid) que se está llevando a cabo. Su fin último es esbozar las competencias y el perfil del Humanista digital basado en un análisis previo del estado de la cuestión del campo de las Humanidades Digitales y de un análisis comparativo de los programas de formación específica en Europa.

Metodología:

En primer lugar, una revisión bibliográfica exhaustiva que permita sistematizar el concepto, la historia y el carácter multidisciplinar de las Humanidades Digitales así como su estado actual en el ámbito académico (estado institucional y autonomía de la disciplina). Para ello, se consultarán fuentes especializadas tales como revistas científicas, blogs de profesionales, guías, foros temáticos, documentación producida en los principales eventos de la comunidad (Day of Digital Humanities, THATCamp) y redes sociales (blogs profesionales, Twitter, listas de correos, LinkedIn o Scoopit)

En segundo lugar, un análisis pormenorizado de los programas educativos de las Humanidades Digitales existentes en Europa a través de las sedes web de los centros y proyectos principales. Este análisis permitirá realizar un estudio comparativo de los programas académicos europeos en HD en Europa en las tipologías de Grado, Máster, Curso de experto, Cursos de verano y Doctorado, atendiendo a las competencias adquiridas, plan de estudios (organización temporal y materias), rama-departamento en el que se imparte y modalidad (presencial, semipresencial, online).

Resultados:

Definición del concepto de Humanidades Digitales así como el alcance de la disciplina de forma justificada y según el estudio previo de su evolución histórica y estado actual. El concepto está basado en el análisis de los principios y valores que definen la comunidad de profesionales del ámbito de las HD, así como en los conceptos y reflexiones de las voces más autorizadas en el campo.

Un análisis comparativo del estado actual de la formación académica en Humanidades Digitales en Europa que permita definir el perfil profesional del Humanista Digital así como la formación académica necesaria. Se prestará especial atención a las diferentes tipologías y competencias que están presentes en los planes de estudio existentes. Asimismo se llevará a cabo un análisis comparativo de la situación en España respecto a la de otros países europeos. Se detectarán diferencias y similitudes y se especificarán recomendaciones.

Aspectos técnicos, diseño y funcionalidades del sitio web del "Proyecto TRACE"

MARÍA LUISA ALVITE DÍEZ

luisa.alvite@unileon.es

Universidad de León

LETICIA BARRIONUEVO ALMUZARA

buffl@unileon.es

Universidad de León

MARÍA TERESA BURÓN ÁLVAREZ

teresa.buron@unileon.es

Universidad de León

Esta propuesta de comunicación presenta un trabajo en desarrollo abordado en el Proyecto de investigación (REF FFI2012-39012-C04-03) de la Universidad de León, "Traducción inglésespañol y censura en España (TRACE 1939-1985): cadenas textuales y contexto cultural", dirigido por la Dra. Camino Gutiérrez Lanza.

TRACE asienta su línea de trabajo en los estudios descriptivos de traducción, basados en catálogos y corpus, estudios que metodológicamente precisan del soporte de un abanico importante de herramientas tecnológicas, plataforma de gestión y colección digital, entre otras. Para dar respuesta a estos requerimientos, el equipo de trabajo se ha configurado desde una perspectiva interdisciplinar, acogiendo el grupo nuclear de investigadores en filología inglesa a otros miembros del ámbito de la documentación y a profesionales del Servicio de Informática y Comunicaciones de la Universidad de León.

En esta comunicación se presenta el portal web que aloja al proyecto TRACE, una web en la que se integrará la base de datos del proyecto y el repositorio digital asociado, concebidos, en primer lugar, como herramientas internas de trabajo para el equipo investigador y, en segunda instancia, como plataforma abierta que contribuya a generar nuevo conocimiento en el campo de los estudios de traducción inglés-español.

Nos centramos en esta exposición en las características y funcionalidades que articulan la web de TRACE, aspectos que hemos agrupado en tres puntos.

1. Descripción técnica del proyecto:

El proyecto TRACE se asienta en un servidor de aplicaciones tipo LAMP (Linux de sistema operativo, Apache de servidor web, MySQL de gestor de base de datos y PHP de lenguaje de programación). Se trata de un servidor institucional perteneciente a la Universidad de León, lo que permite contar con un adecuado servicio de respaldo de la información a través de copia de seguridad.

- Características técnicas

- Servidor web Linux Ubuntu versión 12.04 LTS
- Apache 2.2.22
- PHP 5.3.10
- MySQL 5.5.22
- Acceso a MySql a través de PhpMyAdmin versión: 3.4.10.1
- Software empleado para el diseño de la sede web

Para la creación y administración del sitio web se ha utilizado WordPress 4.0, un sistema de gestión de contenidos maduro, estable, altamente personalizable y que respeta los estándares web. Permite de manera sencilla la publicación en el sitio a varios editores así como el control de forma independiente del contenido y del diseño. Asimismo, se han instalado un conjunto de plugins o aplicaciones adicionales que mejoran las funcionalidades de WordPress:

- TinyMCE Advanced para la edición de contenidos.
- Polylang para añadir capacidad multilingüística.
- Desactivar comentarios para deshabilitar comentarios.
- Insert PHP para integrar la interfaz de la base de datos.
- Share Buttons by AddToAny para mostrar la barra de compartir.
- QR Redirector para crear imágenes de códigos QR.
- Backup para realizar copias de seguridad.

2. Estructura y organización de los contenidos:

La arquitectura y diseño del sitio web persigue prioritariamente la usabilidad del mismo. Para este fin se han combinado contenidos estáticos y dinámicos. Las páginas estáticas se han agrupado en grandes categorías, que nos sirven para presentar al equipo investigador, sus aportaciones docentes e investigadoras, las herramientas tecnológicas desarrolladas, los fondos bibliográficos y multimedia del proyecto así como dos ítems fundamentales para la integración de las interfaces de la base de datos y biblioteca digital, en cuyo desarrollo se trabaja en la actualidad. Se han considerado relevantes los aspectos relacionados con la visibilidad académica de los resultados del proyecto, incorporando a los perfiles de los miembros del equipo enlaces a identificadores personales en bases de datos o plataformas académicas. Los contenidos dinámicos, ideados para la interacción, recogen enlaces, eventos y noticias relacionadas con los temas de interés de TRACE, contenidos etiquetados, sobre los que se ha generado una nube de palabras clave que mejora el acceso.

Destacamos en este apartado el diseño específico de un logotipo TRACE concebido como signo de identidad digital del proyecto, un proyecto web diseñado en inglés y castellano que se publica bajo Licencia Creative Commons.

3. Integración de social media en el sitio TRACE:

Hacemos notar en este bloque tres funcionalidades concretas:

- Redes sociales: hemos habilitado el plugin de WordPress Share Buttons by AddToAny, que permite incorporar en el portal la opción de promocionar los contenidos de TRACE a través de las redes sociales Facebook, Twitter, Google+ y Linkedin.

- Pinterest: herramienta de curación de contenidos que permite diseñar paneles o tableros virtuales, en el que se organizan y comparten contenidos visuales. Permite seguir colecciones creadas por otras personas, de ahí su componente social. Con Pinterest se ha creado un tablero de monografías y otro de DVD's cuyo objetivo es difundir el fondo bibliográfico que se ha adquirido con cargo al proyecto TRACE.

- Comentarios sobre las entradas introducidas: los posts editados como contenidos dinámicos presentan un apartado específico ideado para introducir comentarios y mejorar la interactividad del sitio web. Consideramos relevante compartir un proyecto en curso de humanidades digitales, asentado en un marco tecnológico robusto que apuesta por software contrastado por una amplia comunidad de usuarios y estándares abiertos que nos permitirán mediante APIs específicas continuar integrando nuevas herramientas tecnológicas y mejorar la difusión del conocimiento sobre las prácticas traductoras en la España del siglo XX.

Adoption of ICTs by Communication Researchers for Scientific Diffusion and Data Analysis

CARLOS ARCILA CALDERÓN

carcila@gmail.com

Contemporary science has increased the use of computers for knowledge discovery, but also for scientific diffusion and collaboration (Hey & Trefethen, 2005; Nielsen, 2012; Hey, Tansley & Tolle, 2009; Borgman, 2007; Dutton, 2010). There is an increasing interest in studying the adoption and use of ICTs by researchers in different disciplines (Pearce, 2010; Procter & al., 2010; Ponte & Simon, 2011; Dutton & Meyer, 2008; Briceño, Arcila & Said, 2012; Arcila, Piñuel & Calderin, 2013), given the consensus about the impact of these technologies on scientific methods and practices (Dutton, 2010; Hey & Trefethen, 2005; Borgman, 2007; Nielsen, 2012). To the best of our knowledge, there is not previous research that describes the way in which international community of researchers in the area of communication and media studies adopts ICTs for their scientific work. This study examines the actual use of ICTs by communication and media researchers for scientific diffusion and data analysis. Specifically, we wonder: to what extent does the international community of Communication Researchers adopt ICTs for scientific diffusion and data analysis? (RQ1). In line with the *Unified Theory of Acceptance and Use of Technology* (UTAUT and UTAUT2) (Venkatesh, Morris, Davis & Davis, 2003; Venkatesh, Thong, & Xu, 2012) we posit that *performance expectancy* (the degree to which an individual believes that using the system will help him or her to attain gains in job performance) has a significant influence on *actual use of ICTs* (H1). Given the importance of variables *gender* and *age* we propose that the effect of *performance expectancy* on *actual use of ICTs* is moderated by *age*, such that the effect will be stronger for younger researchers (H2.1) and that this effect is also moderated by *gender*, such that the effect will be stronger for male researchers (H2.2). Additionally, based on previous studies (Procter et al., 2010; Arcila, 2013; Bargak et al., 2010) we posit that in academic contexts *Scientific collaboration* has a significant influence on *actual use of ICTs* (H3).

Survey data were collected from members of the International Communication Association (ICA) (n=295). Before the application of the questionnaire, we conducted a *panel of experts* in order to assure content *validity* and we estimated test-retest *reliability*. Once the data were collected, we assessed the *validity of the constructs* through an exploratory factorial analysis (EFA) and their *internal consistency* reliability. To address RQ1 we conducted descriptive analysis of data. In the case of H1 and H3, Multiple Linear Regression analysis estimated by Ordinary Least Squares (OLS) was carried out. To address H2.1 and H2.2, we ran a moderation analysis with SPSS macro PROCESS (Model 2), developed by Hayes (2013).

According to the findings, adoption rate averages of most of the tools were close to the median, except for Twitter, Grids and Simulation Software. Consistent with past research and the UTAUT, we found that *performance expectancy* is a predictor of adoption, though this relation was not moderated by *age* and *gender*. In the case of scholarly environments, we found that *scientific collaboration* is a stronger predictor of actual use.

This study provides empirical evidence to support *performance expectancy* as an important predictor in ICT adoption but proposes to include *scientific collaboration* as a determinant in scientific and scholarly environments. Future research may replicate this survey in other disciplines and contexts with larger samples. In terms of practical implications, our study suggests that sensitization campaigns might be appropriated to increase *performance expectancies* among researchers, informing the benefits of ICT use in research. Campaigns can be accompanied by direct education to local experts and leaders in computed-based discovery, thus they can promote ICT use within the particular field. In addition, funding programs and scholarly accreditations might promote scientific collaboration through international calls and co-authorship recognition, respectively. As earlier discussed, this kind of collaboration significantly increases ICT use for scientific discovery and diffusion.

References:

Arcila, C. (2013). e-Investigación en ciencias sociales [Report]. Buenos Aires: Clacso.

Arcila, C. Piñuel, J. & Calderín, M. (2013). e-Research on Media and Communication Studies. *Comunicar: Revista Científica de Comunicación y Educación*, 40, pp. 11-118, DOI: http://dx.doi.org/10.3916/C40-2013-03-01.

Arcila, C.; Calderín, M.; Nuñez, L. & Briceño, Y. (2013). *E-Research: the new paradigm of science in Latin America*. In Arcila, Calderín, & Castro (eds.). *An Overview to Digital Media in Latin America* (pp. 38-51). London: University of West London.

Arcila, C. & Said, E. (2012). Retos de la e-Investigación en Ciencias Sociales y Humanas. *e-Colabora "Revista de ciencia, educación, innovación y cultura apoyadas por redes de tecnología avanzada"*, *2*(4), 79-85.

Arcila, C. & Said, E. (2012). Factores que inciden en la variación de seguidores en los usuarios TOP20 más vistos en Twitter en América Latina y Medio Oriente. *Interciencia*, *37*(12), pp. 875-882.

Barjak, F.; Lane, J.; Poschen, M.; Procter, R.; Robinson, S. & Wiegand, G. (2010). e-Infrastructure Adoption in the Social Sciences and Humanities. *Information, Communication & Society*, *13*(5), pp. 635-651, DOI: 10.1080/13691180903095849.

Borgman, C. (2007). *Data: Input and Output of Scholarship*. In: *Scholarship in the digital age. Information, Infrastructure, and the Internet* (pp. 115-148). Cambridge, Massachusetts: MIT Press.

Briceño, Y., Arcila, C. & Said, E. (2012). Colaboración y comunicación científica en la comunidad latinoamericana de físicos de altas energías. *e-Colabora "Revista de ciencia, educación, innovación y cultura apoyadas por redes de tecnología avanzada"*, *2*(4), 106-117.

Briceño, Y. (2014). *El modo emergente de la comunicación de la ciencia: incidencias y gestión distribuida en América Latina* (Unpublished doctoral dissertation). Universidad de los Andes, Mérida, Venezuela.

Castro, H. et al. (2009). EELA: una infraestructura para e-ciencia en Latinoamérica. *Revista de Ingeniería*, 29, pp. 26-32.

Chanson, H. (2007). Research quality, publications, and impact in civil engineering into the 21st century. Publish or perish, commercial versus open access, Internet versus libraries? *Canadian Journal of Civil Engineering*, 34, pp. 946-951, DOI: 10.1139/L07-027.

Cohen, J., Cohen, P., West, S. G. & Aiken, L. S. (2003). *Applied Multiple Regression/Correlation Analysis for the Behavioral Sciences* (3rd ed.). Mahwah, NJ: Erlbaum.

Cohen, J. (1988). *Statistical Power Analysis for the Behavioral Sciences* (2nd ed.). Hillsdale, NJ: Erlbaum.

Cummings, J. N. & Kiesler, S. (2005). Collaborative research across disciplinary and organizational boundaries. *Social Studies of Science*, *35*(5), pp. 703-722, DOI: 10.1177/0306312705055535.

Davis, F.D., Bagozzi, R.P, & Warshaw, P.R. (1992). Extrinsic and Intrinsic Motivation to Use Computers in the Workplace. *Journal of Applied Social Psychology*, *22*(14), pp. 1111-1132, DOI: 10.1111/j.1559-1816.1992.tb00945.x.

Davis, F.D. (1989). Perceived Usefulness, Perceived Ease of Use, and User Acceptance of Information Technology. *MIS Quarterly*, *13*(3), pp. 319-339, DOI: 10.2307/249008.

Faul, F., Erdfelder, E., Buchner, A. & Lang, A. (2009). Statistical power analysis using G*Power 3.1: Tests for correlation and regression analysis. *Behavior Research Methods*, *41*(4), pp. 1149-1160, DOI: 10.3758/BRM.41.4.1149.

Faul, F., Erdfelder, E., Lang, A. & Buchner, A. (2007). G*Power 3: A flexible statistical power analysis program for the social, behavioral, and biomedical sciences. *Behavior Research Methods*, *39*(2), pp. 175-191, DOI: 10.3758/BF03193146.

Hair, J.; Anderson, R.; Tatham, R. & Black, W. (1999). *Análisis Multivariante* (5h Ed). Madrid: Prentice Hall International.

Hara, N.; Solomon, P.; Kim, S. L.; & Sonnenwald, D. H. (2003). An emerging view of scientific collaboration: Scientists' perspectives on collaboration and factors that impact collaboration. *Journal of the American Society for Information Science and Technology*, *54*(10), pp. 952-965, DOI: 10.1002/asi.10291.

Hayes, A. (2013). *Introduction to mediation, moderation, and conditional process analysis: A regression-based approach.* New York: Guilford Press.

Hayes, A. (2005). *Statistical Methods for Communication Science*. Mahwah, NJ: Lawrence Erlbaum Associates.

Hey, T. & Trefethen, A. (2005). Cyberinfrastructure for e-Science. *Science*, *308*(5723), pp. 817-821, DOI: 10.1126/science.1110410.

Hey, T., Tansley, S. & Tolle, K. (2009). *Jim Gray on eScience: A Transformed Scientific Method*. In: Hey, T., Tansley, S. & Tolle, K. (Eds.). *The fourth paradigm. Data-intensive scientific discovery* (pp. xvii-xxxi). Redmond, Washington: Microsoft Research.

Dutton, W. (2010). *Reconfiguring Access in Research: Information, Expertise, and Experience*. In: W. Dutton & P. Jeffreys (eds.). *World Wide Research. Reshaping the Sciences and Humanities* (pp. 1-19). Cambridge, Massachusetts: MIT Press.

Dutton, W.H. & Meyer, E.T. (2008). e-Social Science as an Experience Technology: Distance From, and Attitudes Toward, e-Research. 4th International Conference on e-Social Science, Manchester (UK), 18-06-2008. Available at: www.ncess.ac.uk/events/conference/programme/thurs/1bMeyerb.pdf

García, G.; Yezers'ka, Y.; Rost, A.; Calderín, M.; Edo, C.; Rojano, M.; Said, E.; Jerónimo, P.; Arcila, C. Serrano, A.; Sánchez, J. & Corredoira, L. (2011). Uso de Twitter y Facebook por los medios Iberoamericanos. *El Profesional de la Información*, *20*(6), DOI: http://dx.doi.org/10.3145/epi.2011.nov.02

Gentil-Beccot, A. (2009). Information Resources in High-Energy Physics: Surveying the Present Landscape and Charting the Future Course. *Journal of the American Society for Information Science and Technology*, 60, 1, pp. 150-160, DOI:10.1002/asi.20944.

Gibbons, M., Limoges, C., Nowotny, H., Schwartzman, S., Scott, P. & Trow, M. (1994). *The new production of knowledge: The dynamics of science and research in contemporary societies*. London: Thounsand Oaks; New Dehli: Sage.

Giunta, A. & Trivieri, F. (2007). Understanding the determinants of information technology adoption: evidence from Italian manufacturing firms. *Applied Economics*, *39*(10-12), pp. 1325-1334, DOI: 10.1080/00036840600567678.

Gobble, M. (2013). Big Data: The next big thing in innovation. *Research-Technology Management*, *56*(1), pp. 64-66, DOI: 10.5437/08956308X5601005.

Igartua, J. (2006). *Métodos cuantitativos de investigación en comunicación.* Barcelona: Bosch.

Kaba, B. & Osei-Bryson, K. (2013). Examining influence of national culture on individuals' attitude and use of information and communication technology: Assessment of moderating effect of culture through cross countries study. *International Journal of Information Management*, *33*(3), pp. 441-452, DOI: 10.1016/j.ijinfomgt.2013.01.010.

Mayer-Schonberger, V., & Cukier, K. (2013). *Big data: A revolution that will change how we live, work and think.* London: John Murray.

Meyer, K. & Xu, Y. J. (2007). A Bayesian analysis of the institutional and individual factors influencing faculty technology use. *Internet and Higher Education*, 10, pp. 184-195, DOI: 10.1016/j.iheduc.2007.06.001.

Nielsen, M. (2012). Reinventing Discover. In *Reinventing Discovery: The New Era of Networked Science*. New Jersey: Princeton University Press.

Dutton, W. & Jeffeys, P. (Eds.) (2010). *World Wide Research. Reshaping the Sciences and*

Humanities. Cambridge, Massachusetts: MIT Press.
Education for Change (2012). Researchers of Tomorrow. The research behavior of Generation Y doctoral students [Report]. Available at http://www.jisc.ac.uk/publications/reports/2012/researchers-of-tomorrow
Kosciejew, M. (2013). The Era of Big Data. *Feliciter, 59*(4), pp. 52-55.
Lal, K. (2008). Information and Communication Technology Adoption in Malaysian SMEs. *Asian Journal of Technology Innovation, 16*(1), pp. 161-186, DOI:10.1080/19761597.2008.9668652.
Leetaru, K. (2011). *Data mining methods for the content analyst: An introduction to the computational analysis of informational center.* New York: Routledge.
Lewis, S., Zamith, R. & Hermida, A. (2013). Content analysis in an era of Big Data: A hybrid approach to computational and manual methods. *Journal of Broadcasting & Electronic Media, 57*(1), pp. 34-52, DOI:10.1080/08838151.2012.761702.
Liao, C. (2010). How to Improve Research Quality? Examining the Impacts of Collaboration Intensity and Member Diversity in Collaboration Networks. *Scientometrics*, 86, pp. 747-761, DOI: 10.1007/s11192-010-0309-2.
Macía, F. (2010). Validez de los Tests y el Análisis Factorial: Nociones Generales. *Ciencia y Trabajo*, *12*(35), pp. 276-280.
Nentwich, M. (2003). *Cyberscience: Research in the Age of the Internet*. Vienna: Austrian Academy of Sciences.
Neylon, C. & Wu, S. (2009). Open Science: Tools, Approaches, and Implications. XIV Pacific Symposium on Biocomputing. Hawaii (USA), 09-01-2009. Available at: http://psb.stanford.edu/psb-online/ proceedings/psb09/workshop-opensci.pdf
O'Reilly, T. (2005). What is Web 2.0? Design patterns and business models for the next generation of software. Available at: http://oreilly.com/web2/archive/what-is-web-20.html
Pang, B. & Lee, L. (2008). Opinion mining and sentiment analysis. *Foundations and Trends in Information Retrieval*, *2*(1-2), pp. 1–135, DOI: 10.1561/1500000011.
Pearce, N. (2010). A Study of Technology Adoption by Researchers. Web and e-Science Infrastructures to Enhance Research. *Information, Communication & Society*, *13*(8), pp. 1191-1206, DOI: 10.1080/13691181003663601.
Pérez-Gil, J., Chacón, S. & Moreno, R. (2000). Validez de constructo: el uso de análisis factorial exploratorio-confirmatorio para obtener evidencias de validez. *Psicothema*, *12*(2), pp. 442-446.
Ponte, D. & Simon, J. (2011). Scholarly Communication 2.0: Exploring Researchers' Opinions on Web 2.0 for Scientific Knowledge Creation, Evaluation and Dissemination. *Serials Review*, *37*(3), pp. 149-156, DOI:10.1080/00987913.2011.10765376.
Prensky, M. (2001). Digital natives, digital immigrants. *On the Horizon*, *9*(5), pp. 1–6, DOI:10.1108/10748120110424816.
Procter, R. et al. (2010). Adoption and Use of Web 2.0 in Scholarly Communications. *Philosophical Transactions of the Royal Society A-Mathematical Physical*, 368, pp. 4.029-4.056, DOI: 10.1098/rsta.2010.0155.
RedCLARA (2013). RedCLARA: Nombre, voz e instrumento de la colaboración en América Latina. ALICE2, diciembre 2008 – enero 2013 [Report]. Available at: http://www.redclara.net/doc/libro_alice2_interior_es.pdf
Rigby, J. & Edler, J. (2005). Peering inside research networks: Some observation on the effect of the intensity of collaboration on the variability of research quality. *Research Policy*, 34, pp. 784-794, DOI: 10.1016/j.respol.2005.02.004.
Robinson, J.P., Shaver, P.R. & Wrightsman, L.S. (1991). Criteria for Scale selection and evaluation. En J. Robinson, P. Shaver & L. Wrightsman (Eds.) *Measures of personality and social psychological attitudes* (pp. 1-16). San Diego: Academic Press.
Rogers, E. M. (2003). *Diffusion of innovations*. New York: Free Press.
Sánchez, E. & Romero, M. (Eds.) (2014). *Ciencias Sociales y Humanidades Digitales: técnicas,*

herramientas y herramientas de e-Research e investigación en colaboración. La Laguna: Cuadernos Artesanos de Latina, 61.

Shapiro, M. (2002). Generalizability in Communication Research. *Human Communication Research*, *28*(4), pp. 491-500, DOI: 10.1111/j.1468-2958.2002.tb00819.x.

Stewart, J. (2007). Local Experts in the Domestication of Information and Communication Technologies. *Information, Communication & Society*, *10*(4), pp. 547-569, DOI:10.1080/13691180701560093.

Venkatesh, V.; Thong, J. & Xu, X. (2012). Consumer Acceptance and Use of Information Technology: Extending the Unified Theory of Acceptance and Use of Technology. *MIS Quaterly*, *36*(1), pp. 157-178.

Venkatesh, V.; Morris, M.; Davis, G. & Davis, F. (2003). User Acceptance of Information Technology: Toward a Unified View. *MIS Quaterly*, *27*(3), pp. 425-478, DOI: 10.2307/30036540.

Verbeke, M. et al. (2014). When two disciplines meet, Data Mining for Communication Science. Paper presented at the 64th Annual ICA Conference. Seattle, USA.

Waldrop, M. (2008). Science 2.0. Is Open Access Science the Future? Is Posting Raw Results Online, for all to See, a Great Tool or a Great Risk? *Scientific American Magazine*, April 21. Available at www.sciamdigital.com/index.cfm?fa=products.viewissuepreview&articleid_char=3e5a5fd7-3048-8a5e-106a58838caf9bf7

Weber, D. & Kauffman, R. (2011). What drives global ICT adoption? Analysis and research directions. *Electronic Commerce Research and Applications*, *10*(6), pp. 683-701, DOI: 10.1016/j.elerap.2011.01.001.

Williams, M.; Dwivedi, Y.; Lal, B. & Schwarz, A. (2009). Contemporary trends and issues in IT adoption and diffusion research. *Journal of Information Technology*, 24, pp. 1-10, DOI:10.1057/jit.2008.30.

Zhang, P. & Sun, H. (2009). The Complexity of Different Types of Attitudes in Initial and Continued ICT Use. *Journal of the American Society for Information Science and Technology*, *60*(10), pp. 2048-2063, DOI: 10.1002/asi.21116.

Zhang, P., Aikman, S. & Sun, H. (2008). Two Types of Attitudes in ICT Acceptance and Use. *International Journal of Human-Computer Interaction*, *24*(7), pp. 628-648, DOI:10.1080/10447310802335482.

Zikopoulous, P. et al. (2013). *Harness the Power of Big Data*. New York: McGraw-Hill.

Open source para la descripción y diseminación de contenidos archivísticos. La experiencia de *Hipertextos de Pérez Galdós-Epistolario* (HPGE) con el software ICA-AtoM

YOLANDA ARENCIBIA SANTANA

Universidad de Las Palmas de Gran Canaria

RUBÉN DOMÍNGUEZ QUINTANA

Universidad de Las Palmas de Gran Canaria

CARLOS SANTANA JUBELLS

carlos.santana@ulgc.es

Universidad de Las Palmas de Gran Canaria

El HPGE fue proyecto concedido por la ACISSI en la convocatoria de Proyectos de Investigación Fundamental, 2010 que se llevó a cabo entre enero de 2011 y diciembre de 2014 en el marco de la Cátedra Pérez Galdós (espacio de investigación creado por el Cabildo de Gran Canaria, Casa-Museo Pérez Galdós, y la Universidad de Las Palmas de Gran Canaria en 1995). Fue su IP la directora de la Cátedra, Yolanda Arencibia, contó con un equipo de investigadores y técnicos,

El HPGE significó la elaboración de una herramienta informática multifuncional aplicada al patrimonio documental del epistolario de Benito Pérez Galdós que conserva la Casa-Museo del autor en Las Palmas de Gran Canaria. Supuso el vaciado normalizado de cada uno de los documentos epistolares para extraer la multiplicidad de datos que estos ofrecen y ofrecerlos al servicio de la investigación enriquecidos multiperspectivísticamente.

Una vez culminó el proceso de extracción normalizada de metadatos sobre este corpus epistolar y se realizó la comprobación final del sistema de información resultante en busca y corrección de incoherencias de datos, se ha realizado la carga masiva de las descripciones archivísticas normalizadas según el *Estándar Internacional General de Descripción Archivística* (ISAD(G)) al sistema *International Council on Archives Access to Memory* (ICA-AtoM) y se han testado las fortalezas y carencias de este sistema de gestión de la información primaria.

Como resultado, ofreceremos un narrativa analítica del proceso de subida masiva de grandes volúmenes de información indicando, según nuestra experiencia, una serie de buenas prácticas a tener en cuenta para que este proceso se pueda realizar de manera ágil y sin complicaciones.

Finalmente, realizaremos un análisis crítico de las utilidades que esta alternativa de fuentes abiertas ofrece para la gestión y diseminación de la información archivística, señalando aquellos aspectos que desde el punto de vista técnico pueden ser mejorados mediante la modificación y adaptación del código fuente, lo cual puede ser de gran interés como referencia para otros equipos de investigación y de trabajo que se estén planteando la utilización de este sistema.

DialogycaBDDH: reflexiones metodológicas entre tradición e innovación

ELEONORA ARRIGONI

eleonorarrigoni@gmail.com

La base de datos y colección digital especializada *Dialogyca BDDH: Biblioteca Digital de Diálogo Hispánico* lleva una larga trayectoria desde sus primeros esbozos en 2005-2006 hasta que se abrió su acceso al público en otoño de 2010 bajo la responsabilidad del Grupo de Estudios de Prosa Hispánica, Bajomedieval y Renacentista (adscrita al *Instituto Universitario "Menéndez Pidal"*, UCM). A día de hoy, abril de 2015 se ha logrado que contenga 243 fichas publicadas y 144 entre enlaces a textos digitales en abierto y digitalizaciones propias en uso restringido previo registro gratuito. Aún lejos de alcanzar el objetivo definitivo deseado, estamos no obstante en un estado del trabajo que nos permite hacer algunas reflexiones, sobre todo de tipo metodológico.

Dialogyca BDDH ha sido creada con el objetivo de recopilar, analizar y difundir el *corpus* completo de diálogos hispánicos, desde su origen hasta la actualidad; por ahora incluye ejemplos literarios a partir del siglo XIV y hasta el siglo XX. Se trata de un conjunto de textos muy extenso, escritos en las distintas lenguas ibéricas y que desarrollan todo tipo de materias, como filosofía, literatura, religión, espiritualidad, medicina, economía, política, ingeniería, estrategia militar, etc. creados con un artificio literario. En definitiva, se trata de textos de una gran variedad e interés, que ofrecen aportes a investigaciones no sólo de tipo filológico o literario, sino, en sentido más amplio, sirven para un mejor conocimiento de la historia de la cultura y del pensamiento, además de para la historia de las disciplinas específicas.

Dialogyca BDDH ha sido creada por filólogos y creemos que a ello se deben el planteamiento conceptual y su estructura característica. A lo largo de todo el proceso de ideación se ha mantenido la pauta rigurosa y exhaustiva de los principios metodológicos filológicos y bibliográficos, que han ido, inevitable y constantemente, compenetrándose con las exigencias del soporte técnico. La aplicación *Knosys*, elegida para el desarrollo informático, está estructurada en campos rígidos, pero es a la vez dúctil en su parte de programación HTML, necesaria en nuestro caso específico, en concreto para la realización de subcampos y de conexiones internas entre registros, ya que no todos contienen necesariamente la misma información analítica sobre un único texto.

Uno de los aspectos más característicos e innovadores de nuestra base de datos es la estructura de las fichas moldeadas alrededor del concepto de "obra" (en lugar del frecuente "ejemplar" o "documento", que está en la base de los catálogos), usando un criterio inmanente a los estudios literarios. Esto ha permitido garantizar la recuperación de la tradición literaria de cada texto y a la vez de su difusión a lo largo de los siglos. De este modo, cada ficha ofrece información relativa a un solo diálogo, independientemente de cómo se difundiera. Además, encierra de forma organizada un estado de la cuestión sobre un diálogo concreto junto con su texto, ya que se ofrece la digitalización del testimonio conservado más relevante. Otra peculiaridad por la que hemos luchado es, entre otras, un campo de "Notas" que recordara la estructura de las notas al pie de página tradicionales. El valor de las decisiones que el responsable de la ficha toma en relación con el contenido de cada campo está sustentado en la investigación que hay detrás y que en todos los casos es original. Ofrecer un lugar para todo aquello que no es estrictamente requerido por los campos garantiza poder dar voz a la singularidad de cada caso.

El proceso de creación se ha ido perfeccionando a lo largo de los años y la base de datos ha sido incluso corregida en varias ocasiones, siempre y cuando los textos lo hayan hecho necesario. Esto se debe a que nuestro objetivo y a la vez nuestro punto de partida son los textos mismos: a partir de la casuística recogida entre los textos ya conocidos, nos hemos planteado un modelo que acoja también a los aún desconocidos o por conocer.

Después de cuatro años de apertura al público especializado y de numerosas acciones de difusión y presentación de la estructura de la base de datos, es nuestra intención ofrecer el análisis de dos textos ya descritos y de especial interés. Servirán para ejemplificar el procedimiento de trabajo y para indagar los retos que generaron a la hora de describirlos en nuestra base de datos. Los puntos más debatidos corresponden sobre todo a aquellos que también conllevaron más dificultades a la hora de definir la estructura de los campos y la forma de rellenarlos. Esta detenida labor ha generado las 4 versiones de nuestro *Manual de Procedimiento de Trabajo Normalizado* http://eprints.ucm.es/23663/ y la *Guía abreviada* del mismo http://eprints.ucm.es/20503/, ambos publicados en *E-prints*, repositorio institucional de la UCM.

Consideramos que nuestros resultados son originales y coherentes y deseamos llamar la atención sobre el hecho de que detrás de las Humanidades Digitales se sitúan los profesionales de las humanidades, de la filología y bibliografía en nuestro caso específico.

Sin perder de vista la modernización constante en ámbito informático, los estándares de normalización, los protocolos de comunicación, las aplicaciones para la visualización de imágenes, los libros digitales y la difusión a través de las redes sociales, queremos mantener la reflexión sobre el plano metodológico. Para hacerlo aprovecharemos los resultados obtenidos con *Dialogyca BDDH.*

La validación científica de los contenidos en el blogging especializado

MARÍA ELENA AZOFRA SIERRA

eazofra@flog.uned.es

UNED

La práctica del blogging especializado entre los investigadores ha crecido de forma considerable en el último decenio, pero su aceptación entre la comunidad científica no ha tenido un crecimiento paralelo. Las críticas que suelen hacerse a los trabajos autopublicados en forma de blog coinciden en la dificultad de garantizar la calidad de los contenidos, una labor que en las formas de publicación tradicionales han venido desempeñando los consejos de redacción o los investigadores encargados de la "revisión por pares".

En la plataforma Hypothèses (Blogs de Humanidades y Ciencias Sociales), los Consejos científicos de los distintos portales han ido adaptando los procedimientos creados ad hoc por los miembros del Conseil scientifique général en Francia desde 2010; así, aspectos como la existencia de un consejo científico que gestione la visibilidad progresiva de un nuevo blog, la aparición en cabecera de determinados posts o la petición de ISSN para un blog determinado se revelan como aspectos clave en la validación de los contenidos científicos de las publicaciones personales en forma de blogging especializado. En la comunicación se analizarán y debatirán los problemas que surgen en el seno de estos comités, los criterios y procedimientos que se han puesto en marcha en el portal hispánico y las vías que se pueden abrir para aumentar el prestigio de una forma de divulgación de la investigación que nace ya con el estigma de ser una "publicación menor" y está luchando por afianzarse entre los investigadores del siglo XXI.

La formalización de la emergencia del discurso periodístico en España como desafío multidisciplinar en las Humanidades Digitales

FRANCISCO BAENA SÁNCHEZ

frbaena@us.es

Universidad de Sevilla

Junto a su carácter heterogéneo e interdisciplinar, el denominador común que vertebra las Humanidades Digitales reside en el énfasis que se pone sobre hacer, conectar, interpretar y colaborar (Burdick, Drucker, Lunenfeld, Presner y Schnapp, 2012). Siguiendo a Rojas Castro (2013), las Humanidades Digitales no son únicamente un conjunto de métodos y herramientas digitales con que se examina la cultura, sino que lo que realmente las define son una serie de principios como la interdisciplinariedad y la construcción de modelos, valores como el acceso libre y el código abierto, y prácticas como la minería de datos y la colaboración.

Digital Humanities is defined by the opportunities and challenges that arise from the conjunction of the term digital with the term humanities to form a new collective singular (Burdick et al., 2012, p. 122).

Las Humanidades Digitales han ampliado el alcance y el potencial de las Humanidades tradicionales (González-Blanco García, 2013). Es precisamente el componente práctico que define el trabajo del humanista digital, ejemplificado en la construcción de software o en la creación de un grafo, el que proporciona un conocimiento distinto a la simple lectura, «una nueva forma de interpretar el mundo» (Rojas Castro, 2013, p. 84) y las humanidades. La transición de la lectura a la construcción, de la crítica a la acción, confiere una especial importancia al proceso de creación de nuevos contenidos. Como afirma Ramsay (2011), «las Humanidades Digitales consisten en construir cosas. [...] Si no se elabora algo, no se es un humanista digital».

En esa misma línea de «reinterpretar el mundo» y «construir cosas», el presente trabajo refleja el objetivo de la construcción de una ontología, de dominio especializado o restringido, aplicada al estudio del periodismo de la Edad Moderna, fruto del diálogo y la colaboración entre investigadores adscritos a diferentes departamentos (Periodismo 1 y Ciencias de la Computación e Inteligencia Artificial) en el seno de una misma institución académica (Universidad de Sevilla). Este trabajo representa, pues, una contribución que no sólo tiene un marcado y evidente carácter interdisciplinar sino que también refleja la innovación metodológica a través de las Humanidades Digitales, rompiendo las barreras entre las distintas ramas del árbol de la ciencia.

El objetivo del presente trabajo es presentar cómo hemos afrontado la modelización semántica de la emergencia del discurso periodístico en España –en particular, la evolución desde las relaciones de sucesos ocasionales a las gacetas seriadas y periódicas o semiperiódicas– a partir del análisis de impresos informativos publicados en los últimos años del siglo XVI y la primera mitad del siglo XVII. Dicho objetivo plantea desafíos para los dos campos de conocimiento a los que pertenecen los autores. Por un lado, para los investigadores en Periodismo representa un desafío plasmar los conceptos y nociones que utilizan y definen para analizar estas manifestaciones editoriales en un objeto rigurosamente formal como es una ontología. Por otro lado, los investigadores en Ingeniería del Conocimiento se enfrentan a la representación de conceptos y propiedades que se basan en nociones abstractas, pero muy claras para el historiador del periodismo, tales como evento, noticia, autoría, etc.

La percepción de la emergencia del periodismo como una preterinternet (una red implícita que facilita la difusión de noticias que no conservan o respetan un formato predefinido, contenido sintáctico, sujeta a revisiones no controladas y que se alimenta de fuentes oficiales, objetivas, intencionadas, sesgadas, etc.) obliga al investigador en Representación del Conocimiento a pensar en las ontologías como elemento útil para la aproximación al fenómeno en vez de una herramienta de estandarización y semantización clásica. El uso de conceptos que no tienen un perfil formalmente definido obligan a comprender el proceso como una iteración adaptativa que persigue aislar el conocimiento experto sobre el tema en una(s) ontología(s) que aproximen dicho conocimiento. La naturaleza de ambos desafíos obliga a una revisión de los métodos clásicos de construcción de ontologías.

El objetivo, así descrito, es ambicioso. No obstante, para probar la fiabilidad y la efectividad de las primeras versiones de una ontología de ámbito especializado como la nuestra, se plantea poblarla en una fase inicial con un corpus restringido, integrado solamente por las relaciones de sucesos y las gacetas publicadas por el impresor sevillano Juan de Cabrera (1623-1631).

Finalmente, es importante destacar que el propio proceso de creación de nuestra propuesta de ontología sobre el corpus referido anteriormente nos ha permitido desvelar, gracias a la realización intensiva de entrevistas entre ambos grupos de investigación (propias de la Ingeniería del Conocimiento), rasgos en común en el diseño de la portada de estos impresos, así como regularidades en la redacción del texto, que nos permiten avanzar en nuestro conocimiento de las series periodísticas de la primera prensa española.

Agradecimientos

Este trabajo ha sido financiado parcialmente por el Proyecto de Excelencia TIC-6064 de la Junta de Andalucía y por el Proyecto del Ministerio de Economía y Competitividad TIN2013-41086-P, cofinanciado con Fondos FEDER.

Este trabajo se inscribe en el proyecto de investigación Biblioteca digital Siglo de Oro IV (código FFI2012-34362) financiado por el Ministerio de Economía y Competitividad del Gobierno de España, en el marco del VI Plan Nacional de I+D+i; así como en el marco más amplio de la investigación desarrollada por IBEMNEWS (Iberian Early Modern News), un grupo que asocia a académicos de varias universidades españolas y que pretende estudiar la primera etapa del periodismo español, en primer lugar, mediante la recuperación del valioso patrimonio documental que representan los fondos de gacetas seriadas o periódicas publicadas en la Península Ibérica en la primera mitad del siglo XVII; y, en segundo lugar, mediante la aplicación de diferentes tecnologías y procedimientos propios de las humanidades digitales, tales como la digitalización, la creación de la citada ontología o la codificación XML/TEI de los textos acopiados .

Bibliografía:

Burdick A., Drucker J., Lunenfeld P., Presner T., Schnapp J. (2012). Digital Humanities. Cambridge: The MIT Press.

González-Blanco García E. (2013). Actualidad de las Humanidades Digitales y un ejemplo de ensamblaje poético en la red, en Cuadernos Hispanoamericanos, vol. 761, pp. 53-67.

Ramsay S. (2011). Who's In and Who's Out. Disponible en: http://stephenramsay.us/text/2011/01/08/whos-in-and-whos-out/ (consultado el 24 de marzo de 2015).

Rojas Castro A. (2013). Las Humanidades Digitales: principios, valores y prácticas, en Janus, vol. 2, pp. 74-99.

Los autos sacramentales de Calderón: una línea del tiempo

ÁLVARO BARAIBAR

abaraibar@unav.es

Universidad de Navarra

Hace ya unos años el GRISO emprendió la labor de edición de los Autos Sacramentales completos de Pedro Calderón de la Barca (en torno a 80 piezas). El proyecto está casi terminado a falta únicamente de unos pocos títulos. Tras la fijación textual de todo este corpus y aprovechando el detallado estudio de cada una de las ediciones, ha llegado el momento de actualizar algunos datos del proceso de escritura y de la información disponible sobre la representación de los autos de Calderón durante los siglos XVII y XVIII. El objetivo de la presente comunicación es el de mostrar el proyecto de construcción de una línea del tiempo por medio de la que representar gráficamente la cronología de escritura y representación de los autos sacramentales de Calderón. Este sistema de visualización nos permitirá, además, aportar otras informaciones relevantes como los testimonios conservados de cada una de estas piezas, enlaces a las publicaciones accesibles en Open Access, etc. Un proyecto abierto, por otro lado, a la incorporación de nuevos materiales y de nuevos autores.

KOLIMO: Building and Annotating a Corpus of Modern German Literature

HERRMANN J BERENIKE

bherrma1@gwdg.de

Georg-August-Universität Göttingen

The proposed poster reports on philological and computational aspects of building and annotating a literary corpus. As part of the ongoing corpus-stylistic project Q-LIMO (Quantitative Analysis of Literary Modernity), the KOLIMO (Korpus der Literarischen Moderne), a representative corpus of Modern German narrative Literature, is designed to enable quantitative-stylistic analyses across variables such as narrative genres, authors, and time. The KOLIMO is tagged for part-of-speech (POS) and enriched by selected types of meta-data (e.g., author, date of publication, narrative genre). Although there are several existing repositories (such as the TextGrid Repository, the German Text Archive [DTA], as well as Gutenberg.de and Gutenberg.org), so far, no representative digital corpus of German Literary Modernity (ca. 1880 – 1930) has been presented, much less one that carries consistent and high-quality linguistic annotation and relevant meta-data. The KOLIMO is hence a unique resource; it will be made publicly available.

Building and annotating the KOLIMO poses unique challenges typical for textual analysis in Digital Humanities: (1) The first main task is a philological one, selecting the texts included with the KOLIMO. Philological standards of corpus construction are especially high in terms of editorial detail and consideration of cultural, societal and philosophical context. KOLIMO is hence balanced for factors such as canonicity, popularity, and (narrative) genre and strives for clarity in terms of literary edition. At the same time, striving for representativeness requires substantial amounts of 'big literary data' (ca. 30,000,000 words) that in addition to some digitization (and OCR) are in need of computational processing and preprocessing (such as producing parsed, clean, and consistently encoded texts). (2) For our means, the second main task is hence the reliable linguistic annotation for POS (with the STTS tagset for German), as well as for meta-data. Although there are high-quality POS-taggers (RF-tagger, Tree-tagger, MarMot) available, these are trained on news texts and for our means hence need manual error management (on a sample of ca. 40,000 words), as well as subsequent machine learning to facilitate annotation of the entire corpus. Next to the compilation of the first representative corpus of narrative Modern German Literature, our project will thus offer a POS-tagger able to cope with the intricacies of German narrative literary texts of the period 1880-1930.

The poster will report on the decisions made on the different levels, concerning philological text (author, genre, popularity) selection, as well as computational pre- and post-processing (e.g., preparation of clean texts, semi-automatic annotation, error analysis, software and taggers used, and supervised machine learning), as well as the degree of accuracy achieved by the KOLIMO-POS-tagger. In all, our research shows that building and enriching a particular literary corpus is by far no trivial task, but requires a sound theoretical modeling of the phenomenon constructed and an interdisciplinary method that does justice to philological as well as to computational criteria of high-quality corpus research.

Colación interlineal aplicada al estudio de la variación lingüística en la lírica gallego-portuguesa

HELENA BERMÚDEZ SABEL

helena.bermudez@usc.es

Universidade de Santiago de Compostela

La caracterización lingüística de cada uno de los testimonios que conforman una tradición manuscrita ofrece información determinante para establecer la génesis de la misma. Un estudio sistemático de la lengua, contrastado con el análisis de otros textos de la época (literarios y documentales), nos aporta datos que facilitan una localización diatópica y diacrónica del proceso de elaboración del manuscrito. Esta información permite una posible identificación de los scriptoria implicados, lo que nos lleva a poder explicar no solo la realización de los testimonios escritos, sino la evolución socio-histórica del género literario sometido a análisis.

Además, un estudio lingüístico y grafemático lleva a la identificación y conocimiento de la filiación de los propios copistas partícipes de la transmisión manuscrita. Esto facilita un análisis de la variación más contextualizado, lo que permite conocer mejor la motivación de cada una de las variantes textuales. Por ejemplo, podríamos delimitar con más precisión casuísticas concretas en las que resulta difícil reconocer si estamos ante un error de copia, una intervención deliberada o una tradición paralela que responde a un estadio diferente en el proceso de composición.

Para enfocar el análisis lingüístico de una tradición manuscrita, apostamos por el estudio del fenómeno de la variación, pues, al analizar los aspectos que varían de un manuscrito a otro estamos identificando lo que cada uno de ellos tiene en particular. Además, se presenta como un criterio válido para acotar el ingente objeto de estudio que implica la caracterización desde el punto de vista de la lengua de los diferentes testimonios que conforman una tradición.

Nuestra propuesta metodológica para realizar un estudio sistemático de la variación lingüística en una tradición manuscrita concreta, en este caso, la de la lírica profana gallego-portuguesa, consiste en una edición digital sinóptica. A grandes rasgos, se fundamenta en la colación de cada una de las lecturas de todos los testimonios que trasmiten la lírica profana gallego-portuguesa, contrastando cada forma y signo automáticamente. El soporte de la edición es el lenguaje de marcas XML y el etiquetaje se hace siguiendo las normas establecidas en el módulo "Aparato crítico" definido por la Text Encoding Initiative[1]. Concretamente, utilizamos el método de segmentación en paralelo, pues permite la codificación de varias versiones de un mismo texto en un único documento.

Este etiquetado facilita la identificación de cada variante para posteriormente ser categorizada. Para marcarlas y definirlas, utilizamos la sintaxis correspondiente a las llamadas "estructuras de rasgos" (Feature Structures)[2]. Así pues, hemos creado una librería de rasgos mínimos con el fin de categorizar las variantes atendiendo a su tipología (errores de copia, variantes de lengua, lecciones equipolentes o variantes gráficas). Evidentemente, los valores que conforman el contenido de cada estructura de rasgos que define un fenómeno lingüístico son mucho más complejos (en cantidad y concreción) que aquellos utilizados para definir las otras tipologías de variación.

Así pues, la flexibilidad a la hora de combinar los rasgos mínimos y la especificidad con que son definidos nos permite extraer con mucha precisión los fenómenos de variación lingüística. Para extraer y manipular eficazmente la compleja información contenida en este marcado utilizamos un gestor de bases de datos no-SQL y el lenguaje de consulta XQuery.

Una edición digital que facilite la extracción de los datos permitirá que el corpus gallego-portugués pueda ser utilizado como fuente para diversos estudios, y, en particular –debido a su interés– para aquellas contribuciones que busquen confrontar la lengua trovadoresca con los diferentes modelos escriturales y lingüísticos que funcionaron durante el siglo XIII e inicios del XIV en el espacio centro-occidental ibérico. Se podrá abrir así una interesante línea de investigación cuyo objetivo será reconocer los primeros talleres de confección de los manuscritos, como paso previo a una explicación que aborde el desarrollo interno y externo de este movimiento poético. Al mismo tiempo, un estudio de este tipo puede utilizarse como una de las fuentes para un análisis histórico-social de las dinámicas culturales (y sociopolíticas) imperantes dentro de las coordenadas espacio-temporales en que se gesta esta escuela poética.

Por otra parte, categorizar y ordenar el fenómeno de la variación de una manera minuciosa y rigurosa, excediendo, tal y como proponemos, el campo de lo estrictamente lingüístico, implica que esta edición interlineal pueda servir, no solo como fuente para estudios de gramática histórica, sino también como base para otros tipos de edición, facilitando todos los pasos previos a la constitutio textus, convirtiendo así la base de datos propuesta en una herramienta válida para diferentes ramas de la filología.

[1] TEI Consortium (eds.): *TEI P5: Guidelines for Electronic Text Encoding and Interchange*. 2.7.0. Fecha última modificación: 09/16/2014 http://www.tei-c.org/Guidelines/P5.
[2] TEI Consortium (eds.): "Feature Structures", en *op. cit.* http://www.tei-c.org/release/doc/tei-p5-doc/es/html/FS.html

Construcción de una base de datos y un repositorio de documentos de investigación para el proyecto TRACE

ALEJANDRO BIA PLATAS

abia@umh.es

Universidad Miguel Hernández

El presente trabajo describe el proceso de creación de una biblioteca digital para investigadores, que comprende una base de datos de datos de investigación de humanidades, y un repositorio de documentos de investigación asociados a estos datos.

A diferencia de una biblioteca digital convencional, la base de datos de esta aplicación abunda en campos de datos con datos de investigación especializados y detallados. Las relaciones entre las tablas de la base de datos también son complejas, lo que refleja las necesidades de los investigadores y la complejidad inherente a la realidad que estos datos representan.

Los usuarios objeto de esta aplicación es un grupo de cerca de una veintena de investigadores que trabajan en el análisis contrastivo de corpus bilingües paralelos. Su investigación se centra en varios aspectos de la traducción en el que comparan traducciones entre diferentes idiomas creadas bajo la censura, durante la época franquista. Los idiomas incluidos son el español, inglés, francés y el euskera. Además, se tratan varios géneros y tipos de obra, desde narrativa a obras escénicas (teatro, películas y guiones de televisión), y en algunos casos incluso hasta letras de canciones.

La base de datos de la biblioteca digital tiene que incluir no sólo las obras originales, sino que también sus múltiples traducciones a diferentes idiomas. Los datos se obtienen de varias fuentes, siendo el Archivo General de la Administración (AGA) la más frecuente.

Debido a la variada naturaleza de las obras (teatro, cine, libros) y el gran número de investigadores, la situación de partida era en cierto modo caótica, ya que cada investigador poseía una base de datos de carácter personal que, a pesar de ser similar a las bases de datos del resto de los investigadores del grupo, presentaba algunas diferencias derivadas de la naturaleza particular de su propio trabajo. Además, el grupo utilizaba dos tecnologías de bases de datos diferentes: Microsoft Access y FileMaker. Esta situación hizo que la integración de las diferentes bases de datos individuales en una única base de datos integrada para la aplicación (mySQL), fuera una tarea muy difícil.

En este trabajo, vamos a discutir las decisiones de diseño que debieron tomarse para evitar o minimizar estos problemas, y la experiencia que hemos adquirido en el proceso. Uno de los aspectos más interesantes del desarrollo de esta aplicación, fue la realimentación cruzada entre los humanistas y los ingenieros de software. En muchos casos hemos tenido que elegir entre lo que los diseñadores de software consideran un diseño de base de datos óptimo, y lo que los humanistas necesitan para poder representar su base de conocimientos.

Un ejemplo de este tipo de dificultad, lo experimentamos a la hora de reducir la información redundante en el diseño de la base de datos de la aplicación, mediante la creación de un tipo de registro de usos múltiples que pudiera contener información de los diferentes tipos de obras (libros, guiones escénicos, etc.), y al mismo tiempo ser capaz de presentar visualizaciones diferenciadas para cada uno de ellos.

También vamos a tratar el gran número de consultas diferentes que la aplicación debe ser capaz de resolver, desde consultas sobre las obras originales, a consultas sobre las obras derivadas (por ejemplo, traducciones).

Una característica de este proyecto, es la necesidad de tratar con diferentes roles y responsabilidades relacionadas con los diferentes géneros literarios (autores, editores, directores, actores, etc.). La existencia de diferentes títulos para una misma obra, incluyendo títulos traducidos, es otra de las características más comunes. Vamos a explicar cómo nos ocupamos de los nombres de persona y de los títulos, reales y normalizados.

En resumen, este trabajo describe la experiencia adquirida al reducir la brecha entre una biblioteca digital convencional, y una biblioteca con requisitos especializados de investigación en humanidades.

[Este trabajo ha sido desarrollado dentro del proyecto TRACEsofTools (herramientas informáticas para análisis contrastivo de textos en corpus bilingües paralelos: alineación y marcado automático, y minería de datos semiestructurados y metadatos), y financiados con la ayuda FFI2012-39012-C04-02 del VI Plan Nacional de Investigación Científica, Desarrollo e Innovación Tecnológica del Ministerio de Economía y Competitividad de España.]

TEIdown: Uso de Markdown extendido para acelerar la creación de documentos TEI

ALEJANDRO BIA PLATAS

abia@umh.es

Universidad Miguel Hernández

Crear nuevos documentos XML (eXtensible Markup Language) desde cero, o a partir de texto plano, puede ser una tarea difícil, lenta y propensa a errores, sobre todo cuando el vocabulario de marcas utilizado es rico y complejo, como es el caso de la norma TEI (Text Encoding Initiative), cuyo vocabulario posee más de 500 etiquetas diferentes. Por lo general, lleva bastante tiempo lograr que el nuevo documento TEI valide por primera vez, y los errores que aparecen pueden ser muchos y difíciles de encontrar y reparar.

Hace un par de décadas, el SGML (Structured Generalized Markup Language) permitía ciertas libertades a los codificadores de documentos, orientadas a ahorrar tiempo y esfuerzo, como por ejemplo, dejar ciertas etiquetas sin cerrar, u omitir las comillas en los valores de algunos atributos. En este sentido, el SGML era más permisivo que el XML. Esto era bueno para los codificadores de documentos, pero hacía que el desarrollo de programas de análisis y procesamiento de documentos SGML fuera una tarea muy complicada, por el número y tipo de reglas de inferencia que estos programas debían incorporar. Por el contrario, el XML, al ser mucho más restrictivo y no permitir todas las libertadas que permitía el SGML, posee una sintaxis más previsible y en consecuencia más fácil de procesar, lo cual contribuyó a su rápida popularidad.

Por otro lado, en el mundo de las Wikis (sitios web donde el lector puede editar y agregar contenidos directamente a través del navegador web), surgieron varias "notaciones Wiki" (wiki-languages), con el fin de simplificar o evitar por completo el uso de etiquetas HTML en la edición de textos para la web. Entre estas notaciones breves, el Markdown es una de las más recientes, y ha sido ampliamente aceptada e incorporada por muchos proyectos importantes. Su objetivo, al igual que otras notaciones Wiki, es evitar escribir etiquetas HTML, pero en el caso del Markdown se insiste además en que la legibilidad del texto se mantenga intacta.

Uniendo el espíritu del SGML, y los principios del Markdown, hemos creado el proyecto TEIdown, que consiste en una ampliación del Markdown para obtener una sintaxis abreviada que sirva para la creación rápida de documentos XML-TEI, y en la creación de los programas de procesamiento correspondientes para llevar a cabo dicha conversión. Con este enfoque, es fácil obtener un documento TEI válido en un tiempo reducido, evitando pasar por una larga lista de errores de validación.

Este enfoque, sin embargo, tiene algunas limitaciones. Fue pensado para procesar las etiquetas más comunes, como las utilizadas para marcar textos en prosa y en verso, y las más comúnmente usadas en el teiHeader (el cabezal de metadatos de los documentos TEI). En resumen, las etiquetas más frecuentes de la DTD teixlile.dtd. Para aplicaciones más especializadas, como el marcado de manuscritos, es necesario agregar más etiquetas a mano después de la conversión inicial, pero incluso en estos casos se ahorra una cantidad significativa de tiempo en la creación del documento TEI.

En la presentación se describirá la notación Markdown extendida, el proceso de transformación a TEI, y las características de los documentos TEI resultantes. También vamos a hablar sobre los beneficios y limitaciones de esta técnica.

[Este trabajo ha sido desarrollado dentro del proyecto TRACEsofTools (herramientas informáticas para análisis contrastivo de textos en corpus bilingües paralelos: alineación y marcado automático, y minería de datos semiestructurados y metadatos), y financiados con la ayuda FFI2012-39012-C04-02 del VI Plan Nacional de Investigación Científica, Desarrollo e Innovación

Tecnológica del Ministerio de Economía y Competitividad de España.]

Trans_Docs: narrativa y bases de datos en La muerte me da y Alba Cromm

ROXANA BLANCAS CURIEL

rblan006@ucr.edu

University of California Riverside

Para Lev Manovich, en *The Language of New Media*, el lugar privilegiado que las novelas y el cine tenían para las narrativas, ha sido desplazado en la actualidad por las bases de datos, las cuales se definen como una estructurada colección de datos que se organiza en una computadora para su fácil acceso (218). Además, agrega que las bases de datos no cuentan una historia, no tienen principio o final, ni mucho menos un desarrollo que sugiera una organización secuencial. En cambio, son "collections of individual items, with every item possessing the same significance as any other" (218). Por otro lado, Katherine Hayles, en *How We Think: Digital Media and Contemporary Technogenesis*, se rehúsa a ver esta enemistad y prefiere estudiar las bases de datos y la narrativa como lo que llama "natural symbionts" (176), es decir, organismos de diferentes especies que trabajan en una relación de mutuo beneficio.

Si consideramos que los diferentes tipos de bases representan en sus modos de organizar la información, un modelo o visión del mundo, y que por ello son en sí mismas formas culturales, es así como puede interpretarse el papel de las bases de datos y la narrativa en las novelas *La muerte me da* (2008), de Cristina Rivera Garza, y *Alba Cromm* (2010), de Vicente Luis Mora, el cual analizo en este trabajo concibiéndolas como "new media objects", término que Manovich utiliza para estudiar la producción en los nuevos medios digitales. Estas novelas transmedia representan cúmulos de bases de datos en cuya fragmentación y polifonía queda implícito, no sólo el papel que Internet y los procesadores de palabras tienen en la producción y organización de las obras, sino también un tipo de materialidad que permite a estas obras ser un reflejo, tanto estético como de contenido, de la violencia que se genera en el entorno de ambas novelas. De igual forma, la elección del género policiaco que ambas novelas utilizan, denota un carácter lúdico que da preferencia a la concepción de la novela como un juego de rompecabezas, lo cual no sólo requiere de la participación del lector, sino que implica una toma de responsabilidad en el acto de leer.

NambanWiki: Repositorio y base de datos de materiales sobre la relación entre España y Japón en los siglos XVI y XVII

JOSE BLANCO PERALES

uo247454@uniovi.es

Universidad de Oviedo

NambanWiki es un proyecto de página web para la recopilación y análisis de documentos históricos españoles que describen los martirios de cristianos que se llevaron a cabo en Japón en el s. XVII y que sirven como base para el estudio de una serie de pinturas que representan estos acontecimientos. La página web consta de un repositorio de transcripciones anotadas, una base de datos codificados en RDF y derivada de las anotaciones, y una galería de pinturas japonesas que están anotadas en relación con los documentos y los datos recabados.

El repositorio consta de transcripciones de documentos españoles de los siglos XVI y XVII que están relacionados con el intercambio cultural entre España y Japón. En los documentos se anotan los eventos históricos descritos, las personas que participan en ellos, los lugares en los que ocurren y sus fechas. Con estos datos y con la información específica de los propios textos se crea una base de datos basada en tecnologías de la Web Semántica como la codificación de los datos en tripletas RDF y el uso de ontologías. Esto permite el análisis de las relaciones de dichos eventos mediante un motor intuitivo de búsqueda y diferentes tipos de visualizaciones, desde tablas y gráficas a mapas y cronologías. Con la base de datos se pueden contrastar y analizar gran cantidad de datos y el uso de ontologías y diferentes herramientas de visualización facilitan su exploración y permite el descubrimiento de nuevas relaciones que resultan difíciles de hallar siguiendo metodologías más tradicionales o utilizando un sistema basado solo en tablas relacionales. Finalmente, la página web incluirá una galería con las pinturas que representan los acontecimientos narrados en los documentos del repositorio. Estas pinturas contendrán anotaciones distribuidas en capas que hacen referencia a la iconografía de las pinturas en relación con los datos de los documentos; para su anotación se está experimentando con el uso de software para la creación de mapas como la librería OpenLayers [1]. La página también incluirá mapas locales del siglo XVII y XVIII para ofrecer una visualización geográfica más completa.

Esta plataforma está basada en los sistemas wiki que permiten la colaboración de otros usuarios tanto en la creación de nuevos contenidos como en la modificación de los ya existentes. Además, las wikis pueden ser utilizadas para la creación de galerías de imágenes similares a las de otras plataformas como Omeka [2]. Para la creación de esta página se ha elegido el software de código libre Mediawiki y sus diferentes extensiones: este es un software potente, con muy buena documentación, flexible gracias a su sistema de extensiones y muy intuitivo para los usuarios que no necesitan muchos conocimientos técnicos para colaborar [3]. Asimismo, la extensión Semantic Mediawiki cubre las funciones relacionadas con las tecnologías de la Web Semántica ya que permite la codificación de los datos en formato de tripletas, el uso de ontologías y la exportación de los datos en formato OWL/RDF [4]. Además, los datos pueden ser accedidos por otras aplicaciones de la Web Semántica. Una ventaja que ofrece el software Mediawiki junto a la extensión Semantic Mediawiki comparado con otras plataformas como CKAN u Ontowiki es la posibilidad de anotar textos de forma intuitiva mediante el uso de los enlaces de tipo wiki [5]. La idea de utilizar estos enlaces como mecanismo de anotación textual está basada en el proyecto FromThePage [6].

Para la representación del conocimiento, NambanWiki utiliza la ontología CIDOC CRM para el contenido de los documentos y su extensión FRBRoo para la información relacionada con los propios textos [7]. CIDOC CRM está reconocida como un estándar ISO y su uso junto a la extensión FRBRoo aporta un elevado grado de complejidad que permite la codificación exhaustiva de los datos. Asimismo, esta ontología ya ha sido utilizada en varios proyectos de investigación de patrimonio cultural como se muestra en la página web de CIDOC y son flexibles a la hora de realizar el mapping a otras ontologías y sistemas de clasificación [8].

[1] http://openlayers.org/
[2] https://omeka.org/
[3] https://m.mediawiki.org/wiki/MediaWiki
[4] https://semantic-mediawiki.org/
[5] http://ckan.org/ ; http://aksw.org/Projects/OntoWiki.html
[6] http://beta.fromthepage.com/
[7] http://www.cidoc-crm.org/
[8] http://www.cidoc-crm.org/uses_applications.html

Habilidades infocomunicativas de estudiantes de Arquivología brasileños

JUSSARA BORGES

jussarab@ufba.br

Universidade Federal da Bahia

LINETE BARTALO

linete@uel.br

Universidade Estadual de Londrina

El acceso a las TIC y de Internet en particular, es el objeto de las políticas públicas de todo el mundo desde el siglo pasado, cuando varios estudios comenzaron a relacionar el grado de desarrollo de las naciones con la posibilidad de que las personas disfruten el contenido que estas tecnologías están fluyendo, la información. Hay un cambio de enfoque, pasando desde la recuperación de la cantidad de información almacenada para el desarrollo de la apropiación de esta información para generar conocimiento y resolver problemas diversos. Surge, entonces, el concepto de alfabetización informacional. La persona competente en información puede movilizar conocimientos, habilidades y actitudes para darse cuenta de cuándo se necesita información y para saber dónde y cómo conseguirlo, identificar lo que es relevante para analizar aspectos como la validez y veracidad y aplicarlo para resolver problemas individuales o colectivos. Principalmente a partir de las herramientas relacionadas con la web 2.0, sin embargo, se destaca entre las actividades llevadas a cabo en entornos digitales, la comunicación. Competencia en comunicación se refiere, entonces, la posibilidad de establecer una interacción con otras personas o grupos, intercambiar, criticar y presentar información e ideas con el fin de llegar a un público y mantener una relación bilateral. Habilidades subyacentes en la información y la comunicación son las competencias operativas: se relacionan con la manipulación de los ordenadores y dispositivos electrónicos, incluyendo un conocimiento básico de hardware, software y redes. Muchas variadas gamas de proyectos se han centrado en la promoción de competencias operativas. En cuanto a los análisis de patrones o verificación de las habilidades, las iniciativas son más limitadas, probablemente debido a la dificultad que entraña apreciar la conducta (frente a la información y la comunicación) de los individuos. El comportamiento de información - como parte del comportamiento humano – se refiere a las decisiones y acciones que las personas realizan en la búsqueda de intercambio y uso de información. Los comportamientos son, por naturaleza, mutantes y difieren mucho según la región y la cultura, por lo que es difícil de medir habilidades. Sin embargo, estas normas son esenciales para la formación de políticas públicas y programas de capacitación que permitan avanzar hacia la inclusión, ya que proporcionan los parámetros de análisis para el ajuste y el desarrollo de los mismos. Este trabajo pretende contribuir a esto presentando un esfuerzo conjunto entre dos universidades brasileñas - Universidade Federal da Bahia (UFBA) y la Universidad Estatal de Londrina (UEL) - para desarrollar indicadores de evaluación comparativa de las habilidades infocomunicativas y aplicarlas en estudiantes de Archivología. Para la comunidad universitaria y en particular entre sus estudiantes, las habilidades infocomunicativas son consistentes con la perspectiva del aprendizaje que si desea que este grupo se desarrolle. En la educación superior, es esencial que los estudiantes sean autónomos y proactivos hacia su propio aprendizaje. De esta actitud depende no sólo el crecimiento profesional, como la capacidad para llevar a cabo la investigación y la educación continua. Las habilidades tienen un papel fundamental, ya que llevan a la gente a (re) conocer su entorno social e informacional, localizando y gerindo la información que es útil y relevante. Los procedimientos metodológicos incluyeron un cuestionario aplicado a 52 estudiantes de la UEL y 81 de la Universidad Federal de Bahía. El cuestionario con 78 preguntas de escala Likert de 5 puntos, investigó las habilidades operativas, habilidades en información y comunicación de estos estudiantes. Los datos fueron tabulados en una hoja de cálculo Excel y el promedio calculado para preguntas, variables y participantes, en una perspectiva comparada. El resumen de los resultados indica la supremacía de habilidades de comunicación en comparación con las demás. Los resultados también indican los componentes de competencias con una mejor evaluación de los estudiantes, así como aquellos componentes que necesitan más atención y inversión.

From ancient texts to maps (and back again): DigilibLT and GeoLat project

ALICE BORGNA

alice.borgna@uniupo.it

Università degli Studi del Piemonte Orientale

Greek and Latin have played a vigorous role in the intellectual life of the West, but today this role seems to be in danger. One reason, among several, might lie in a certain immutability of the corpus of authors. In other words: how can Classics continue to play its traditional role if we persist in studying and teaching the same old anthology of authors and texts? And, in consequence, how we can avoid the risk of reducing research to a continuous debate with previous bibliography? My paper suggests how the interaction between Classics and Digital Humanities can reverse this negative trend by a broadening of perspective. Starting from the case-study of the Digital Library of Late Antique Latin Texts (http://digiliblt.unipmn.it/), I will explain how this kind of project, can have a social (A), pedagogical (B) and, of course, a scholarly (C) impact. But there is also another question I'll try to answer: once we have build a digital library, what we are going to do with it? (D)

A. First, a digital library is certain to help the study of the Classics, because it provides scholars, teachers and students with free access to a wide range of material traditionally available only in highly specialized libraries (such as departmental collections and university libraries). This aspect could have a favorable impact on some of the social issues of our time, for example:

- Digital libraries can release scholars and students from real libraries, facilities not equally available all over the world. Departmental or university libraries, in fact, are not everywhere so close at hand; digital libraries, on the contrary, are far more accessible: all you need to open their doors is a PC and an internet connection. What is more, this ease of use can bridge the traditional economic gaps between students; even today, not few of them choose the subject of their thesis according to their means. Since not everyone can travel on a daily basis to highly specialized libraries, often those who are less well-off have to fall back on simpler research, using bibliography available in public libraries.
- In a similar way, tools such as DigilibLT can fulfill the requirements of those countries currently looking toward Classics as a way to rediscover their ancient roots (e.g., Brazil, where, according to an experimental project called Minimus, even some primary schools have started to offer classes in elementary Latin). Digital libraries provide countries destitute of specialized collections with the scientific material they need. For example DigilibLT offers non only the texts, all based on authoritative editions, but also a working environment in which scholars, students and teachers can find short entries on late-antique authors and works, bibliographies and monographs or out-of-copyright essays.

B. DigilibLT can also play a strong role, both at secondary school (1) and university level (2), in helping the development of the pedagogy of Latin and Greek,

- Since digital natives are often more fascinated by science and technology than past generations, late antiquity, rich in scientific-technical texts, offers materials suitable to their interest. It also includes texts with a strong interactive potential, like the astronomical treatises, often full of diagrams or schemas. With tools such as DigilibLT a teacher can offer innovative Latin classes, new both in content and instruments. For instance, it is possible to read an astronomical Latin text and, at the same time, show the original drawing on the IWB

(Interactive Whiteboard). We are living in a world where the educational offering of the secondary schools is far less focussed on humanities than in the past; but, even if the curricula on sciences and technologies are the majority, this should not imply (as has been done...) an automatic reduction (or cancellation...) in hours of Latin, in Italy now almost relegated to the sanctuary of the liceo classico. With tools such as DigilibLT we can adapt the teaching of Latin to the new generations of digital natives. In addition DigilibLT, providing texts that are not usually included in the traditional anthologies, allows the creation of personal sets of teaching units, geared to student's abilities and interest and also releases teachers from textbooks, a traditional barrier that can shrink Latin classes.

- At the university level DigilibLT shows that a digital approach can help to revive Classics programs, often avoided by students and families as offering a high risk of future unemployment. If we bring in undergraduates, graduates and Ph.D. students on large-scale projects, each according to age and experience, we can enrich the CV of a humanist graduate with significant technical competences (training in XML-TEI, editing softwares, etc.). Against a backdrop of deep economic crisis, with a dramatic youth unemployment rate, these new skills can make our graduates more attractive on the job market.

C. DigilibLT makes possible major achievements in ancient studies. For example, the creation of a digital library entailed a careful selection of the material to be included. As a result, a part of our team compiled a canon of late antique Latin literature, a catalogue that is going to fill an important gap. Moreover, the analysis entailed in the digitizing of the texts has also highlighted a wide range of linguistic usages peculiar to Late Latin. This precious material, which could contain new embryonic cells of the Romance languages, deserves deeper study in the future. Even the peculiar nature of late antique literature stimulates new research. In fact, it offers a mix of works of high literary value and technical and practical ones, not written for an audience of men of learning. As such, it opens up new questions for historical and sociological investigation.

D. Once we have build a digital library, can we content ourselves to read the texts or can we use the factual information they contain and the possibility of linguistic annotation, in order to contribute to the Open and Citizen Science? Starting from the consideration that a lot of ancient text are both rooted in geographic space and contain references to geographical places, we have started the GeoLat project (Geography for latin literature, www.geolat.it), evaluated by the European Science Foundation and founded by the Compagnia di San Paolo. The project aims to make the Latin literature accessible through a query interface of geo-cartographic type. It is based on a geographical ontology created ad hoc, a tool that does not existed before, due to the difficulties related with ancient texts (imaginary geography, disputed or not-named places…). The ontology is written in OWL and is freely accessible as RDF triples. The place-names are annotated in the texts (inline markup): the annotation connects the passage to the proper element of the ontology (standoff markup). The editing platform is collaborative: an interface (front-end) takes into account the different contributors. The GPS data are taken, thanks to the LOD mechanism, from Pleiades (http://pleiades.stoa.org), an authoritative gazetteer of ancient places. The web interface can start either from the selection of an area on the map, to discover which place-names are used by the ancient authors and reading the passages in the texts. Another possibility is starting from specific queries (e.g., "Which are, and where, the woods sacred to that particular divinity? Or how many Alexandria did exist in the III century AD?) and obtain a thematic map.The final platform will be a tool which is meant to be used not only for academic purpose but even by citizen at large, for example in tourism. It will also have predisposition for interoperability with devices for augmented reality (e.g. Google Glasses).

Sistema de evaluación automática de respuestas discursivas como método para aprender y pensar

GUILLERMO DE JORGE-BOTANA

gdejorge@psi.uned.es

UNED

JOSÉ MARÍA LUZÓN

UNED

Presentación:

No cabe duda de que conseguir que los estudiantes logren expresarse adecuadamente por escrito es una prioridad en cualquier sistema educativo. Sin embargo, la importancia de la escritura en el ámbito docente va mucho más allá de la adquisición de su competencia: la escritura es también una excepcional herramienta de pensamiento. Convertirse en un "escritor" competente le requiere al estudiante práctica frecuente y esfuerzo, y al docente tiempos para revisar, elaborar orientaciones personalizadas y diseñar sistemas de refuerzo eficaces, de los que en muchas ocasiones carece. Esta situación lleva a que su instrucción en escuelas, institutos y universidades resulte, por inasumible, relegada en comparación con la atención que se presta a otras habilidades y competencias más "asequibles".

Por otro lado, cabe señalar que gran parte de la evaluación de conocimientos (aprendizajes) se torna limitada a pruebas de respuesta cerrada por insuficiencia de recursos docentes, y tanto en modalidades de enseñanza tradicional (presencial) como abiertas y a distancia (MOOC's). En este sentido, el desarrollo de herramientas para la evaluación automática de respuestas abiertas, que además incorporen *feedbacks* detallados y personalizados, ofrecen un prometedor horizonte para la evaluación de conocimientos no sólo en los momentos formales, sino también en las actividades del día a día llevan a cabo los estudiantes en su proceso continuo de aprendizaje (EEES del Proceso de Bolonia).

En esta comunicación se presenta una metodología de enseñanza que combina la evaluación automática de textos discursivos con actividades de aprendizaje basadas en escritura formal o académica, con una doble intención docente: mejorar el **aprendizaje de contenidos concretos** y desarrollar las **habilidades de pensamiento** de los estudiantes.

Objetivos:

Los objetivos que se pretenden alcanzar pueden organizarse en dos grupos:

Profesorado

- Emplear la escritura como una herramienta (excepcional) para aprender.
- Ahorrar tiempo y recursos docentes a fin de que puedan ser dedicados a "otras" tareas instructivas, incluso, de mayor nivel y espacialización.
- Aumentar la motivación del profesorado y su interés en el uso de la tecnología orientada a favorecer y facilitar el aprendizaje.

Estudiantes

- Mejorar la capacidad de expresión escrita de los estudiantes.
- Conseguir un mayor y más profundo aprendizaje de los contenidos de una asignatura.
- Independizar al alumno en su proceso de aprendizaje (autonomía y responsabilidad).
- Aumentar el interés de los estudiantes por aprender (adherencia a la tarea).
- Revalorizar la escritura como medio para comunicarse, aprender y mejorar las habilidades de pensamiento crítico.

Acciones:

La herramienta web para evaluar

La **herramienta web para evaluar automáticamente textos discursivos** es fruto de la investigación que un grupo de profesores de la UAM y UNED ha venido desarrollando durante los últimos siete años. La herramienta web, que se ha denominado **G-Rubric** [1] (que emplea GallitoAPI como motor de análisis), ha sido puesta a prueba en distintos momentos y disciplinas reales; por ejemplo, en asignaturas del Grado en Psicología impartidas por la Facultad de Psicología, así como del Grado en Economía pertenecientes a la Facultad de Ciencias Económicas, ambas de la UNED y bajo metodología a distancia. Las tecnologías que dan lugar a G-Rubric están basadas en lenguaje natural y en su procesamiento.

Las actividades de aprendizaje basadas en objetos

Las actividades de aprendizaje fueron en todos los casos elaboradas por los profesores de sus Equipos Docentes, dado que todos ellos son expertos en sus materias y responsables únicos de su impartición. Tales actividades se justifican en un contenido base recogido en forma de lectura de cualquier extensión (un capítulo, artículo, una selección, un libro de texto completo) o documento de vídeo, de audio, o gráfico, sobre el que se plantea la realización de una tarea concreta mediante su enunciado correspondiente: "resuma los aspectos más importante de…", "distinga los puntos de vista de los autores que se referencian en…", "reproduzca los puntos más sobresalientes de la teoría de…", etc.

Una vez concluido el proceso de elaboración formal de las actividades, se hace necesario seguir una serie de pautas a fin de convertirlas en **objetos de aprendizaje** ajustados a las condiciones que espera la aplicación G-Rubric.

Los profesores de la asignatura

Como se ha dicho, una vez terminadas las actividades deben todavía adaptarse a las solicitudes de la aplicación G-Rubric. Para que los expertos pudieran llevar a cabo dicha adaptación, se organizaron cuatro sesiones de formación sobre la creación y formato específico de los elementos definitorios del contenido de las actividades (ideas, descriptores, grado de presencia/ausencia…), así como del papel, funciones y manejo de G-Rubric y del motor de análisis **GallitoAPI.**

Una vez construidos por completo los objetos de aprendizaje y dispuestos en G-Rubric, el Equipo Docente los incorpora a su plan de trabajo expuesto en la plataforma virtual aLF de la UNED mediante los enlaces correspondientes (url); así mismo, añade las instrucciones pertinentes y los plazos de realización de modo que todo lo necesario quede a disposición de los alumnos de la asignatura.

¿Qué ofrece la evaluación de G-Rubric?

G-Rubric ofrece tres tipos de información al estudiante sobre la respuesta evaluada:

- Una puntuación sobre la corrección global de su redacción o forma (ortografía, sintaxis, gramática, estilo…), entre 0 y 100 puntos.
- Una calificación acerca de la calidad del contenido de la respuesta del alumno, entre 0 y 10 puntos.
- Un *feedback* personal y detallado sobre la medida en que cada una de las ideas principales determinadas por el profesor (experto) están presentes en la respuesta del alumno.

La escritura como herramienta para aprender y pensar

Como se ha dicho, G-Rubric no sólo es una herramienta para mejorar las competencias de escritura y adquirir nuevos conocimientos sobre un contenido o disciplina particular, sino también para mejorar las habilidades de pensamiento de los estudiantes.

Por un lado, la puntuación sobre corrección global de la redacción y las múltiples posibilidades de evaluación automática que ofrece G-Rubric, permite que los alumnos revisen estos aspectos superficiales en sus respuestas con la tranquilidad de que más adelante podrán detenerse en cuestiones de mayor calado y fineza.

En segundo lugar, la evaluación global sobre el contenido, que se asemeja a la calificación que ofrecería un profesor, además de informar al estudiante, aumenta la validez ecológica de la herramienta al tiempo que le anima a mejorar su respuesta.

Y en tercer lugar, la información de retorno o *feedback* personal ofrecido al estudiante tras cada evaluación dirige su atención hacia los aspectos conceptuales relevantes, señalando cuáles son y en qué grado deberían estar presentes en su respuesta. Así mismo, el modo peculiar con el que ha sido construido G-Rubric, hace que la extensión de la respuesta cobre importancia, ya que al poder limitarse a voluntad obliga a la síntesis. Esto es, no es posible alcanzar una calificación superior sobrepasando despreocupadamente el límite de extensión sugerido en las instrucciones específicas de un objeto, sino sólo con una respuesta respetuosa con la extensión recomendada y que contenga, en la proporción debida (la fijada por el experto), las ideas principales. Tal situación de compromiso, invita al estudiante a que ponga en marcha estrategias más elaboradas acerca de cómo conseguir una respuesta superior. Esta búsqueda le llevará por segunda o tercera vez al texto base del que partió la actividad a fin de identificar matices y detalles que, sin pasarse, puedan enriquecer su respuesta (posiblemente esta vuelta al documento fuente también redundará en sus competencias lectoras y su comprensión); igualmente le llevará revisar la estructura profunda de su respuesta y a mejoran el hilo conductor de su escrito o hilo argumental, lo que a la postre le llevará a interesarse por los aspectos profundos que antes había pasado por alto; y por último, el repaso dirigido de la actividad le "obligará" a seleccionar palabras, precisar conceptos, ordenar expresiones, establecer relaciones e incluso, si es el caso, plantear inferencias entre las distintas partes del texto y su respuesta. En definitiva, la tarea diseñada y controlada por el profesor experto, junto con las características de la herramienta de evaluación (es automática, es ilimitada, es sencilla, es inmediata), le estarán empujando no sólo a aprender más sobre un contenido concreto, sino también a organizar, entrenar y fortalecer sus habilidades para pensar.

[1] La herramienta web **G-Rubric** y el motor **GallitoAPI** son propiedad de **Semantia Lab** (www.semantialab.es), una iniciativa spin-off de la UNED recientemente creada con el apoyo de su Oficina de Transferencia de Resultados de Investigación (OTRI).

Wikivantes, un proyecto socio-educativo y cultural a partir de la obra de Cervantes

F. JAVIER BRAVO RAMÓN

javierbravoramon@gmail.com

La Wikivantes es un proyecto con carácter colaborativo y multidisciplinar para trabajar aspectos educativos, sociales y culturales a partir de los textos y la vida de Miguel de Cervantes.

La wiki surgió, y mantiene aún esa base medular, como instrumento metodológico para trabajar los cuatro pilares de la educación mencionados en el informe Delors (aprender a saber, aprender a hacer, aprender a ser y aprender a vivir con los otros) desde la perspectiva multiforme y global de las obras cervantinas y de la propia vida del escritor.

El proyecto se estructura en torno a tres categorías cervantinas: Vida y aledaños, en la que se tratan temas relacionados con la forma de vida de la España de los siglos XVI y XVII, etapa fundamental en la creación de la Europa moderna; textos quijotescos, en la que se utilizan como punto de salida del trabajo las dos partes del *Quijote*; y textos no quijotescos, en la que tienen cabida tanto aquellas obras de Cervantes al margen del *Quijote* como los textos de autores coetáneos del alcalaíno, así como las recreaciones de épocas variadas con diversas perspectivas cervantinas.

La propuesta tiene un marcado carácter colaborativo, pues aunque se parte de unas premisas iniciales marcadas y de unos textos que sirven de ejemplo para desarrollar experiencias formativas múltiples, la libertad de elección, transformación y desarrollo es total. La única condición que no se puede soslayar es la utilización de Cervantes y de lo cervantino como componente basilar de la wikivantes.

Otra de las características del proyecto es su multidisciplinareidad, pues aunque la wikivantes se preste de forma especial a un tratamiento humanístico, son bienvenidas las propuestas científicas y sociales, siempre y cuando se respete la idea de lo cervantino como eje central del proyecto; por otro lado, la absoluta libertad de planteamientos y formas de abordar tanto las temáticas que se trabajen como los procedimientos que se escojan para hacerlo, siempre que partan del rigor y respeto, pueden contribuir al enriquecimiento de la wikivantes.

El instrumento que sirve de soporte al proyecto es el digital, entendido este en un sentido amplio, es decir, como un conjunto de técnicas, aplicaciones, métodos y recursos, tanto educativos como culturales y sociales, que faciliten el acceso libre a la información y posibiliten la transferencia de conocimiento y el intercambio de experiencias que conduzcan a la mejora integral de la Sociedad.

El soporte digital fundamental es la wiki que se ha creado, en el espacio de wikispaces, y que se puede consultar en el enlace http://wikivantes.wikispaces.com/, a partir de la cual se desarrolla el trabajo colaborativo y compartido. Unida a ella, se irán creando una serie de enlaces, bien directos bien en forma de contenidos y recursos, que permitan trabajar lo relacional como base metodológica fundamental, pues lo importante no es solo desarrollar la capacidad crítica de las personas sino también discernir y diferenciar entre la información relevante y la no relevante.

En paralelo a la wikivantes se podrán enlazar blogs de contenidos educativos y socio-culturales, páginas web, conexiones con cuentas de Redes Sociales, como Twitter, Facebook o Google+...

Los recursos que pondrá la wikivantes a disposición de sus usuarios serán variados y podrán dirigirse a destinatarios de todo tipo. Así, nos encontramos con ejemplos de webquests y cazas del tesoro de carácter educativo y orientados a niveles diversos, con experiencias audiovisuales y multimedia formativas y socioculturales, con material investigador sobre textos y crítica cervantina y aspectos relacionados con alguna de las categorías de la wikivantes, con experiencias y recursos realizados a nivel mundial en torno a la obra y los textos cervantinos...

Por otro lado, el espíritu de la wikivantes es abierto y gratuito, lo que supone que todos los contenidos, recursos, aplicaciones y colaboraciones serán de libre acceso, con las únicas restricciones de que cualquier aportación que se realice al proyecto deberá partir del rigor y la scriedad, y de que ante todo deberán respetarse las ideas y pensamientos de los usuarios de la wikivantes, siempre que estas no atenten contra la libertad de elección, la raza, la procedencia ni el sexo de las personas.

Por último, la wikivantes, como toda wiki, es un work in progress que debe ir adquiriendo sentido y entidad a través de las colaboraciones de sus usuarios, para lo que es fundamental, por un lado, reforzar su visibilidad, tanto en los buscadores generales como a través de la presencia en Redes Sociales y de enlaces en páginas institucionales, y por otro, afianzar el respaldo de organismos, instituciones, colectivos y personalidades de la educación, la cultura y la sociedad en general, para, a través de lo digital, convertir a Cervantes en motor de la educación del futuro.

Utilización de herramientas digitales en ciencias sociales y Humanidades en la Universidad Nacional de Rosario: Especial análisis de prácticas de difusión digital

VIRGINIA BRUSSA

virbrussa@gmail.com

La presente propuesta es parte de una investigación cuantitativa y cualitativa a realizarse en la comunidad académica de la Universidad Nacional de Rosario (UNR), Argentina, en relación al nivel de conocimiento y modalidades en las que se utilizan metodologías y herramientas digitales en los procesos de investigación local.

Nuestro interés se centra en la relación entre Acceso Abierto, divulgación de la producción científica e impacto de las redes sociales en dicho esquema de apertura, entendidas a su vez como prácticas difundidas por las humanidades digitales en diversos campos. Se presentarán los primeros resultados de una encuesta que será administrada a los docentes investigadores de la UNR en relación a las necesidades y desafíos relativos al uso o no uso de herramientas digitales para llevar adelante sus investigaciones y también para la divulgación de sus producciones académicas, tales como el repositorio institucional RepHipUNR [1], e interacción en las redes sociales, específicamente Twitter. Los datos recabados serán la plataforma inicial para evaluar las estrategias digitales de utilización en el desarrollo de la investigación y en la divulgación de las producciones en las diferentes unidades académicas y de actores individuales. Se realizará un estudio de caso de la Facultad de Ciencia Política y Relaciones Internacionales de la UNR.

En este análisis utilizaremos herramientas que nos permitan también conocer las redes e interacciones digitales que se conforman en esos espacios virtuales. Se contrastarán los resultados obtenidos en la encuesta con las prácticas de utilización concretos de herramientas como el repositorio institucional de acceso abierto, la plataforma Moodle del Campus Virtual de la UNR, y las redes sociales (Twitter) y poder realizar análisis que permitan orientar líneas de acción a futuro.

En ese sentido , la emergencia e impacto de prácticas resultantes de numerosos casos iniciados por comunidades académicas y/o redes [2] a favor de impulsar la práctica del "sharing" , ciencia abierta y colaborativa a partir del uso de diferentes estrategias digitales (con énfasis en el uso de redes sociales y herramientas de crowdsourcing entre otras) es un soporte importante en línea con pensar en políticas institucionales acordes de difusión y publicación.

[1] http://rephip.unr.edu.ar/

[2] La Open Knowledge Foundation ha impulsado en su grupo de trabajo "Open Science" algunos interesantes debates sobre el tema a partir de post escritos por Peter Kraker desde el año 2013.

The History and Provenance of Cultural Heritage Collections: New Approaches to Modelling, Analysis and Visualization

TOBY BURROWS

toby.burrows@kcl.ac.uk

King's College London

Each object in contemporary cultural heritage collections has its own history and its own historical significance, as Neil McGregor vividly demonstrated with one hundred objects chosen from the collections of the British Museum (McGregor 2010). An important part of that history is the process by which each object came to reside in its current location and its current collection. Each object has usually been part of a series of collections over its lifetime, and this movement of objects between collections has its own history. Similarly, each collection has its own history of formation and (usually) dispersal. These collections include personal and individual collections, private institutional collections and modern public collections.

These relationships between cultural objects, collectors and collections over time are an important example of what Alan Liu has described as "network archaeology" (Liu 2012) – the recovery and analysis of cultural, social and artistic relationships at a particular period of time. As well as studying how and why some objects survived while others did not, and how and why the ownership of these objects changed, this "network archaeology" can also address several larger research questions. Cultural collections can reflect broader historical trends and are shaped by them. In the European context, these include the dissolution of religious institutions, the decline of royal and aristocratic patronage, the rise of public cultural institutions (especially museums and libraries), the emergence of wealthy collectors in the industrial era, European global expansion and imperial power, and the repatriation of cultural objects. The network of relationships between people and institutions involved in the ownership and transmission of cultural collections can also reveal a good deal about the more general networks of cultural influence and social and political relationships in a particular society.

In the nineteenth century, the English collector Sir Thomas Phillipps (1792-1872) assembled the largest private collection of European medieval and early modern manuscripts and documents. It is estimated to have contained more than 40,000 items, making it considerably larger than most of the collections in public institutions today, and included many manuscripts of considerable historical, textual and artistic significance. The manuscripts had very varied geographical origins across Western Europe, are written in various different European languages, and cover a wide range of different subjects and topics. Their modern locations are spread across the globe – the dispersal of the Phillipps Collection took place gradually over more than one hundred years, and numerous institutions and collectors were involved. As a result, the history of the Phillipps Collection provides a much richer and more varied set of data than a single contemporary institutional collection would provide.

In this paper, I will report on a project to reconstruct and analyse the history and provenance of the manuscripts which formed the Phillipps Collection. The scale of the Phillipps Collection has proved a significant challenge to traditional research methods in the past. The English librarian A.N.L. Munby spent more than a decade compiling a overview of Phillipps' collecting activities and of the dispersal of the collection up to the mid-1950s (Munby 1951-1960). Several major institutions (including the British Library, the Bodleian Library, and Cambridge University Library) maintained for several decades a series of manual lists and indexes for transactions involving Phillipps manuscripts.

In this project I am employing innovative data modeling and analysis techniques to build a digital environment for tracing the entire history of these manuscripts, as far as it can be known. I am interested in mapping the provenance events and ownership networks which, taken together, constitute the history of these thousands of manuscripts over hundreds of years.

My paper will focus particularly on four key technical aspects of the project.

(1) Frameworks for modeling and representing the data relating to ownership and provenance, using an event-based approach

Events are central to provenance research, but they have proved difficult to represent in existing ontologies and data models, with a variety of different approaches being used. I will discuss the various alternatives – including CIDOC-CRM, the Europeana Data Model, and property graphs (Blanke, Bryant and Hedges 2013).

(2) Techniques for importing and combining existing data relating to manuscript histories

The existing data relating to the Phillipps manuscripts are scattered across numerous digital and physical sources, in multiple languages. They are, inevitably, in a variety of different formats and schemas, ranging from relational databases and MARC records to handwritten notes and card indexes. Capturing these data and aligning them to a common data model are complex tasks, which require multiple ingestion paths and crosswalks.

(3) The deployment of suitable software to manage the data and to support analysis and visualization

Suitable software is critical for a project of this kind. I will report on work I have done with two specific platforms: the graph database software Neo4j (Van Bruggen 2014) and the Nodegoat data management environment (Van Bree and Kessels 2015). I will also discuss the implementation process for the data model used to aggregate the provenance data used in this project

(4) Methods for visualizing and analyzing the data produced by the project, and for making them available for re-use by other researchers

I will look at a series of use cases and research questions related to the aggregated data, and will demonstrate how Neo4j and Nodegoat can be use to produce analyses and visualizations in response to these requirements. I will also discuss methods for linking the data produced by this project with the wider Linked Data cloud, in order to enable wider contextualization and analysis. I will compare the results made possible by my software environment and data model with those produced by the Schoenberg Database of Manuscripts – a relational database which focuses specifically on manuscript provenance.

References:

Blanke, Tobias, Bryant, Michael, and Hedges, Mark (2013) “Back to our Data —Experiments with NoSQL Technologies in the Humanities”: paper presented at 2013 IEEE International Conference on Big Data

Liu, Alan (2012) “Remembering Networks: Agrippa, RoSE, and Network Archaeology”: paper presented at Network Archaeology conference, Miami University, Ohio, 21 April 2012

McGregor, Neil (2010) A History of the World in 100 Objects (London: Allen Lane)

Munby, A.N.L. (1951-60) Phillipps Studies, 5 vols (Cambridge: Cambridge University Press)

Van Bree, P. and Kessels, G. (2015) “Mapping memory landscapes in nodegoat”. In: Social Informatics, ed. L.M. Aiello and D. McFarland (Lecture Notes in Computer Science, 8852) (Springer International Publishing), pp. 274-278

Van Bruggen, Rik (2014) Learning Neo4j (Birmingham: Packt Publishing)

DidactiRed a examen en su uso como input en la formación de formadores

M. TERESA CÁCERES-LORENZO

mteresa.caceres@ulpgc.es

Universidad de Las Palmas de Gran Canaria

Esta investigación tiene como objetivo general el examen de un número determinado de herramientas TIC, que funcionan como *input* de contenidos en la formación de profesores de *español como lengua extranjera* (ELE), en el área de nuevas tecnologías aplicadas al proceso de enseñanza/aprendizaje. En esta ocasión nos ocupamos de *DidactiRed* (http://cvc.cervantes.es/aula/didactired), banco de recurso que desde febrero de 2004 publica semanalmente actividades para el aula, además de actividades de reflexión y sobre técnicas docentes. Los autores de estos materiales son numerosos docentes que quieren compartir sus experiencias o propuestas de enseñanza. De tal forma, que el uso de *DidactiRed* junto al *Diccionario de términos clave de ELE* (http://cvc.cervantes.es/ensenanza/biblioteca_ele/diccio_ele) constituyen un apoyo inestimable para los formadores, a la hora de alfabetizar al estudiante en el lenguaje específico de ELE.

La competencia de la lengua, según el *Marco Común Europeo de Referencia para las Lenguas: aprendizaje, enseñanza, evaluación* (MCER, 2001), está formada por las siguientes dimensiones: funciones, nociones, tipos de texto y género, gramática, léxico y semántica, aspectos sociolingüísticos, pragmático-discursivos, fonológicos, fonéticos, ortográficos y orto-épicos, prosódicos y problemas gramaticales, semánticos y léxicos específicos del español. Un profesor de ELE debiera reconocer en las citadas dimensiones, necesidades de los alumnos para una comunicación efectiva en distintos contextos de aprendizaje. La importancia de investigaciones como estas se entienden a la luz de la competencia clave que se le supone a los docentes de *organizar situaciones de aprendizaje*, es decir el futuro profesor diagnostica y atiende a las necesidades de sus estudiantes, por lo que es responsable de planificar secuencias didácticas. Esto implica que en la organización de sus estudios no se descuide ninguna dimensión.

La utilización continuada desde 2008 en la asignatura del uso de internet como herramienta del currículo, nos llevó a percatarnos que los alumnos, a la hora de crear material didáctico como parte de los resultados de aprendizaje planifican siempre con unas determinadas dimensiones y evitan otras. Las preferidas son las relacionadas con los problemas gramaticales, semánticos y léxicos específicos del español, y se soslayan otros que se presentan en el MCER (2001).

En un proceso reflexivo de mejora, en los posgrados encargados de esta formación en la Universidad de Las Palmas de Gran Canaria nos planteamos las siguientes preguntas de investigación: ¿es posible que *DidactiRed* presente en determinadas actividades para el aula una dimensión en detrimento de otras?; ¿qué dimensiones son las más trabajadas?. Cuestiones que nos propusimos responder a través de un análisis cuantitativo de dichas actividades.

El diseño de nuestra indagación nos llevó primero a reunir las 213 actividades en las que se usaba internet como recurso. Este material nos sirvió para examinar qué dimensión de la competencia de la lengua se desarrolla en estos *input*. Nuestras conclusiones nos indican que *DidactiRed* como *input* muestra preferencia por determinadas dimensiones. Este resultado no soluciona un problema en la formación. Es necesario indagar también en otros *inputs* como el currículo en los posgrados, los factores asociados al proceso de enseñanza/aprendizaje en el aula y en los intereses de los alumnos actuales.

El interés de esta investigación para los formadores de formadores se especifica en que nuestra aportación es un indicador de la tendencia actual de ELE, pero también supone un análisis de necesidades de cómo se puede priorizar una dimensión de la competencia de la lengua según el currículo del MCER, por lo que debe proponer la construcción de actividades concretas que eviten ciertas carencias formativas.

Estilística del género literario asistida por ordenador (Universidad de Würzburg, Alemania)

JOSÉ CALVO TELLO

jose.calvo@morethanbooks.eu

El objetivo general del grupo (CLiGS por sus siglas en alemán, http://clgs.hypotheses.org) es aplicar métodos recientes de análisis cuantitativo de textos para tratar problemas básicos de los estudios literarios (Moretti 2005, Ramsay 2011, Jockers 2013). En concreto analizamos la relación entre el estilo y el género literario, para lo cual utilizamos extensos corpus de obras literarias en español y francés. Con el póster queremos dar a conocer nuestros proyectos y buscar posibles socios y cooperaciones.

Estilo y género literario:

El proyecto busca rasgos estilísticos que permitan definir géneros (Biber 1992; Kessler 1997). ¿Qué comparte un género literario y sus subgéneros? ¿Qué aspecto diferencian subgéneros emparentados? Los géneros literarios se entienden como categorías textuales complejas que la crítica ha definido según diferentes tipos de criterios:

1. Unidades lingüísticas: léxicas, morfológicas, sintácticas o textuales
2. Unidades literarias como los temas tratados o los personajes y sus relaciones

Podremos verificar o falsear estas teorías realizando pruebas empíricas sobre los corpus textuales.

Metodologías:

La primera fase del proyecto prevé conseguir los textos en formato XML-TEI sencillo; posteriormente se realizará anotación lingüística sobre ellos. Una vez estén anotados, aplicaremos diferentes métodos de análisis:

- Machine learning, para la anotación (semi)automática, así como refinar qué unidades pueden ser rasgos distintivos para los géneros (Alpaydin 2010; Pustejovsky y Stubbs 2013)
- Métodos estilométricos que recojan relaciones léxicas; entre ellos Keyness-Analysis, medidas de distancias textuales, Cluster Analysis o Principal Component Analysis (Oakes 1998; Manning y Schütze 1999)
- Network analysis o topic modelling, métodos que utilizan unidades textuales más abstractas como son temas o personajes y sus relaciones (Newman 2010; Blei 2011)

Proyectos concretos:

El grupo engloba seis proyectos de humanidades e informática: cuatro tesis doctorales y dos trabajos postdoctorales. En la conferencia detallaremos principalmente los proyectos que trabajan con textos en español. Los otros tres proyectos investigan textos en francés y llevan por título:

- Estilística de género literario del roman des Lumières francés (1720-1810)
- Identificación automática de pasajes descriptivos y narrativos en textos literarios (1720-1810)

- Clasificación de textos según múltiples categorizaciones (1630-1780)

Subgéneros de la novela argentina y mexicana, 1850-1920:

A mitad del siglo XIX, la novela latinoamericana toma forma a través de la publicación de numerosos textos. El proyecto se centra en aproximadamente 150 textos de Argentina y México. Usando un enfoque temático, el trabajo investigará cuáles son los subgéneros dominantes en este período y como se dejan definir en términos de estilo, asumiendo que se trata de formas complejas que pueden ser descritas en varios niveles. Se analizarán subgéneros novelescos que transcienden corrientes literarias singulares, como la novela histórica, la novela social, la novela sentimental y la novela psicológica.

Análisis de los subgéneros de prosa en España, 1880-1939:

Durante la llamada Edad de Plata española tiene lugar un cambio estilístico que afecta también los géneros y subgéneros literarios. Aparecen numerosas obras en prosa que son catalogadas bajo decenas de conceptos: nivola, ficción-ensayo, novela lírica, novela intelectual y un largo etcétera. El corpus recogerá alrededor de 200 textos en prosa con especial foco en la Generación del 98, junto a autores tanto anteriores como posteriores. El trabajo realizará una revisión sobre las teorías sobre estos subgéneros enfrentándolas a pruebas empíricas, y espera proponer nuevas categorizaciones.

Estilística de subgéneros del teatro español y francés, 1580-1780:

Este proyecto comparará la estructura estilística del género del teatro francés y español. Son de esperar grandes diferencias entre el teatro español del Siglo de Oro y el "théâtre classique" francés. Cada lengua estará representada por aproximadamente 800 piezas. El primer objetivo será establecer, en una perspectiva descriptiva, una amplia descripción estilística, con especial atención a las correlaciones de los diferentes niveles de descripción. Después, la investigación focalizará los fenómenos de diferenciación sincrónica y diacrónica en las dos colecciones de textos. Finalmente el proyecto reconsiderará los fundamentos conceptuales de la teoría y de la historia de los géneros sobre la base de los resultados cuantitativos.

Universidad y colaboradores:

El líder del proyecto es Christof Schöch, está financiado por el Ministerio de Educación e Investigación alemán (http://www.bmbf.de/) y se ubica en la cátedra de "Filología computacional" de la Universidad de Würzburg (Alemania). Esta Universidad investiga desde hace varias décadas mediantes herramientas informáticas aspectos literarios y textuales. La facultad ofrece estudios sobre Humanidades Digitales, forma parte de Dariah y alberga otros proyectos del área. El grupo colabora formalmente con diferentes grupos y Universidades de Alemania, Francia, Polonia y Bélgica.

Bibliografía:

Alpaydin, Ethem. 2010. Introduction to Machine Learning. 2nd ed. Cambridge, Mass: MIT Press.
Blei, David M. 2011. "Introduction to Probabilistic Topic Models." Communication of the ACM.
Biber, Douglas. 1992. "The Multidimensional Approach to Linguistic Analyses of Genre Variation: An Overview of Methodology and Finding." Computers in the Humanities 26 (5-6): 331–47.

Kessler, Brett, Geoffrey Numberg, and Hinrich Schütze. 1997. "Automatic Detection of Text Genre." In Proceedings of the 35th Annual Meeting of the ACL, 32–38. Stroudsburg, PA, USA: Association for Computational Linguistics.
Jockers, Matthew L. 2013. Macroanalysis: Digital Methods and Literary History. Topics in the Digital Humanities. University of Illinois Press.
Manning, Christopher D., and Hinrich Schütze. 1999. Foundations of Statistical Natural Language Processing. Cambridge, Mass: The MIT Press.
Moretti, Franco. 2005. Graphs, Maps, Trees: Abstract Models for a Literary History. Verso.
Newman, M. E. J. 2010. Networks: An Introduction. Oxford; New York: Oxford University Press.
Oakes, Michael P. 1998. Statistics for Corpus Linguistics. Edinburgh Textbooks in Empirical Linguistics. Edinburgh: Edinburgh University Press.
Pustejovsky, James, and Amber Stubbs. 2013. Natural Language Annotation for Machine Learning. Sebastopol: O'Reilly.
Ramsay, Stephen. 2011. Reading Machines : Toward an Algorithmic Criticism. Urbana Ill.: University of Illinois Press.

Asesor Lingüístico automatizado en Internet (ASLI)

FRANCISCO JAVIER CARRERAS RIUDAVETS

francisco.carreras@ulpgc.es

Universidad de Las Palmas de Gran Canaria

LYDIA ARROY HERRERO

arroyoherrero@yahoo.es

JORGE BUENO GODOY

jbueno-@hotmail.com

LORENA RODRÍGUEZ HERNÁNDEZ

orenarh@hotmail.com

GUSTAVO RODRÍGUEZ RODRÍGUEZ

grodrigu@dis.ulpgc.es

Universidad de Las Palmas de Gran Canaria

ASLI es una herramienta esencial para la producción de textos escritos en español. Los servicios que ofrece —corrección automática con sistemas de aprendizaje inteligente, guía didáctica o manual de uso de la lengua española y radiografía del texto en términos estadísticos—, conforman los pilares básicos de este *asesor lingüístico automatizado*.

Servirá como *corrector automático* de errores frecuentes de los niveles tipográfico, ortográfico, morfológico, gramatical y cuando lo precise, léxico y de estilo. Esta vertiente está pensada especialmente para el análisis de grandes producciones de texto que requieren una revisión y corrección prácticamente en tiempo real. Los usuarios potenciales de esta corrección automática pueden ser editoriales, órganos institucionales, ediciones digitales de medios de comunicación, blogs... es decir, usuarios de español que utilicen nuestra lengua como vehículo de expresión.

ASLI pretende ser una *guía didáctica* de la lengua que aporte información gramatical, ejemplos de uso y referencias bibliográficas normativas en los casos que entrañen dificultad para los usuarios del español, tanto nativos (más de 500 millones de hablantes) como aprendientes, profesionales (traductores y profesores) y curiosos que pretenden conocer los entresijos de nuestra lengua.

ASLI sirve como herramienta de *radiografía estructural* y análisis para la extracción de datos estadísticos relacionados con la métrica, la morfología y el léxico de un texto. Esto permitirá mediante la comparación con datos obtenidos de obras de renombre comparar la calidad estructural del texto.

Tanto la tarea de corrección como la de asesoría se basan en la normativa RAE más reciente. El pilar fundamental de la gramática que surte a ambos servicios es la *Nueva Gramática de la Lengua Española* (2010) que da cobertura a todos los fenómenos que se desarrollan en nuestra lengua. También se hará uso, para cuestiones puntuales, del *Diccionario panhispánico de dudas* (2005).

Para los niveles más específicos como la ortografía o la tipografía, se acude por un lado, a la *Ortografía* publicada por la RAE (2010), y por otro, a las indicaciones del experto en estas cuestiones J. Martínez de Sousa, *Ortografía y ortotipografía del español actual* (2008).

A medida que los diccionarios van recogiendo nuevas voces y la norma va geenrando nuevas directrices gramaticales, **ASLI** también avanza, recopilando e implementando esta información para garantizar una corrección y servicio de asesoría actualizado y de acuerdo con la norma.

Su sistema de aprendizaje garantiza una continua evolución y perfeccionamiento de la herramienta reduciendo el margen de errores en textos futuros. La participación directa del usuario mediante la selección de opciones correctas ayudará de manera estadística a mejorar sus resultados. Cuanto más se use **ASLI**, mejores serán sus resultados.

ASLI, a diferencia de los otros correctores disponibles, se concibe como una aplicación que trasciende la clásica corrección automática. Pretende ser una herramienta en internet que ofrezca cobertura a páginas web y dominios de internet de corrección y asesoramiento lingüístico en diferido. El Asesor **ASLI**, a diferencia de los correctores de texto tradicionales, además de trabajar con texto que aportará el usuario, también permitirá analizar el contenido de una dirección web (un artículo de un periódico, un blog, una página informativa de la Administración), o bien, un dominio completo (http://www.wikipedia.es, http://www.elmundo.es). Al finalizar el análisis se enviará al interesado un informe detallado del resultado por correo electrónico. Los propietarios de los dominios podrán seleccionar la frecuencia de análisis de sus webs y despreocuparse hasta la llegada del informe **ASLI**.

Se trata de una herramienta flexible y en continuo desarrollo que, en sus fases más avanzadas, permitirá, bien ser configurada ad hoc por el usuario según sea su perfil e intereses —hablante nativo, aprendiz de español, estudiante nativo de lengua española, profesional de la lengua (traductores y correctores), usuarios de español americano, textos en registro formal o coloquial...—, bien elegir entre varios perfiles/plantillas predefinidas que se ajusten a sus necesidades. Estos últimos habrán sido diseñados y desarrollados previamente por el equipo de investigación. De este modo, el usuario podrá seleccionar el tipo de corrección y recomendaciones que desee recibir así como los niveles lingüísticos que quiere que sean analizados en su texto, además de tener acceso al análisis estructural integral de la edición en todo momento, en forma de datos estadísticos.

La utilidad de **ASLI** no se limita a la corrección; pretende ser una herramienta de análisis estadístico textual e información lingüística razonada y documentada que aporte contenidos útiles y actualizados al usuario para la tarea de la elaboración o revisión de un texto. El asesor observará todas las variedades del español panhispánico, y bajo el criterio establecido por la norma académica (RAE), ofrecerá al usuario indicaciones en los casos en los que el programa detecte en el texto la presencia de un error o de una palabra o secuencia de palabras que supongan dificultad para el escritor o sean un error frecuente reconocido y tratado por la bibliografía específica.

Las indicaciones que se propongan al escritor —notas lingüísticas—, que conforman el servicio de asesoría lingüística, parten del escrutinio de varios niveles de la lengua; ortográfico, tipográfico, léxico, morfológico, morfoléxico, semántico y gramatical. Estas notas de carácter didáctico serán clasificadas inicialmente —en la aplicación para el usuario— en tres grandes bloques de incidencias:

1. Errores
2. Recomendaciones
3. Avisos lingüísticos

En el primer caso, la aplicación dará la opción de corregir automáticamente los errores detectados, y ofrecerá, si se solicita, una explicación didáctica o norma generalizada que argumente la corrección. Las recomendaciones por su parte, no surgirán de los errores, sino de los casos en los que la lengua provea varias opciones correctas. Serán, por tanto, sugerencias y alternativas que se aporten al escritor para que él mismo, prestando atención al contexto, intención comunicativa y registro del texto, tome la decisión que considere más apropiada.

Se tendrán en cuenta las variedades panhispánicas del español para recomendar la mejor opción en función de la ubicación seleccionada por el usuario para el texto analizado. Por otro lado, el sistema de aprendizaje del propio programa intervendrá en la oferta de opciones para el usuario. En el tercer caso, los avisos lingüísticos, el usuario será advertido de la posibilidad, en ciertas circunstancias, de haber cometido un error. Para la detección de este tipo de fenómenos, en la mayoría de los casos relacionados con la interpretación semántica o el análisis sintáctico de alto nivel (adjunción de papeles temáticos, rección verbal con restricciones semánticas…), es necesaria la intervención —no automática— de un humano capaz de dar sentido e interpretar de modo activo un texto. En este caso, también serán consideradas las aportaciones geolingüísticas de la norma para mayor precisión en los avisos.

Se indicará el nivel lingüístico o área afectada por la incidencia encontrada, esto es, el tipo de corrección (u observación, en su caso) que el escritor quiera recibir. Inicialmente, se considerarán los siguientes niveles de corrección:

- Ortotipografía
- Morfología
- Gramática—sintaxis
- Léxico
- Estilo

En los casos en los que sea posible, e independientemente de la tipología de incidencia encontrada en el texto (error, recomendación o aviso), se aportarán generalizaciones lingüísticas, reglas gramaticales y ejemplos que sirvan de apoyo y guía para futuros escritos.

El hipertexto o el nuevo espacio comunicativo multimodal

ANGELA CELIS SÁNCHEZ

angela.celis@uclm.es

Universidad de Castilla La Mancha

Todo acto comunicativo parte de la base de la existencia de dos individuos, como mínimo, que establecen una relación para intercambiar un tipo concreto de información. Esa relación dará como resultado un esquema comunicativo que, con el advenimiento de las Tecnologías de la Información y la Comunicación, ha sufrido una variación notable, de modo que el mensaje ha dejado de ser lineal o secuencial para convertirse en un juego de relaciones múltiples que afectan por igual a emisor, receptor y mensaje.

De entre las muchas variaciones que se producen en este nuevo modelo comunicativo, una de ellas se refiere a los resortes sociolingüísticos que se ejecutan en las relaciones entre emisor y receptor. En el trabajo que presentamos, trataremos de explicar cómo funcionan esas relaciones desde el punto de vista teórico, de modo que seamos capaces de aventurar una suerte de modelo aplicable a cada enunciación. Para ello partiremos de los presupuestos teóricos propuestos por M.A.K. Halliday quien, conjugando fuentes de lingüística autónoma junto con la sociolingüística, ofrecerá una teoría del lenguaje conocida como "sistémico-funcional", por estar sustentada en el estudio de la lengua como sistema y en las funciones que se desprenden de su uso o *metafunciones del lenguaje*, a saber, la metafunción ideacional, la metafunción interpersonal y la metafunción textual.

En el espacio telemático, con las particularidades que definen la comunicación hipertextual, las metafunciones cobran un cariz diferente del que se describe para los entornos oral y escrito. Todas ellas serán *hiperfunciones* o *multifunciones*, precisamente por la esencia multimodal (texto, imagen y sonido) que las alberga. Nos proponemos acercar teóricamente las distancias producidas por el salto del entorno analógico al entorno digital, para proponer una suerte de teoría específica para este nuevo espacio comunicativo

Todo acto comunicativo parte de la base de la existencia de dos individuos, como mínimo, que establecen una relación para intercambiar un tipo concreto de información. Esa relación dará como resultado un esquema comunicativo que, con el advenimiento de las Tecnologías de la Información y la Comunicación, ha sufrido una variación notable, de modo que el mensaje ha dejado de ser lineal o secuencial para convertirse en un juego de relaciones múltiples que afectan por igual a emisor, receptor y mensaje. El esquema comunicativo al que nos referimos no es otro que el diseñado por Roman Jakobson en 1958 para su obra *Lingüística y poética* que, como decimos, prevé exclusivamente un tipo de comunicación lineal, específica para los modos oral y escrito. Pero las Tecnologías de la Información y la Comunicación, con Internet a la cabeza, han acarreado una nueva realidad comunicativa que supone, en primer lugar, la ruptura de la linealidad de dicho discurso en los entornos digitales. Este hecho trae consigo una serie de cambios que han sido asumidos de forma natural por parte de todos los actores de la comunicación, descritos en el nombrado esquema propuesto por el Jakobson, que constaba de los siguientes actores:

En efecto, ese esquema clásico de la comunicación, propio de la que podríamos denominar una sociedad analógica basada en la lectura y escritura secuenciales, ha sufrido con el hipertexto una serie de modificaciones que atañen a emisor, receptor, mensaje y canal, principalmente, y que, por tanto, dan lugar a un tipo de discurso específico y con características propias. De hecho, el advenimiento de las redes telemáticas y la generalización de Internet y el lenguaje hipertextual han propiciado un nuevo tipo de comunicación *no* lineal y *no secuencial*, que podríamos afirmar que caracterizan a un tipo de sociedad digital. Internet se convierte así no solo en una tecnología sino también en un espacio social específico con comunicaciones propias y diferenciadas basadas en una serie de patrones comunicativos, algunos de los cuales expondremos a continuación.

Para nosotros, pues, no es correcto hablar de "hipertexto" como producto lingüístico en sí mismo, aunque esa sea la tendencia habitual, dado que propiamente por hipertexto hemos de entender una realidad poliédrica en la que están implicadas tanto circunstancias tecnológicas (lenguaje de marcación hipertextual o HTML, por ejemplo), como circunstancias literarias (relacionadas con las teorías sobre la recepción, como las expuestas por Bajtin, Kristeva, Derrida, entre otros, o por obras literarias que obligan al receptor a realizar un trabajo de saltos y selecciones puramente hipertextuales, como *Rayuela*, de Julio Cortázar, como ejemplo paradigmático en nuestra lengua), y, por supuesto, por circunstancias puramente lingüísticas y de construcción del discurso. A ese resultado es al que llamamos nosotros *discurso-e*, por *discurso electrónico*, que sería la forma discursiva específica del entorno electrónico o digital que combina texto, imagen estática y/o en movimiento y sonido, formada a partir de la relación de sus diferentes partes externas o internas, susceptibles de ser vinculadas unas con otras y que forman una unidad textual plena.

Para ser considerada tal, esa unidad textual ha de tener un sentido completo, que denominaremos *sentido pantextual* o *estructura pantextual*, y que se corresponde con el texto completo, en su total polimorfía, esto es, el texto como suma de todos y cada uno de los elementos que configuran su aspecto externo, lo que incluye toda forma verbal, icónica y auditiva que en él aparece, y que se necesitan entre sí para configurar su significado global.

La aceptación de esta estructura supone, como hemos dicho, el reconocimiento del cambio en las competencias de los actores del proceso comunicativo. Para el tipo de comunicación clásico nos bastaba el esquema jakobsoniano, sin embargo, para el discurso electrónico necesitamos reubicar el papel de dichos actores, tal como se aprecia en el diagrama que sigue:

Estos dos esquemas corresponderían, respectivamente, al reflejo de los cambios producidos por el paso de una sociedad analógica –basada en el texto lineal o secuencial, es decir, el texto como reflejo de la cultura librocéntrica, en palabras de Laura Borràs a la que seguimos, de algún modo, anclados,[1] idea que ampliaríamos nosotros al término de cultura *impresocéntrica*-, a una sociedad digital, basada en el texto no secuencial, es decir, el hipertexto, con toda la suerte de enlaces interlectuales/físicos que el lector realiza en virtud de las lexías o nodos previstos por el autor. En este sentido, he de subrayar la "relativa libertad" que tiene el receptor o lector, al contrario de lo que se defiende habitualmente a la hora de componer el texto final, pues su navegación está absolutamente supeditada a las decisiones creativas del autor-emisor.

Según esto, podemos describir el mensaje analógico como de "lectura lineal", contrapuesto al mensaje digital, caracterizado por una lectura erdógica, esto es, una lectura para la que se necesita y presupone un trabajo activo por parte del receptor.[2] Pero no solo emisor y receptor, también mensaje, código y canal han cambiado, si tomamos como base de descripción el esquema de la comunicación vigente en nuestras aulas, que no es otro que el que propusiera el estructuralista Roman Jakobson en 1958.[3] Asociado a este esquema está el estudio de las funciones del lenguaje que, recordemos, serían la *función expresiva*, propia del mensaje; la *emotiva*, propia del emisor, señalando sus intereses, pasiones, etc.; la *apelativa*, o propia del receptor; la *metalingüística*, del código; la *fática*, del canal y la *poética,* del propio mensaje. Precisamente, es la voluntad de relación de la Lingüística con la Literatura –y la Poética- la que llevó a Jakobson a escribir su ensayo *Lingüística y Poética* al que nos referíamos antes.

De entre las muchas variaciones que se producen en este nuevo modelo comunicativo, una de ellas se refiere a los resortes sociolingüísticos que se ejecutan en las relaciones entre emisor y receptor. Tengamos en cuenta que hemos definido el espacio telemático como un verdadero espacio social y comunicativo donde se verifican relaciones sociales entre hablante y oyente, especialmente si el tipo de texto que se produce presupone en el receptor un alto compromiso en la construcción del texto final, es decir, le invita o le permite completar el discurso con más discurso, por ejemplo en las noticias comentadas de la prensa digital, en blogs, en wikis o en las redes sociales. (FALTA INTRODUCIR TEORÍA). Para realizar nuestro estudio y ubicar nuestra propuesta teórica nos basaremos en el modelo teórico de análisis propuesto por M.A.K. Halliday en la conocida como Lingüística Sistémico-Funcional, que basa su estudio de la lengua tanto en su vertiente de SISTEMA, es decir, la lengua como ente ideal, general, no específico, común a todos los hablantes de un idioma), como en su vertiente de HABLA, es decir, las realizaciones particulares que de esa lengua ideal se realizan por parte de cada uno de los hablantes o individuos usuarios de dicha lengua. De alguna manera, se rompe con este modelo la dicotomía vigente desde Saussure de separación de ambos conceptos que, aunque estrechamente relacionados, caminaban por separado a la hora de ser estudiados. Pues bien, lo que propone Halliday, *grosso modo*, sería el estudio de la lengua como sistema, pero también de las funciones que se desprenden de su uso. No interesa tanto la forma en que aparece la lengua sino su función, es decir, se despega de la visión formalista. Esto significa que se aparta de toda teoría basada exclusivamente en el análisis de las estructuras gramaticales y la construcción de un modelo formal del lenguaje basado en ello. Por contra, según la visión funcionalista, todo estudio lingüístico debe partir de la finalidad principal en el uso de la lengua, esto es, la comunicación, por lo que la cuestión básica es verificar cómo se comunican los individuos de una determinada lengua, lo que implica estudiar no solo esas formas mencionadas arriba sino también la situación comunicativa en que se produce en mensaje, esto es, el evento, los participantes y el contexto comunicativo.

Desde nuestro punto de vista, la lengua juega un papel básico en el proceso de socialización del individuo, es decir, somos sociales porque usamos el lenguaje, a la vez que usamos el lenguaje con el objetivo de socializar, de ser seres sociales, sea cual sea la faceta específica a que nos refiramos. En el caso del uso de las redes telemáticas, consideramos que también es necesario estudiar el comportamiento social del lenguaje y proporcionar una teoría lingüística que lo explique. El propio uso de la lengua, al ser instrumento social, prevé la puesta en marcha de una serie de funciones que son previamente conocidas por los usuarios antes de iniciar cualquier proceso de comunicación. Precisamente, del conocimiento y análisis de estas metafunciones que pasamos a explicar, deriva nuestra teoría sobre el uso ampliado de la lengua en entornos virtuales, es decir, con el uso del hipertexto.

Estos presupuestos básicos de la teoría de Halliday nos indican que construimos los mensajes en relación a la función lingüística que van a desempeñar. Así, si se trata de mensajes objetivos, descriptivos, explicativos, el hablante seleccionará estructuras lingüísticas neutras, como el uso del orden lógico de los elementos de la oración, el tono indicativo, la coordinación y la yuxtaposición en lugar de la subordinación, etc. Estaríamos, en este caso, ante la metafunción ideacional. Por el contrario, si se trata de relacionarnos con los otros, los mecanismos lingüísticos que emplearemos serán el uso del imperativo o del subjuntivo, las oraciones interrogativas y exclamativas, el uso de la subordinación, especialmente en oraciones condicionales, concesivas, etc. Sería esta la metafunción ideacional. Por último, si lo que necesitamos es resaltar una información, hacer referencia a lo ya dicho o adelantar lo que explicaremos posteriormente, si queremos hacer toda la información conocida o, por el contrario, nos interesa dejar partes implícitas, entonces alteraremos el orden lógico de la frase, usaremos pronombres anafóricos o catafóricos, emplearemos metáforas, significados connotativos en lugar de denotativos o, sencillamente, usaremos los puntos suspensivos. Estaríamos entonces ante la metafunción textual.

El estudio de las metafunciones fue ampliado posteriormente por Halliday con los parámetros de CAMPO, referido al significado ideacional, es decir, la acción social que se persigue, o también el TEMA de nuestro mensaje; el TONO o TENOR, o significado interpersonal, es decir, la estructura del rol de los participantes en el acto comunicativo, y el MODO, o significado textual, o sea, la organización simbólica del mensaje. Nuestra propuesta es la de reestudiar estos parámetros en relación con el nuevo tipo discursivo hipertextual, propio del espacio telemático, considerado por nosotros como un nuevo espacio metalingüístico.

Todo lo explicado, aplicado en su modelo original, es decir, el discurso oral y escrito, ha de servirnos también para la descripción de la comunicación hipertextual, que, como ya hemos visto, supone una ruptura en la linealidad típica del texto oral y escrito. Pero no solo: con este discurso estamos ante un nuevo tipo de cercanía que no se agota con la presencia física, sino que se abre, se agranda y se expande hacia una cercanía no física sino virtual. Dicha cercanía virtual está garantizada por el conocimiento y la conciencia de la adaptación a este nuevo espacio, tal vez de forma tácita o intuitiva, pero sin duda compartida por todos los actores y factores del proceso comunicativo, que han aceptado su nuevo rol, y actúan consecuentemente en función de él. Lo que ha ocurrido es que nos hemos adaptado, de una manera más o menos natural, a un nuevo espacio social, en el que se desarrollan nuevas relaciones sociolingüísticas entre los usuarios, que puede que se basen en las tradicionales, pero no son exactamente aquellas o, al menos, no funcionan del mismo modo. La forma de comunicación típica del discurso electrónico, que como hemos explicado se basa en la ruptura del discurso lineal, las metafunciones que acabamos de describir se conviertan en HIPERFUNCIONES o MULTIFUNCIONES por la esencia MULTIMODAL del propio discurso hipertextual. De este modo podríamos hablar de registro multicampo, o *hipercampo*; registro multitenor, o *hipertenor*; y registro multimodal, o *hipermodal* o, tal vez y simplemente, hipertextual.

3.1. Registro multicampo:

Ya hemos visto que el campo coincide con el significado ideacional, esto es, con el tema del discurso. Generalmente, el tema en nuestras exposiciones académicas suele ser único, más o menos uniforme, con alusiones a temas relacionados con el explicado o ex cursos puntuales en nuestra explicación. En la enseñanza virtual, el campo se convierte en MULTICAMPO por la cantidad de enlaces o hipervínculos que podemos proponer a nuestro receptor-alumno, siendo el sentido final de nuestra aportación la suma de todos los sentidos parciales que hemos unido, amalgamado, para darle a nuestro alumno una visión general del tema. Podemos afirmar, además, que será mayor la naturaleza multicampo cuanto más abierto sea el texto en su génesis, es decir, cuanta mayor posibilidad de enlaces se le ofrezcan al receptor. En el diagrama que sigue podemos ver un ejemplo de cómo podría funcionar ese registro multicampo en una clase sobre literatura digital.

3.2. Registro multitenor:

En cuanto al tono o tenor, es decir, la estructura del rol de los participantes, o las diferencias entre los usos del hablar que se asumen en la interacción de esos participantes, podemos hablar en esencia de un registro MULTITENOR. Si para la comunicación oral y escrita hablamos de un habla familiar y un habla formal, es decir, de un código restringido y un código elaborado dependiendo del TONO del discurso, en la comunicación hipertextual, y en el e-learning en particular, el registro multitenor se manifiesta en una línea continua que va de menos a más según la génesis del propio texto. Nos referimos al uso de textos que han sido concebidos como lineales y han dado el salto al espacio telemático (temas de estudio, entradas a un blog, noticias de un periódico, literatura analógica digitalizada, etc.) hasta textos puramente electrónicos, o sea, textos que han nacido con una vocación activa y participativa entre los diferentes actores en el proceso de la comunicación (wikis, escrituras colaborativas, foros, chats, comentarios a una noticia, etc.). Evidentemente, el tono del discurso está condicionado por el tipo de texto y/o la plataforma discursiva, y el usuario (esto es muy importante) es capaz de abordar los cambios de tono o tenor de manera rápida, adaptándose así al tipo de emisión. La división no sería radical, sino que se trataría de un continuum, como ilustramos en la siguiente imagen:

3.3. Registro multimodal o hipertextual:

Sería la última de las metafunciones adaptadas, si bien es tal vez la más sencilla de entender. Si en la comunicación tradicional analógica trazábamos una línea más o menos clara entre lo oral y lo escrito, en la comunicación hipertextual, y en especial en el e-learning, esa línea se desdibuja, se difumina, de tal modo que cabe hablar de un registro MULTIMODAL, es decir, de una combinación de estilos que abarcan de lo más escrito o elaborado a lo más oral o relajado. Sería como una forma de engranaje, tal como se ve en el siguiente diagrama, teniendo en cuenta que no estamos ya ante un discurso exclusivamente lingüístico, sino que surge de la combinación del texto, la palabra, más la música, la imagen, sea estática o en movimiento.

4. Conclusión:

Con este trabajo hemos querido presentar las nuevas perspectivas de análisis y tratamiento de las relaciones sociolingüísticas aplicadas al e-learning. Desde nuestro punto de vista, el conocimiento experto de este tipo de mecanismos llevará al uso experto de la nueva comunicación.

Estas cuestiones son especialmente importantes cuando se trata del e-learning, pues significa que, como docente, seremos capaces de elaborar mejores textos, y recibiremos con más pericia los de nuestros alumnos, lo que derivará en un mayor éxito del mensaje, es decir, que contribuirá a garantizar la eficacia de la transmisión de conocimiento que es, en resumidas cuentas, de lo que se trata en nuestro oficio.

5. Bibliografía citada:

AARSETH, Espen (1997): *Cybertext: Perspectives on Ergodic Literature*, The John Hopkins University.

BORRÀS CASTANYER, Laura (ed.). (2006): *Literatura y cibercultura*. Barcelona: UOC.

HALLIDAY, M.A.K. (1994): An introduction to functional *grammar*. London: Edward Arnold.

HALLIDAY, M.A.K. (1982): *El lenguaje como semiótica social*. México, Fondo de Cultura Económica.

JAKOBSON, Roman (1988): *Lingüística y poética*, Madrid, Cátedra, (ed. de Francisco Rico)

[1] Laura BORRÀS CASTANYER, "Teorías literarias y retos digitales", en L. BORRÀS (ed.), *Textualidades electrónicas*, Barcelona, UOC, 2006, pág. 28.

[2] El término "literatura ergódica" fue propuesto por Espen Aarseth en los siguientes términos: "La actuación del lector se produce enteramente en su cabeza, mientras que el usuario del cibertexto también actúa mediante un sentido extranoemático. Durante el proceso cibertextual, el usuario habrá efectuado una secuencia semiótica, y este movimiento selectivo es una labor de construcción física que no se describe en los diversos conceptos de "lectura". Este fenómeno lo denomino *ergódico.*" Se refiere, pues, a un tipo de lectura que obliga a un trabajo activo y consciente por parte del lector. (*Vid.* Espen AARSETH, "La literatura ergódica", en Domingo Sánchez Mesa (ed.), *Literatura y cibercultura*, Madrid, Arco/Libros, 2004, pp. 118-119. [Traducción española de la "Introducción" a *Cybertext: Perspectives on Ergodic Literature*, The John Hopkins University, 1997, *op.cit.*]).

[3] Roman Jakobson, *Lingüística y poética*, Madrid, Cátedra, 1988 (ed. de Francisco Abad).

El proyecto Basques: Una investigación histórica al servicio de las Humanidades Digitales

ÁLVARO CHAPARRO SAINZ

a.chaparrosainz@gmail.com

LINHD – ISEN

SONIA TASCÓN MARTÍNEZ

tasconm@gmail.com

Universidad Carlos III de Madrid

JOSÉ MARÍA IMÍZCOZ BEUNZA

jm.imizcoz@gmail.com

Universidad del País Vasco

ELENA GONZÁLEZ-BLANCO GARCÍA

egonzalezblanco@flog.uned.es

UNED

Las Humanidades Digitales deben asegurar que las nuevas prácticas culturales que se están dando en esta era digital sean inteligibles para el conjunto de la sociedad. Para lograrlo deben crear las herramientas que mejor y con mayor claridad expliquen esas nuevas formas de pensar, crear y difundir los objetos culturales, pues solo entendiéndolas será posible el acceso a las nuevas prácticas culturales que se producen en este presente contexto digital. Las Humanidades Digitales han de recuperar su posición en la sociedad y encabezar esta revolución tecnológica creando, y no solo describiendo, las herramientas que hacen posible la difusión de la cultura a toda la sociedad.

En la disciplina de Historia, la mayoría de los proyectos que han aplicado procedimientos de las Humanidades Digitales se han centrado en la creación de sistemas de visualización y localización geográfica de los datos, así como de preservación y análisis de fuentes históricas. Estos proyectos, ya provengan de un contexto analógico o de una investigación *born digital*, recogen, gestionan y dan acceso a los datos de la investigación en un formato digital. Sin embargo, las personas que se acercan a estos proyectos, que suelen ser del ámbito académico, acceden a la información como meros receptores de la misma, casi nunca como creadores. La comunicación que se produce en estos casos es, por tanto, unidireccional, pero la información que se maneja en la actualidad nace y se desarrolla en una web fundamentalmente colaborativa. La Web Social ha completado el sentido del término *prosumidores*, que hace referencia a aquellos usuarios que son al mismo tiempo consumidores y productores de contenido. Los proyectos insertados en las prácticas de las Humanidades Digitales no solo no deben pasar por alto estos nuevos conceptos, sino que deben integrarlos en sus propias metodologías. Además de asumir las prácticas actuales que se desarrollan en la Web Social, los proyectos de Humanidades Digitales deben aspirar a formar parte de la Web Semántica y del *Linked Open Data*, permitiendo que no los objetos, sino los metadatos que los describen, sean el medio a través del cual se produce el conocimiento.

Basques, haciendo confluir principios y procedimientos de la Web Social y de la Web Semántica, plantea una solución tecnológica para una investigación tradicional nacida en un contexto analógico. El proyecto presenta una plataforma digital creada mediante la herramienta de software libre Omeka en la que se inserta una base de datos biográfica, así como diferentes recursos tecnológicos interactivos de cara a promover el diálogo entre la plataforma y el usuario. A través de estas herramientas el proyecto busca no solo dar acceso a la investigación, sino también comunicarse bidireccionalmente e interaccionar con el conjunto de la ciudadanía. Se espera, por tanto, que la comunicación genere conocimiento no solo a través de los propios objetos que se originen en la plataforma, sino de sus descripciones, que serán estructurados en vocabularios (*schemes*) y esquemas (*schemata*) semánticos. Se generarán conjuntos de metadatos siguiendo el estándar Dublin Core y se creará un perfil de aplicación siguiendo diversos estándares y utilizando diversos vocabularios controlados que forman parte del *Linked Open Data*.

El diccionario contiene las biografías de los actores de la primera globalización vasca, aquellos individuos que participaron en el proceso modernizador de la España del Antiguo Régimen. Unos sujetos que gracias a sus trayectorias personales se postularon como agentes centrales para la Monarquía hispánica. Partiendo de sus comunidades, amparados en sus carreras y apoyados por sus parientes y clientes, los vascos desarrollaron unos recorridos biográficos inéditos. Considerando este planteamiento como una primera etapa de un proyecto científico de mayor escala, el periodo histórico en que se desarrollará inicialmente la investigación se extiende entre 1650 y 1833, periodo para el cual aseguramos construir un diccionario con un millar de biografías. Para ello nos servimos, inicialmente, del trabajo acumulado durante dos décadas en numerosas investigaciones (tesis, artículos de revista, libros colectivos etc.) que ya han visto la luz, así como de la información actualmente existente en bases de datos biográficas europeas a las que tiene acceso el equipo de *Basques*, que cuentan en la actualidad con más de medio millón de registros relativos a las carreras profesionales de cien mil individuos, especialmente contextualizados en los siglos XVIII y XIX.

En el plano tecnológico, como ya se ha señalado anteriormente, la solución que plantea el presente proyecto parte de la creación de una plataforma web desde la que se podrán acceder a todas las herramientas, funcionalidades y aplicaciones que se desarrollan de modo más preciso a continuación. El principal elemento informático del proyecto reside en la implementación de la tecnología de código abierto de Omeka de cara a la creación de una base de datos biográfica que permita la estructuración, documentación, preservación y visualización de los datos. Se trata de un soporte que permite publicar en abierto en la Web y gestionar al mismo tiempo el fondo documental de cualquier tipo de colección digital y cuenta con las siguientes características: facilidad de uso, facilidad de mantenimiento, confiabilidad, eficiencia, apariencia y funcionalidad. Es una herramienta que potencia el trabajo en grupo, la creación de equipos y la búsqueda de una resolución de los problemas a partir de la participación de múltiples agentes profesionales.

Las biografías recogen el nombre, lugar y fecha de nacimiento, lugar y fecha de fallecimiento, así como un extenso campo en el que incluir la biografía del individuo. Todo ello enriquecido con varias imágenes de la persona y del periodo histórico. Igualmente, se dispone de un campo destinado a las fuentes documentales y bibliografía explotadas para la reconstrucción de la biografía. El texto de la biografía está altamente enlazado con otras informaciones, externas a la web, que completan la información existente, creando enlaces sistemáticos a contenidos en otros formatos, como imágenes, vídeos o textos relativos al individuo existentes en el mundo virtual. Creando, en consecuencia, un diálogo entre el personaje y el usuario a través de la red; poniendo al servicio del ciudadano todos los materiales que mejor definan al individuo sobre el que se interesa.
Para que esa interacción del usuario con la información contenida en el diccionario sea efectiva este proyecto, ante todo, generará mecanismos que ayuden en la recuperación y reutilización de la información. Los mecanismos para ello los proporciona la propia herramienta a través de una nómina de plugins, de entre los cuales serán escogidos e instalados los que mejor respondan a las

funcionalidades requeridas por el proyecto caso, por ejemplo, de *Neatline* o *Search by Metadata*. A pesar de esto, será tarea del proyecto identificar e individualizar cada conjunto de datos. Describir cada entrada en el diccionario biográfico bajo una serie de propiedades sistematizadas en esquemas de metadatos permitirá, por un lado, gestionar la colección de datos gracias a la identificación de cada recurso; por otro, posibilitar con esas descripciones estructuradas la recuperación de cada uno de ellos. Para ello se utilizará el conjunto de elementos del esquema de metadatos Dublin Core.

La otra herramienta que se creará en el presenta proyecto será una wiki a través de la cual los usuarios subirán imágenes y aportarán sus comentarios. Se creará así un repositorio *open source*. Además de esto, podrán etiquetar las imágenes y asignarle así un valor al contenido de cada una de ellas. Algunos de los términos de estas etiquetas deberán estar controlados y huir de la anarquía de las *folksonomías*. De esta forma, los valores más susceptibles de ser parámetros de búsqueda y filtración de contenido, algo que ya contempla el proyecto, serán los que estarán codificados en distintos vocabularios controlados.

Todos los metadatos que se generen serán intercambiables con otros sistemas y estarán accesibles a través de recolectores. Para favorecer esa interoperabilidad y apertura, se les aplicará el protocolo OAI-PMH, desarrollado por la Iniciativa de Datos Abiertos. Asimismo, serán vinculados y publicados junto a otros datasets.

De cara a potenciar, aún más, la interacción entre los usuarios y los responsables del proyecto, se activarán una serie de herramientas en la plataforma digital que permitan y faciliten el intercambio de comentarios, opiniones e información. La explotación de las redes sociales resultará un instrumento básico para la difusión de la información. Por tanto, las redes más tradicionales, como Facebook, Twitter, Google Plus, Instagram, Flickr, Academia o LinkedIn, auténticas puertas al mundo virtual, se postulan como las herramientas apropiadas para asegurar la participación de la ciudadanía, así como para la difusión completa del resultado final. Se crearán perfiles, bajo el título del proyecto, en cada una de las principales redes sociales, lo que posibilitará una mejor conexión e intercambio de ideas, comentarios y apreciaciones acerca del proyecto con la sociedad. A esto se suma la puesta en marcha de un blog que hará, además, de diario del proyecto.

OpinionText TIP. Tratamiento informático de los textos argumentativos

MARINA DÍAZ-PERALTA

marina.diazperalta@ulpgc.es

Universidad de Las Palmas de Gran Canaria

FRANCISCO CARRERA RIUDAVETS

MARÍA J. GARCÍA-DOMÍNGUEZ

ZENÓN HERNÁNDEZ FIGUEROA

GRACIA PINERO-PINERO

GUSTAVO RODRÍGUEZ RODRÍGUEZ

Es evidente el interés de buena parte de la sociedad por participar con los más diversos propósitos en la comunicación escrita puesta en auge por internet, en muchos casos sin dominar e, incluso, sin conocer sus peculiaridades lingüísticas, estilísticas y discursivas.

En este sentido la Fundación Telefónica, en su informe *La Sociedad de la Información en España* publicado en 2013, informa de que el segmento de usuarios intensivos (los de uso diario) de internet alcanzó en ese año los 18,6 millones de personas; esto es, el 53,8% de la población de 16 a 74 años. Estas cifras nos permiten hipotetizar la existencia de un elevado número de internautas que, sabiendo que sus producciones tienen un carácter permanente y están accesibles a cualquier lector, prefieran contar con un instrumento de fácil empleo que les permita valorar el nivel de calidad de sus escritos.

Por todo ello, el proyecto que presentamos desarrolla una herramienta informática, Opinion Text TIP, que posibilita a escritores no profesionales comprobar, mediante la comparación con la producción de autores españoles de reconocido prestigio, su grado de dominio de los mecanismos pragmáticos y lingüísticos más relevantes de la argumentación en español. Con OpinionText TIP, el usuario podrá llevar a cabo un análisis del texto argumentativo que ha producido basándose en parámetros objetivables y mensurables, extraídos a partir de un corpus constituido por textos firmados por escritores expertos. Tales parámetros se han seleccionado porque constituyen la garantía de que un texto está bien estructurado, de que contiene todos los procedimientos constitutivos de esta tipología textual y de que, en definitiva, es fácilmente reconocible por sus lectores como un auténtico discurso de opinión. Se trata, por tanto, de un trabajo teórico y experimental, cuyo objetivo primordial es obtener resultados que signifiquen un avance en el conocimiento dentro de los ámbitos de la lingüística y de las nuevas tecnologías. Esta herramienta, por último, será accesible desde cualquier navegador de internet y utilizará servicios web del Instituto Universitario de Análisis y Aplicaciones Textuales (IATEXT) de la Universidad de Las Palmas de Gran Canaria.

Proyecciones mitológicas: un uso digital, diversificado y didáctico de la biblioteca digital ovidiana

FÁTIMA DÍEZ PLATAS

fatima.diez@usc.es

Universidade de Santiago de Compostela

El propósito de este panel que sometemos a la consideración del comité del II Congreso de Humanidades Digitales Hispánicas es la presentación de proyecto de investigación *BIBLIOTECA DIGITAL OVIDIANA* (*BDO*), del progreso de su sitio Web (www.ovidiuspictus.es) y, de manera especial, de un conjunto de resultados en el campo de la difusión y utilización de los contenidos y los datos digitales, que se han obtenido de una experiencia universitaria de trabajo con el sitio Web y sus materiales.

1. BDO: el proyecto:

La *BIBLIOTECA DIGITAL OVIDIANA* es un sitio Web consagrado a la obra ilustrada del poeta romano Publio Ovidio Nasón, que tiene su origen en los proyectos de investigación del mismo título que se llevan desarrollando en la Universidad de Santiago de Compostela desde el año 2007. Esta biblioteca digital está concebida como una base de datos bibliográfico-iconográfica, que aspira a albergar la información e imágenes de todos los ejemplares de las ediciones ilustradas de las obras de Ovidio impresas entre los siglos XV y XIX que se conservan en las bibliotecas españolas, públicas y privadas.

Es bien conocida la influencia que la obra de Ovidio ha ejercido a través de los tiempos, la difusión que sus creaciones tuvieron, y la atención que las distintas épocas le han dedicado de diversas formas. No cabe duda de que, siendo un inspirado poeta, su obra lírica, especialmente la de tema amoroso, ha tenido siempre una importancia capital, pero su producción épica, las *Heroidas* y, sobre todo, el poema de las *Metamorfosis,* ha merecido un puesto de honor en la literatura europea desde la muerte de su autor, de modo que resulta difícil encontrar una obra de autor latino -a excepción quizá de la *Eneida* de Virgilio- tan leída, glosada e influyente.

Desde el punto de vista de la historia del arte, la obra de Ovidio goza también de una importancia capital, sobre todo como fuente de motivos mitológicos para los artistas, que utilizaron profusamente las ediciones ilustradas de las *Metamorfosis* que se multiplicaron a partir del siglo XV. Sin embargo, el llamado *Ovidio ilustrado* apenas ha merecido atención por parte de los estudiosos de la historia del arte. El trabajo iconográfico sobre la obra de Ovidio es escaso y el que existe se centra básicamente en las ilustraciones de las *Metamorfosis*, sin que se haya abordado hasta el momento un estudio de conjunto de las tradiciones figuradas y de las ediciones en sí mismas.

Para salir al encuentro de esta carencia de atención que padece el Ovidio ilustrado en España, el presente proyecto persigue dos fines fundamentales: por un lado, la recopilación, estudio y digitalización de las ediciones ilustradas de las obras de Ovidio, desde el siglo XV hasta el XIX, para poder conocer, cotejar y poder estudiar en conjunto la obra figurada de Ovidio, y, por otro, la difusión conjunta del corpus compilado para facilitar la "reunión" de los ejemplares dispersos en las distintas bibliotecas del territorio nacional de modo que sirva como ejercicio de recuperación de nuestro patrimonio bibliográfico.

La *BIBLIOTECA DIGITAL OVIDIANA* constituye, pues, un espacio virtual de recopilación y difusión patrimonial, pero con una evidente vocación científica y de estudio. Diseñada con carácter interdisciplinario, el fin último del proyecto es dedicar un sitio digital a la obra de Ovidio en su conjunto, que incluya las digitalizaciones de las obras, los textos y traducciones, estudios bibliográficos de obras y ediciones, y con una especial atención al aspecto iconográfico, que constituye el origen de la investigación.

2. Estructura del panel propuesto:

Además de la presentación del proyecto y su progreso, el panel pretende mostrar cinco propuestas diferentes de utilización de los materiales de la *BDO* en relación con la iconografía del mito y su plasmación artística en diversos soportes y con el uso de distintas plataformas.

Como respuesta a la petición de realización de una exposición virtual con discurso artístico mitológico sobre un personaje, episodio o tema, incluido y tratado por Ovidio en el poema de las *Metamorfosis,* se elaboraron cinco maquetas diferentes de exposiciones artísticas o dispositivos de corte cultural o didáctico, utilizando distintas plataformas de diseño y de exposición.

El panel propuesto pretende exponer la motivación y la función de las propuestas construyendo un hilo conductor en el uso de la *BDO* y en el interés de la difusión de la iconografía mitológica en distintos soportes artísticos y en la elección de los dispositivos virtuales. Tras esta exposición del coordinador del panel, la investigadora principal del proyecto BDO, Fátima Díez Platas, se proponen cinco pequeñas exposiciones de 8/10 min. como máximo, para mostrar el desarrollo de las exposiciones virtuales y el resultado, que se propone que permanezca instalado en diversas pantallas o dispositivos para que pueda ser revisado y utilizado durante el tiempo de duración del congreso como una especie de poster virtual extendido.

3. Del mito ilustrado al mito virtual: cinco propuestas de exposición:

El hilo de Aracne (exposición virtual- Prezi): la historia de Aracne y Palas Atenea (*Metamorfosis* VI), relacionada con la labor del telar y manifestaciones que la retoman en piezas de arte contemporáneo.

Pyramea Arbor (exposición virtual multimedia-Prezi): la historia de los amantes Píramo y Tisbe (*Metamorfosis* IV), relatada y plasmada a través de obras de diversos soportes desde la Antigüedad a nuestros días.

Los otros trabajos de Hércules (cómic-pdf interactivo): la historia de los trabajos del héroe beocio Hércules narrados por Ovidio en las *Metamorfosis*, transformados en una exposición-cómic.

El mito de Orfeo como concepto universal (Blog-wordpress): la historia de la bajada de Orfeo al Hades en busca de su esposa (*Metamorfosis* X), en una elaboración conceptual de comparación con expresiones mitológicas similares de distintas culturas de distintos momentos expuestas por medio de un blog.

Dánae (exposición virtual interactiva): la historia de Dánae, amada por Zeus y madre del héroe Perseo, relatada por medio de una exposición virtual interactiva, que va acompañada de una serie de dispositivos y contenidos que la convierten en una herramienta didáctica guiada.

Ontología semántica para la representación de contenido iconográfico en obras impresas. El caso de las ediciones ilustradas de las obras de Ovidio, desde el siglo XV hasta el XIX

M. LUISA DÍEZ PLATAS

ml.diezplatas@gmail.com

Universidad Pontificia de Salamanca

PALOMA CENTENERA CENTENERA

paloma.centenera@upsam.es

Universidad Pontificia de Salamanca

Los actuales proyectos de digitalización de bibliotecas han dado lugar a la aparición de numerosos modelos de metadatos orientados a la representación de su contenido, su recuperación y su preservación.

En el caso de libros con contenido iconográfico, como pueden ser los manuscritos iluminados, se han hecho uso o bien de vocabularios orientados a la representación de obra escrita; como Dublin Core, MARK 21 entre otros; y vocabularios más orientados a la representación de obras de arte; como GETTY, ICONCLASS. Estos últimos, aunque cubren la representación de ciertos aspectos de la ilustración; temática, detalles, postura…; no cubren otros necesarios para la representación de una imagen dentro de un texto; como puede ser la disposición la imagen en el texto o la relación con el mismo.

El estudio de la ilustración resulta un campo apasionante. Permite por un lado dar valor a la imagen, elemento esencial en nuestro mundo multimedia, y hasta ahora casi siempre subordinada al texto o considerada como un elemento `puramente decorativo. Las imágenes pueden no obstante aportarnos un conocimiento que va más allá de lo que meramente se puede extraer de su observación. Pueden servir para analizar, por ejemplo, como ha evolucionado la manera de diseñar la ilustración, en cuanto a los motivos representados en las mismas o su agrupación o individualidad dentro de un grabado. Se puede asimismo analizar como han variado los gustos de los editores y lectores viendo la manera de evolucionar las temáticas representadas en las imágenes. Por no hablar de la posibilidad de realizar búsquedas basadas en los contenidos o temáticas de las mismas y no solo en sus títulos.

Surge entonces la necesidad de diseñar una ontología que, haciendo uso de los vocabularios y términos más extendidos para garantizar así la interoperabilidad, que modele de forma completa toda la información relativa a la obra, manifestación e ítem concreto de la misma, así como sus ilustraciones. En estas últimas se diseñarán metadatos tanto para su temática y contenido como para establecer la relación de la misma con el texto en el que se insertan.

La BIBLIOTECA DIGITAL OVIDIANA es un sitio Web consagrado a la obra ilustrada del poeta romano Publio Ovidio Nasón, que tiene su origen en los proyectos de investigación del mismo título que se llevan desarrollando en la Universidad de Santiago de Compostela desde el año 2007.

Se pretende la recopilación, estudio y digitalización de las ediciones ilustradas de las obras de Ovidio, desde el siglo XV hasta el XIX, para poder conocer, cotejar y poder estudiar en conjunto la obra figurada de Ovidio, y la difusión conjunta del corpus compilado para facilitar la "reunión" de los ejemplares dispersos en las distintas bibliotecas del territorio nacional de modo que sirva como ejercicio de recuperación de nuestro patrimonio bibliográfico. La información con la que se

cuenta en la biblioteca digital Ovidiana, referente a las imágenes, es fruto de un análisis pormenorizado de las imágenes que aparecen en la ediciones recopiladas y digitalizadas.
La información semántica que se maneja permite establecer la importancia de la imagen y su relación con el texto, como elemento que refrenda y enriquece el contenido.
Además permitirá realizar un análisis de la evolución de las imágenes a lo largo de los siglos para cada obra de Ovidio, la mayor o menor relevancia de la imagen en cada época, los elementos que se utilizan, los tipos de representación, la fidelidad de la imagen al contenido o bien la representación metafórica del mismo.

El poster que se presentará en el II Congreso Internacional de la Asociación de Humanidades Digitales Hispánicas ilustrará la ontología diseñada, haciendo especial énfasis en los vocabularios y términos reutilizados y aquellos que se han incorporado nuevos a fin de lograr la mayor expresión semántica del modelo.

Revistas culturales 2.0

HANNO EHRLICHER

hanno.ehrlicher@phil.uni-augsburg.de

Universität Augsburg

El portal *Revistas culturales 2.0* está diseñado como un entorno virtual de investigación para investigadores de revistas culturales históricas en lengua española y para todos los interesados en este tema. Por revista 2.0 se suele entender una publicación periódica contemporánea que se sirve de las tecnologías interactivas y colaborativas de la llamada Web 2.0. Con el portal *Revistas culturales 2.0,* sin embargo, queremos que tales tecnologías sirvan para enriquecer la investigación sobre revistas históricas de la modernidad, lo cual nos permitirá complementar los estudios hermenéuticos y pormenorizados que se han venido haciendo de determinadas revistas utilizadas como casos ejemplares. De esta forma nos proponemos abrir nuevos caminos metodológicos en la era de la digitalización masiva de estos materiales. Una de las tareas que queremos acometer con este portal es la de orientar sobre proyectos actuales de digitalización de revistas culturales hispánicas, tanto de España como de América Latina, y otra, no menos importante, la de impulsar el uso de herramientas y tecnologías de las humanidades digitales para trabajar con estos materiales.

Edición digital de las coplas de los Siete Pecados Mortales de Juan de Mena

FRANCISCO JAVIER DUQUE GALEY

angelcienagas@hotmail.com

Enmarcado dentro de la tesis doctoral que preparo sobre esta obra y sobre la evolución del concepto de pecados capitales a lo largo de la Edad Media, la presentación de esta composición medieval a través de una edición digital -todavía muy minoritaria en el ámbito hispánico- será la conclusión de dicha tesis doctoral.

Las Coplas de los siete pecados mortales de Juan de Mena carecen de una edición crítica actualizada y digital en lengua española. Esta tesis doctoral viene a llenar ese hueco en los estudios literarios y ofrece además una nueva visión de una obra, literariamente valiosa, que gozó de gran éxito en los últimos años de la Edad Media y durante gran parte del Siglo XVI, pero a la que la crítica contemporánea ha prestado menor atención que al resto de las obras del gran poeta del siglo XV.

La única edición de las Coplas de los siete pecados mortales de Juan de Mena como texto independiente fue la de Gladys M. Rivera (Rivera 1982), que data de 1982 y que contiene una continuación de la obra de Gómez Manrique. Tanto el estudio preliminar como las notas de su edición están escritas en inglés, por lo que se puede afirmar que no existe una edición crítica en español de este libro en época reciente. Sí constatamos, por el contrario, varias ediciones de buena parte del corpus de Juan de Mena que recogen este poema, si bien en la mayoría de los casos se trata de una recolección fragmentaria, es decir, simplemente de una parte de este libro. Es el caso, por ejemplo, de la edición del Laberinto de Fortuna y otros poemas de Carla De Nigris (De Nigris 1994, 185-196) o de la edición del Laberinto de Fortuna y poemas menores de Miguel Ángel Pérez Priego (Pérez Priego 1976, 253-258), entre otras.

También deben señalarse dos ediciones modernas que recogen las obras completas de Juan de Mena, donde aparecen las Coplas de los siete pecados mortales, pero en una de ellas (Gómez Moreno y Jiménez Calvente 1994, 235-272) sólo se ha seguido la edición de 1582 (muy en la línea bedierista) y, en algunos aspectos, la revisión manuscrita llevada a cabo por Gladys M. Rivera en su mencionada edición de 1982, mientras en la otra (Pérez Priego 1989, 305-328) el editor advierte que sigue "el texto más autorizado del Cancionero de Gómez Manrique, que sólo en unos cuantos errores evidentes corrijo conforme a otros testimonios de la tradición manuscrita" (Pérez Priego 1989, 305). En ninguno de los casos hay una explicación exhaustiva de los testimonios usados para la reconstrucción del texto definitivo.

Sobre el capítulo introductorio de los pecados capitales, hay que decir que en la literatura inglesa así como en la francesa y la italiana ha habido mayores avances que en la literatura española, siendo el libro The seven deadly sins (Bloomfield 1967) el referente ineludible en este sentido. En español, el trabajo más sistemático dedicado a este aspecto es el de Eliezer Oyola (Oyola, 1979), el cual no hace referencia al modo en que el concepto teológico llega a ser un material literario, pues pasa de puntillas por este hecho. Después se centra en los pecados capitales presentes (implícita o explícitamente) en el Cid, en los Milagros de Nuestra Señora, en el Libro de Buen Amor y en La Celestina, pero tampoco dedica casi ninguna línea a explicar cómo este concepto ha penetrado en estas obras, siendo su análisis interesante pero superficial. Si exceptuamos a Oyola, los investigadores que se han ocupado de esta idea no han sido demasiados y su atención parece centrarse en alguna obra concreta (como el Libro de Buen Amor, que es la auténtica "estrella" en lo que a bibliografía sobre los pecados capitales o mortales se refiere, por no hablar de Dante, al que no menciono por pertenecer a otra literatura), sin detenerse a ofrecer una visión de conjunto sobre este tema, algo que sí se ha intentado, aunque con matices, en otras lenguas (especialmente en la literatura inglesa e italiana, siendo mucho menos importante las aproximaciones en la literatura francesa).

Por tanto, el modo en el que surge el concepto de los pecados capitales y se va extendiendo en la sociedad (estudiado por autores italianos e ingleses) hasta convertirse en material susceptible de ser usado por los escritores, es un proceso prácticamente desconocido en lo que a la literatura española se refiere. Asimismo, el uso que se hace del tema variará desde las obras en las que tiene un papel ejemplarizante destinado a sostener el statu quo social, político y religioso, hasta aquellas en las que es utilizado como arma arrojadiza contra el sistema de valores establecido.

A esto se añade, como se ha dicho, el avanzar un paso más allá integrando la tesis en la línea de las humanidades digitales, consistente en la aplicación de las tecnologías de etiquetado informático utilizando el estándar XML-TEI para su codificación digital y XSLT para su representación, visualización, puesta en valor y difusión. Este será sin duda un aporte importante en el campo de la edición digital hispánica en el que este tipo de ediciones son aún muy minoritarias.

En definitiva, se trata de profundizar en el campo de la edición digital seleccionando las etiquetas adecuadas del esquema de etiquetado TEI-XML para el estudio y las necesidades de esta edición crítica, así como las normas de edición de la red Charta, que recientemente ha incorporado dicho sistema de etiquetado. Además, se pretende desarrollar un sistema de representación digital para mostrar el texto digitalizado junto a sus variantes.

Todavía queda mucho trabajo por hacer hasta que este proyecto vea la luz, pero en esta presentación se pretenden mostrar los pasos que se han dado y los que todavía quedan para dar por concluida esta tesis doctoral.

Referencias bibliográficas:

Bloomfield, Morton W. (1967) The Seven deadly sins: an introduction to the history of a religious concept, with special reference to medieval english literature, Michigan State University Press.
De Nigris, C. (1994) Juan de Mena, Laberinto de Fortuna y otros poemas, Barcelona: Crítica.
Gómez Moreno, Á. y Jiménez Calvente, T. (1994) Juan de Mena, Obras Completas, Madrid: Turner
Oyola, E. (1979) Los pecados capitales en la literatura medieval española, Barcelona: Puvill.
Pérez Priego, Miguel Ángel (1976) Juan de Mena, Laberinto de Fortuna y Poemas menores, Madrid: Editora Nacional.
Pérez Priego, Miguel Ángel (1989) Juan de Mena, Obras Completas, Barcelona: Planeta.
Pérez Priego, M. Á. (2010) Ejercicios de crítica textual, Madrid: UNED.
Rivera, Gladys M. (1982) Juan de Mena, Coplas de los siete pecados mortales and First Continuation, Madrid: Porrúa Turanzas.

Webgrafía:

www.tei-c.org
http://www.charta.es

Producciones de presencia de las Humanidades. El mundo digital como espacio público de legitimación

DANIEL ESCANDELL MONTIEL

Universidad de Salamanca

JOSÉ MANUEL LUCÍA MEGÍAS

Universidad Complutense de Madrid

Las Humanidades Digitales tienen en su capacidad de comunicación de la labor de los humanistas uno de sus focos tradicionales de poder, con la constitución de redes de trabajo y divulgación, como las redes especializadas, lso blogs, las asociaciones de revistas académicas, etc. Es decir, no solo en el uso de la informática subyugada a ser mera herramienta, sino en la existencia y exploración de la propia esfera digital. Debe admitirse que, frente a las críticas de los fantasmas de la sempiterna crisis de las Humanidades (en oposición a las "ciencias duras"), el humanista ha sucumbido a sus propios vicios de aislamiento y cuando ha intentado superar la soledad del humanista (Tötösy 2008), se ha encontrado también contra el muro de las instituciones de legitimación académica. El auge de las AltMetrics (Alonso 2014) y las capacidades de comunicación del mundo digital abren las puertas a la conquista de espacios de presencia (Gumbrecht 2004) que permitan (re)situar a las Humanidades en la esfera pública de discusión científico-académica y escapar del aislamiento al que se las ha desplazado. Pero, para ello, el investigador en Humanidades debe superar las barreras y abrazar la digitalidad y las TIC, teniendo en cuenta los condicionantes sociales y académicos principales (Escandell y Cruz 2014). Esta misma labor de extimidad académica debe darse en los proyectos y líneas de investigación abiertas para lograr comunicar con éxito las intenciones y resultados que generan estas áreas de especialización. Nuestro objetivo es analizar la situación del uso de redes profesionales de investigación y cómo se emplean también redes no profesionales (Yus 2014), tanto por parte de proyectos de Humanidades ("tradicionales" y "digitales"), como recurso para la producción de presencia y su potencial influencia en la percepción y visibilidad de las disciplinas humanistas.

Nuevos abordajes, nuevas dinámicas, nuevas herramientas, antigua poesía

JUAN JOSÉ ESCRIBANO

juanjo.escribano@gmail.com

UNED

GIMENA DEL RIO RIANDE

gdelrio@conicet.gov.ar

SECRIT-IIBICRIT, CONICET

La cultura digital ha impactado de lleno en el trabajo académico. Una gran parte de las actividades relacionadas con la docencia y la investigación se mediatizan hoy por el ordenador. Así, surgen nuevos abordajes y dinámicas de trabajo que modifican tanto los objetos de estudio como las relaciones interpares en la Academia. Pero, ¿cómo se llevan adelante las prácticas de investigación en Humanidades Digitales en el ámbito de habla hispana?, o lo mismo, ¿cómo se construyen las Humanidades Digitales en Iberoamérica? (González Blanco García 2013: 53-67, Rio Riande 2014).

El aparente oxímoron del punto de partida, las Humanidades Digitales, nos pone ante distintos desafíos: por un lado, vincular dos campos de conocimiento diferentes de modo tal que las discontinuidades entre uno y otro puedan superarse y se abra un área de intersección que sea capaz de generar un nuevo conocimiento, y por el otro, detectar los agentes que sean capaces de interconectar estos dos diferentes campos conceptuales sin que estos pierdan su especificidad. Esta dificultad en la construcción del objeto de estudio Humanidades Digitales (PIscitelli 2014) se encuentra, a su vez, redefinida dentro de las limitaciones que impone una determinada coyuntura, en este caso, la de las universidades y centros de investigación de habla hispana.

Enmarcado en la Digital Philology o Digital Scholarship (Filología Digital o Edición Académica Digital), inspirado en el post de Miriam Posner, How did they make that?, este trabajo revisa, por un lado, los modos en los que se viene conformando el campo de las Humanidades Digitales en el ámbito hispánico a través del análisis de las prácticas –formales e informales- de dos proyectos de investigación con sedes en academias de distintos países, ReMetCa, Repertorio Métrico Digital de la Poesía Medieval Castellana (LINHD-UNED, España) y Diálogo Medieval (SECRIT-CONICET, Argentina), y llama la atención sobre los cambios que la tecnología ha operado en dinámicas de trabajo y condiciones de visibilidad de los proyectos de investigación académicos. Esta última cuestión, simplificada en el concepto de centros y proyectos en el Around DH in 80 days de Global Outlook, abierta a personas-investigadores en el Atlas de las Ciencias Sociales y Humanidades Digitales (Romero Frías 2014), y problematizada, de algún modo en el Timeline of Digital Diversity, se resignifica en las prácticas de ReMetCa y DIÁLOGO MEDIEVAL, en el establecimiento de un programa de investigación (Gentile s/d) informal que colabora con la formalidad de las tareas de un proyecto de investigación (web UNED s/d).

ReMetCa, Repertorio Métrico Digital de la Poesía Medieval Castellana, es el primer repertorio métrico online, born digital y de libre acceso para la poesía medieval castellana y uno de los primeros proyectos de investigación españoles y definido plenamente como "de Humanidades Digitales". Nacido en el año 2011, a través de un proyecto para jóvenes investigadores de la UNED, ReMetCa es un repertorio métrico digital que abarca los testimonios poéticos castellanos desde sus primeras manifestaciones a finales del siglo XII (épica, cuaderna vía, etc.) hasta la riqueza y variedad de formas métricas presentes en la poesía cancioneril de los siglos XV y XVI. Para la realización de este proyecto, la mayor parte de sus integrantes apelaron a la formación no solo a través de los conocimientos filológicos tradicionales acerca de la poesía medieval castellana sino en lo que hace a los estándares tecnológicos que se aplican hoy al campo de la edición digital de textos académicos: la codificación en XML-TEI, especialmente a través del módulo verso, y sus posibilidades de marcado a través del editor Oxygen, y de la combinación de lo codificado en este a través de fichas en MySQL (González Blanco et al. 2014: 209-219).

Jóvenes investigadores, formación extracurricular, autodidactismo, experimentación, filosofía maker, uso de software libre, apertura del proyecto a nuevos integrantes e interesados, fueron variables externas que no se barruntaron de antemano sino que surgieron a medida que el proyecto debió evaluar ante los límites impuestos por un presupuesto acotado. Paradójicamente, estos condicionamientos alejaron a ReMetCa de otros proyectos que apelaban al uso de la tecnología como solución o aplicación al objeto de estudio.

Esta voluntad de crecimiento, más allá de un grupo determinado o de los límites temporales impuestos por las características de un proyecto de investigación institucional, sumada a cambio laboral de uno de los miembros del proyecto, hizo que ReMetCa en 2013 surgiera la idea de generar un proyecto-hijo que continuara y expandiera esta labor in progress fuera de España. a través del proyecto DIÁLOGO MEDIEVAL (PICT 2013-FONCYT) desarrollado en el SECRIT (Argentina) que, al igual que ReMetCa, estudia textos poéticos datados entre fines del siglo XII y los inicios del XV, desde una aproximación pragmática, interesándose por el análisis de macroestructuras basadas en el elemento diálogo o esquema secuencial dialogado (Adam 1992: 145-168) y su impacto en la métrica de los poemas, profundizando en la problemática de la edición digital de textos medievales. Pero ReMetCa y DIÁLOGO no solo buscan compartir material filológico sino que entienden que la verdadera innovación está en trabajar conjuntamente en soluciones software que favorezcan el desarrollo de los proyectos. Así, por ejemplo, en lo que hace al desarrollo de software para Humanidades Digitales, la experiencia adquirida con ReMetCa nos llevó a revisar la problemática principal que los usuarios de la plataforma creada para este estaban encontrando: el desconocimiento, y por tanto, la dificultad en el manejo de formatos XML y herramientas adyacentes. Se decidió encarar, en este caso, la elaboración de un interfaz web (AngularJS), multidispositivo, que permita al usuario generar, validar, modificar desde el navegador fichas estructuradas en TEI, abstrayéndolo del formato XML, definiendo automáticamente los campos ya desarrollados en ReMetCa para el marcado versal, y continuar el uso que dimos en ReMetCa de MySQL para almacenar y consultar las fichas elaboradas.

Nunca se habría llegado a esta solución si no hubiese sido por la dinámica de trabajo abierto y colaborativo que ReMetCa cimentó desde un principio y por los constreñimientos económicos que tocan asimismo al proyecto argentino: la interacción de los programadores de ReMetCa con los integrantes de DIÁLOGO MEDIEVAL fue un factor clave para este nuevo desarrollo web compartido. Definieron intuitivamente esta etapa nociones como las de comunidad de práctica (Wenger 1998), co-working y construcción de conocimiento compartido.

Descubrir los articuladores, los puntos de vinculación entre las Humanidades y el mundo digital es el desafío de humanistas y programadores. Si bien la reflexión debe situarse en la intersección y en la construcción de un conocimiento compartido, esto no se da del mismo modo en todos los países y cada academia organiza y distribuye sus disciplinas y saberes de un modo diferente. En el caso de estos proyectos de investigación en Humanidades Digitales, la carencia de una infraestructura que sostenga y legitime sus abordajes y dinámicas, suplida en el último año por la creación del Laboratorio de Innovación en Humanidades Digitales (LINHD) de la UNED, hizo que estos proyectos debiesen buscar formas alternativas para el desarrollo de su investigación, más allá de las fronteras de un país o desde los límites institucionales de las labores de un proyecto de investigación. Desde una perspectiva foucaultiana podría decirse que ambos proyectos trabajaron y trabajan tanto desde la productividad canónica de la situación de proyecto de investigación académico como desde la contraproductividad (Foucault 1991), es decir, desde formas de investigación alternativas. En ese espacio de confluencia estos proyectos proponen una metodología de trabajo que, a pesar de no haber sido parte de su plan teórico inicial, definen las dinámicas y las condiciones de desarrollo de las Humanidades Digitales en el ámbito hispánico.

Referencias bibliográficas:

ADAM, Jean-Michel. 1992. Les textes: types et prototypes. Paris, Ed. Nathan.

AA.VV, Around DH in 80 days. 2014. http://www.globaloutlookdh.org/491-2/

AAVV. Timeline of digital diversity. 2015. http://cwrc.ca/digitaldiversity2015/

FOUCAULT, Michel. 1991. Las redes del poder. Buenos Aires, Ed. Almagesto.

GENTILE, Antonio S. "¿Qué es un programa de investigación?". s/d. http://www.fpsico.unr.edu.ar/congreso/mesas/Mesa_15/gentile_queesunprograma.pdf

GONZÁLEZ BLANCO-GARCÍA, Elena. "Actualidad de las Humanidades Digitales y un ejemplo de ensamblaje poético en la red: ReMetCa", Cuadernos Hispanoamericanos, 761, noviembre, 2013, pp. 53-67.

GONZÁLEZ-BLANCO GARCÍA, Elena; MARTÍNEZ CANTÓN, Clara; MARTOS, María Dolores – RIO RIANDE, Mª. Gimena del. "Una propuesta de integración del sistema de formularios de bases de datos MYSQL con etiquetado TEI: ReMetCa, Repertorio digital de la métrica medieval castellana", en López Poza Sagrario y Pena Sueiro, Nieves (eds.), Humanidades Digitales: desafíos, logros y perspectivas de futuro, Janus [en línea], Anexo 1, 2014, pp. 209-219. http://www.janusdigital.es/anexos/contribucion.htm?id=19

PISCITELLI, Alejandro. "¿Cómo definir a las Humanidades Digitales? o mejor no definirlas". 2014.https://media.upv.es/player/?autoplay=true&id=cd36abe4-0f6b-6b4e-9b0a-c4a0d7878203

RIO RIANDE, Ma. Gimena del. ¿De qué hablamos cuando hablamos de Humanidades Digitales?, Docentes en línea, UNLP, 2015. http://blogs.unlp.edu.ar/didacticaytic/2015/05/04/de-que-hablamos-cuando-hablamos-de-humanidades-digitales/

ROMERO FRÍAS, Esteban. Atlas de las Ciencias Sociales y HUmanidades Digitales. 2014. http://estebanromero.com/2014/06/presentacion-publica-del-proyecto-ciencias-sociales-y-humanidades-digitales-de-cei-biotic/

UNED, "¿Qué es un proyecto de investigación?". s/d. http://www.uned.es/investigacion/proyecto.htm

WENGER E. 1998. Communities of Practice: Learning, Meaning, and Identity. Cambridge University Press.

Pedrolo Digital: una iniciativa para digitalizar la obra completa de Manuel de Pedrolo a través de "Groupsourcing"

PEDRO FERNÁNDEZ

pfernandez@ucc.ie

University College Cork

La obra literaria del polígrafo escritor Manuel de Pedrolo constituye un ambicioso y amplio proyecto estético que puede llegar a definirse como un auténtico género literario construido por un solo hombre, llegando a constituir una micro-representación del proyecto literario catalán que emergió durante la dictadura Franquista. Como comenta Jordi Cornellà-Detrell, Pedrolo fue uno de los pocos escritores – junto con Xavier Benguerel – "que parecía poseer la capacidad para convertirse en un autor profesional" (9). Tal proyecto de profesionalización –realizado completamente en una lengua minorizada– representaba una auténtica Odisea a mediados de los años cincuenta, un momento en el que un número de publicaciones en catalán empezaban a surgir a pesar de la fuerte oposición del régimen al pluralismo y la censura.

Mi proyecto de doctorado intenta diseñar un mapa digital literario-histórico de la producción Pedroliana que sirva para explorar su relación con el espacio literario catalán en pleno desarrollo durante la segunda mitad del siglo XX, y que al mismo tiempo saque a la luz las características menos exploradas de su inmensa obra –compuesta por más de 130 trabajos repartidos en diversos estilos y géneros– y las razones tras la relativa invisibilidad de su obra en el espacio cultural catalán contemporáneo actual. Mi análisis resaltará los esfuerzos del autor para crear un nuevo modelo de literatura catalana que pudiera superar el aislamiento de la España Franquista, mediante la incorporación de modelos literarios internacionales como William Faulkner y Jean-Paul Sartre, relacionando la creación de literatura popular de Pedrolo con su proyecto en vida: llenar lo que el percibía como "huecos" en el espacio literario catalán de la época, utilizando métodos innovadores y experimentales que el consideraba inexistentes en una tradición para él desfasada e influenciada por el "Noucentisme", corriente que tenía como máximos exponentes los modelos literarios y filosóficos de Enric Prat de La Riba y Eugeni d'Ors.

Esta comunicación breve se centrará en la primera parte de mi proyecto, llamada Pedrolo Digital, un proyecto de digitalización en línea realizado a través de "groupsourcing" que intenta acercarse a la obra completa de Pedrolo y crear un archivo digital de sus más de 130 obras. Las instrucciones para participar en este proyecto –incluyendo los detalles del proceso de digitalización, el uso de programas OCR y la edición de textos– estarán a la disposición de los participantes en el proyecto a través de una plataforma en línea que también contará con los instrumentos necesarios para compartir los textos con el coordinador del proyecto.

Esta iniciativa está destinada a estudiantes localizados en diferentes centros educativos del mundo en los que se enseñe la lengua catalana. Los estudiantes no solo participarán en la recuperación de la obra de este autor, sino que además se beneficiarán de la aplicación de un método didáctico diferente en el aprendizaje de esta lengua. Con la incorporación del uso de herramientas digitales en el aula, el proyecto ofrece a los alumnos una visión de las tecnologías digitales como un método válido para potenciar el aprendizaje, además de enseñar una manera diferente de entender los textos literarios en la era digital.

El objetivo principal de esta iniciativa es la creación y mantenimiento de un corpus digital de la obra de Manuel de Pedrolo que pueda ser analizado con el uso de herramientas y métodos de la lingüística computacional, para así identificar pautas en los textos y representarlas visualmente. Las principales herramientas utilizadas serán una base de datos que capture características léxicas de las obras y las relacione en cuanto a su correspondencia con temas como el género y el tratamiento del espacio, junto con un análisis estilográfico que compare las traducciones del escritor con sus obras originales. Este análisis situará una serie de obras clave en el espacio literario, geográfico y geopolítico catalán, con el objetivo de reconocer y dar visibilidad cultural a este autor a tiempo para el centenario de su nacimiento.

Los resultados de este análisis se mostrarán a través de la misma plataforma en línea, que ahora ofrecerá la posibilidad a estudiantes y académicos de observar estas conexiones, participar en el debate y ofrecer nuevos puntos de vista sobre las obras de este autor, a través de una representación visual y de fácil navegación acorde con la dimensión pedagógica del proyecto.

Publicación y difusión digital de fondos de fotografía aérea histórica

FELIPE FERNÁNDEZ GARCÍA

felipe@uniovi.es

Universidad de Oviedo

DANIEL HERRERA ARENAS

fontaciera@gmail.com

DAVID OLAY VARILLAS

suuy2002@yahoo.es

El papel de la fotografía aérea histórica presenta una notable importancia de cara a poder analizar la evolución de un territorio durante un determinado intervalo de tiempo. En este sentido, el Departamento de Geografía de la Universidad de Oviedo cuenta con una larga trayectoria de trabajo con fotografía aérea, además de contar con una importante cantidad de materiales de fotografía aérea histórica inventariados y catalogados. Esta situación de partida contribuyó de forma decisiva a iniciar, dentro del Plan Nacional de I+D+i financiado por el Ministerio de Economía y Competitividad, el proyecto titulado "Diseño de un sistema de localización de fotografías aéreas históricas (España). Aplicaciones a la docencia, la investigación, el planeamiento, la ordenación del territorio y los estudios de paisaje", mediante el cual se pretende, entre otros objetivos, la creación de una base de datos en la que además de la de Oviedo, colaboran otras diez universidades; base de datos con la que se pretende poner a disposición de las administraciones, profesionales y particulares la copiosa información fotográfica aérea existente en España desde la década de los años cuarenta hasta la actualidad, y que sirve para mostrar las transformaciones territoriales acontecidas en el país.

Dentro de la fase final del proyecto surgió la necesidad de implementar mecanismos que permitan la difusión de los resultados y el diseño de aplicaciones que posibiliten el análisis de las transformaciones recientes en el paisaje. En un momento en el que la sociedad demanda cada vez más información de tipo geográfico, y donde la componente visual se ha convertido en la base fundamental de cualquier aplicación, resulta necesario establecer mecanismos de difusión de resultados basados en la aplicación de las nuevas tecnologías.

En esta línea, la aplicación de las nuevas tecnologías en el campo de la fotografía aérea es cada vez más habitual y más demandada por la población. No obstante, el objeto del presente trabajo no consiste en destacar las posibilidades de estas nuevas tecnologías, sino poner de manifiesto óomo pueden resultar una herramienta óptima a la hora incrementar la difusión de los resultados de los proyectos, tanto a través de una página web, como de una aplicación de para móviles (Android e IOs) fundamentada en el concepto de Realidad Aumentada, que permitan al usuario acceder a esa información fotográfica aérea histórica debidamente tratada y presentada.

Dentro de este marco general, en la Sala de Proyectos del Departamento de Geografía de la Universidad de Oviedo llevamos un tiempo ensayando una metodología con la finalidad de poner a disposición de los usuarios no solo la información en su formato original, sino también procesada, para facilitar su consulta y la comprensión.

Este proceso se ha fundamentado en 5 pasos:

- Localización de las coordenadas del punto principal de cada uno de los fotogramas y elaboración de un Sistema de Información Geográfica (SIG), basado en software libre (Quantum GIS) que permita conocer sus datos básicos.

- Creación de ortofotomapas históricos y modelos digitales 3D mediante el empleo de software específico de procesamiento digital de imágenes.
- Corrección y restauración digital de fotografías aéreas, eliminando defectos, arañazos o cualquier otra circunstancia que deteriore la calidad de la imagen original.
- Elaboración de secuencias temporales (estáticas o animación) que muestren la evolución del paisaje.
- Fotointerpretación de fotografías aéreas verticales combinadas con oblicuas.

Una vez elaborado todo este material, se pone a disposición del público en general mediante el diseño de una página web en la que incluirá un visor ligero que permita visualizar los datos incluidos en el SIG, así como cargar distintas capas con las ortofotos históricas. Además, a modo de ensayo, también se incluirán una serie de casos representativos analizados mediante secuencias temporales que permitan analizar las transformaciones en el paisaje, imágenes fotointerpretadas señalando los elementos fundamentales o estructurantes, así como aplicaciones que permitan la comparación directa de zonas en distintas fechas. Todo ello deberá ser accesible en el futuro mediante aplicaciones de Realidad Aumentada para móviles, smartphones y tablets.

BIDISO (Biblioteca Digital del Siglo de Oro): avances y resultados

CARLOTA FERNÁNDEZ TRAVIESO

cfernandez@udc.es

Universidade da Coruña

NIEVES PENA SUEIRO

npena@udc.es

Universidade da Coruña

SAGRARIO LÓPEZ POZA

sagrario@udc.es

Universidade da Coruña

BIDISO, la Biblioteca Digital del Siglo de Oro, accesible en la dirección de Internet http://www.bidiso.es, es el portal que integra los recursos y colecciones creados por el Seminario Interdisciplinar para Estudio de la Literatura Áurea Española (SIELAE), de la Universidade da Coruña (ESPAÑA). Es el resultado de la concesión consecutiva desde 1993 de varios proyectos de investigación subvencionados por la Xunta de Galicia, el Gobierno de España (Plan Nacional I + D, Plan Nacional I+D+I) y el Fondo Europeo de Desarrollo Regional (FEDER), dirigidos por la profesora Sagrario López Poza, primero, y la profesora Nieves Pena Sueiro, en la actualidad. Este portal ofrece, en acceso abierto, para el uso de investigadores y público interesado, fuentes para la investigación en la Literatura, la Historia del libro y bibliotecas, la Historia del periodismo, la Historia del Arte y la Historia de la Cultura española de los siglos XVI y XVII. Desde él se accede a bases de datos y ediciones digitalizadas (facsimilares y de textos transcritos) que tienen que ver con: Inventarios de bibliotecas particulares o institucionales del Siglo de Oro, Emblemática, Relaciones de sucesos, Polianteas, Enciclopedias, Repertorios de lugares comunes, Mitografías y Fuentes de erudición.

Esta propuesta pretende exponer los avances que se han producido en BIDISO desde 2013, año en el que expusimos en el anterior congreso de la HDH la creación e integración en un único portal de todas las colecciones y recursos que gestiona y mantiene el SIELAE. Se hará referencia a las mejoras acometidas para rentabilizar la información, ofrecer resultados más completos para el usuario y subsanar dificultades surgidas con la práctica del uso de nuestras herramientas digitales. Además, se abundará en algunos de los avances más significativos de dos de nuestras bases de datos, analizando la información que puede extraerse de nuestras aplicaciones gracias a la incesante recopilación de datos desde hace más de dos décadas.

La propuesta que presentamos es un panel, con título general « BIDISO (Biblioteca Digital del Siglo de Oro): avances y resultados (2015)» que comprenderá tres intervenciones:

1. Introducción y avances en BIDISO (Biblioteca Digital Siglo de Oro). Presentada por: Sagrario López Poza. Se expondrá brevemente qué es BIDISO y qué contenidos alberga. Se mencionarán las principales novedades en la incorporación de información en las distintas secciones y cómo se ha acometido la integración en la red ARACNE. Brevemente, también, se plantearán los retos futuros.
2. El Catálogo y Biblioteca Digital de Relaciones de Sucesos: progresos y resultados. Presentada por: Nieves Pena Sueiro. El Catálogo y Biblioteca Digital de Relaciones de

sucesos se puso en marcha en 1994; ofrece herramientas y resultados de investigación de accesos libre a través de Internet desde 2001, y desde entonces no ha dejado de estar activo, y de evolucionar (ahora integrado en el portal Biblioteca Digital Siglo de Oro), prestando servicios a los investigadores e interesados en la Historia, Literatura y Cultura del Siglo de Oro. El CBDRS da acceso a la localización, descripción bibliográfica, estudio, y edición de la Relaciones de sucesos impresas en los siglos XVI, XVII y XVIII (lo que podemos considerar la primera forma de periodismo, así como literatura informativa y popular). El objetivo principal del Catálogo y Biblioteca Digital de Relaciones de Sucesos (CBDRS) es facilitar al estudioso el acceso a estos documentos, fundamentales para el estudio de la cultura de la Edad Moderna, pues fueron textos de consumo masivo y dan acceso a informaciones que de otra manera difícilmente podríamos saber (históricas, culturales, literarias...).

En el I Congreso HDH se hizo una descripción del proceso de creación y diseño de esta biblioteca digital, detallando la evolución de la base de datos, los problemas surgidos y las soluciones adoptadas, se detallaron las diferentes posibilidades de búsqueda que ofrece la biblioteca digital. Se ofrecían entonces resultados de una base de datos y biblioteca digital que almacenaba información de 5.219 obras, 5.410 ediciones y 5.824 ejemplares de Relaciones de sucesos.

En el II Congreso HDH nos proponemos detallar:

- Los avances en los contenidos de la base de datos, que almacena ahora información de más de 6.120 ediciones y la localización de más de 8.500 ejemplares (de 2.220 se ofrece, además, reproducción digital facsimilar).
- Los progresos en el conocimiento resultado del análisis y estudio de ciertos campos de la base de datos: novedades sobre autores, editores y lugares de edición, noticias bibliográficas y localizaciones de ejemplares únicos (resultado de incorporaciones tan importantes como el fondo de relaciones de la biblioteca del Duque de T'Serclaes).
- Los desarrollos tecnológicos implementados y en proceso: la edición con lenguajes de marcado, la utilización de sistemas de localización geográfica (GIS) para el diseño de los mapas de lugares de edición, etc.

3. IBSO (Inventarios y bibliotecas del Siglo de Oro). Resultados y dificultades surgidas en la alimentación de la base de datos.

La base de datos sobre Inventarios y Bibliotecas del Siglo de Oro (IBSO), creada por el SIELAE en 2007, es una aplicación capaz de almacenar una profusa información que, cruzada convenientemente, puede dar respuesta a muchas preguntas y necesidades de los investigadores sobre cultura europea de la Edad Moderna. La información se ofrece a través de cuatro vías:

- INVENTARIOS: IBSO ofrece listas de libros que formaron parte de bibliotecas personales o institucionales de los siglos XVI-XVIII. Los inventarios suelen describir muy parcialmente un ejemplar de una edición de una obra. Siempre que es posible, IBSO aporta la identificación de la obra, edición e incluso, a veces, el ejemplar descrito en el inventario y la biblioteca en que se encuentra hoy.
- BIBLIOTECAS HIPOTÉTICAS: Nuestra aplicación informática permite registrar información (y por ello obtenerla) sobre la Biblioteca hipotética de un escritor, formada por las lecturas que sabemos que realizó, bien porque cita con detalle las obras o porque dejó rastros físicos en ejemplares recuperados (firmas, exlibris, etc.).
- BIBLIOTECAS IDEALES: Conjunto de libros recomendados por escritores, pintores, oradores, educadores del Siglo de Oro para adquirir pericia o capacitación en una disciplina

o arte.

- OBRAS Y EDICIONES DE AUTORES DEL SIGLO DE ORO: IBSO pretende, como objetivo a medio plazo, insertar en la base de datos todas las ediciones de que tengamos noticia de las obras de escritores del Siglo de Oro realizadas hasta 1800.

Carlota Fernández Travieso tratará de la implementación de un nuevo buscador general que permite la búsqueda simultánea en varios campos de la base de datos y ofrece, como se ejemplificará, resultados especialmente ricos en información para los investigadores que realizan trabajos de edición filológica de obras del Siglo de Oro, la imprenta manual, la lectura, el uso de fuentes, la transmisión del conocimiento, etc.

Se explicarán, también, las dificultades surgidas al tratar de recoger en la base de datos la información sobre Bibliotecas ideales de manera fehaciente, que han obligado a modificar en parte el diseño conceptual que Carlota Fernández Travieso expuso en el pasado congreso de la HDH en A Coruña y buscar soluciones.

Por último, esta intervención propondrá algunos ejemplos prácticos de cómo pueden utilizarse los ingentes datos acumulados en la sección de inventarios. Se trata del apartado de la base de datos en el que se ha producido el mayor avance desde 2013: de los 16 inventarios de bibliotecas consultables a través de la interfaz pública, se ha llegado en la actualidad a 33, que suman un total de 30.957 registros. Así mismo, se ha hecho constar en IBSO la identificación de 620 de estos registros bibliográficos incompletos.

Entre estas bibliotecas figuran algunas de las más importantes del Siglo de Oro, las de Lorenzo Ramírez de Prado, el Monasterio de San Martín (en 1799), Diego Sarmiento de Acuña (conde de Gondomar), Antonio Juan Luis de la Cerda (duque de Medinaceli), Vincencio Juan de Lastanosa, el impresor Juan Cromberger, el Greco, Velázquez o el conde duque de Olivares. Del estudio y análisis de los datos de IBSO se podrán extraer conclusiones relevantes basadas en datos objetivos que contribuirán a un avance del conocimiento sobre la Historia de la Literatura, la historia de la edición y la lectura, etc: así, podremos constatar qué obras fueron best-sellers, el tipo de público que accedía a ellas, qué autores y qué obras tuvieron más aceptación, sobre qué materias hubo más interés, etc.

Un calendario de la literatura española (aplicación para Android)

FRANK FISCHER

rank.fischer@zentr.uni-goettingen.de

Göttingen Centre for Digital Humanities

JANNIK STRÖTGEN

jannik.stroetgen@informatik.uni-heidelberg.de

Universidad de Heidelberg

El 8 de octubre 2014, durante la Feria del Libro en Fráncfort, habia una entrevista con un traductor que dijo que la literatura finlandesa tiene lugar, principalmente, en verano.1 Es decir, las tramas se desenvuelven obviamente en los meses de verano (del hemisferio norte). Este conocimiento nos pareció tan interesante que queriamos saber imediatamente, cuándo otras literaturas tenían lugar, entre otros, la literatura española.

Este tipo de investigación a base de cientos o miles de novelas sólo es posible con métodos digitales. Esta charla se trata de estos métodos, aplicados a cuestiones literarias. Entonces, hablemos de fechas en la literatura.

Fechas exactas pueden ser encontradas en muchos géneros de textos, artículos de periódicos, libros de divulgación, protocolos y tal. Pero en la literatura – y aqui viene nuestra primera tesis –, se encuentra preferentemente, fechas vagas, aproximadas, que abren espacios de interpretación. Veamos un ejemplo de la literatura alemana. Estas son todas las menciones de meses en la novela corta »El jinete del caballo blanco« (1888) de Theodor Storm:

- »una tarde del mes de octubre«
- »a fines de octubre«
- »En febrero, habiendo aún hielo permanente«
- »desde el mes de noviembre«
- »Era una tarde de mayo, pero el tiempo parecía como de noviembre;«
- »Era el mes de enero«
- »era al principio de septiembre«
- »el dorado sol de septiembre brillaba«
- »Era a fines de marzo«
- »el aire de marzo«
- »Entre tanto, y a fines de marzo, ...«
- »hasta fines de noviembre«
- »En octubre«
- »A fines de noviembre«
- »a fines de marzo«
- »Así había llegado septiembre«
- »A fines de septiembre«
- »Cuando, a fines de septiembre, ...«
- »Era a fines de octubre, antes de Todos los Santos.«

Se nota, todas las 19 menciones tienen carácter vago. Está muy claro: El autor no escribe ningún informe, sino que escribe literatura. Por supuesto, hay excepciones a ésta regla: novelas epistolares e históricas, claro que tienen muchas fechas exactas, p. ej., »Las cuitas del joven Werther« (1774) de Goethe, o todas las novelas del francés Jules Verne.

En todos los otros casos podemos formular como hipótesis: Si – en la literatura narrativa – occurre una fecha exacta, es un acto deliberado del autor. Al menos un facto que vale un análisis profundo. La fecha más famosa mencionada en la literatura mundial viene de la literatura irlandesa.

Conocemos muy bien el día en que »Ulises« tiene lugar, es el día 16 de junio. Este 16 de junio se llama »Bloomsday« en todo el mundo. En este día se celebran festivales en todos lados, no sólo en Dublín, donde la novela se desarrolla. A pesar de que este día es tan famoso, está mencionado en un solo lugar escondido de »Ulises«, novela de 1000 páginas. Y no podría ser más incidental. La secretaria la escribe en la máquina de escribir:

»Miss Dunne clicked on the keyboard:

- 16 June 1904.«
- »Miss Dunne tecleó en el teclado:
- 16 de junio de 1904.«

Otro ejemplo, algo de Borges, de »La muerte y la brújula« (1942): »Erik Lönnrot las estudió. Los tres lugares, en efecto, eran equidistantes. Simetría en el tiempo (3 de diciembre, 3 de enero, 3 de febrero); simetría en el espacio también ...« Sin duda, las fechas exactas en los cuentos de Borges tampoco son coincidencias.

Como lo aclara el título de esta charla, queremos mirar en ocurrencias de fechas individuales. Queremos aplicar un macroanálisis y mirar a las tendencias en grandes corpus. Nos dedicamos a las fechas como un rasgo aislable de corpora literarios en el sentido de Matthew Jockers.

Visión por computador aplicada al análisis de documentos históricos.

ALICIA FORNÉS

afornes@cvc.uab.es

Universitat Autònoma de Barcelona

Resumen:

El análisis de imágenes de documentos es un campo de investigación importante dentro del área de reconocimiento de patrones y visión por computador. Su principal objetivo es analizar, reconocer y comprender automáticamente los contenidos de imágenes de documentos, ya sean impresos o manuscritos, textuales o gráficos. En los últimos años, los avances en este campo lo han convertido en una tecnología fundamental para la extracción de información de colecciones documentales, ayudando así a la preservación, acceso e indexación del patrimonio cultural.

Esta charla se centra en el análisis de documentos históricos, poniendo especial énfasis en el reconocimiento de texto y la detección de palabras clave en documentos manuscritos, como son los registros matrimoniales de la Catedral de Barcelona. Dada su continuidad a lo largo de cinco siglos, esta fuente documental constituye un instrumento único para realizar, entre otros, estudios demográficos, genealógicos y sociológicos.

Herramientas de transcripción asistida colaborativa de censos históricos

ALICIA FORNÉS

afornes@cvc.uab.es

Universitat Autònoma de Barcelona

JOANA MARIA PUJADES-MORA

jpujades@ced.uab.es

Universitat Autònoma de Barcelona

ORIOL RAMOS

oriolrt@cvc.uab.es

Universitat Autònoma de Barcelona

JOSEP LLADÓS

josep@cvc.uab.es

Universitat Autònoma de Barcelona

ANNA CABRÉ

anna.cabre@uab.es

Universitat Autònoma de Barcelona

El gran volumen de documentos almacenados en archivos históricos son un patrimonio de gran relevancia para el estudio y evolución de las sociedades que contribuyen a la preservación de la memoria histórica. En la era digital, las bibliotecas y archivos han dedicado un gran esfuerzo a digitalizar de forma masiva sus fondos, y en especial aquella documentación de carácter histórico. De este modo se asegura su preservación, pero a su vez, se abren nuevos retos sobre el acceso y valorización de los documentos digitales a través de la extracción, indexación y vinculación de sus contenidos mediante herramientas informáticas.

Las humanidades digitales son un área emergente e interdisciplinar en la que convergen las humanidades y la informática. A través del proyecto EINES, financiado por *La Obra Social La Caixa*, investigadores de las áreas de demografía y ciencias de la computación se unen para desarrollar instrumentos y procedimientos que faciliten la informatización masiva de las fuentes demográficas como los padrones. Los objetivos del proyecto son: construir bases de datos de uso público, mejorar el acceso y consulta de los documentos de archivos y construir herramientas de análisis de los datos.

El interés de los padrones reside en que son una fuente que a lo largo del siglo XIX se generalizó a la inmensa mayoría de municipios españoles, y que de forma similar, existen en muchos otros países, siendo por tanto, un proyecto escalable a nivel europeo. En concreto, se han seleccionado los padrones y censos del municipio de *Sant Feliu de Llobregat*, por ser un municipio importante de la época, con una estructura social y ocupacional diversificada, y con un número importante de padrones y censos (19 entre 1828 y 1955).

Plataforma de transcripción asistida colaborativa:

Se ha desarrollado una plataforma de acceso a través de internet que permite a los usuarios transcribir de forma simultánea los contenidos de las imágenes del archivo, así como validar las transcripciones por parte de los expertos para asegurar la consistencia de los datos. La plataforma de transcripción se basa en el paradigma de "crowdsourcing", permitiendo que la tarea de transcripción se divida en múltiples tareas pequeñas (por ejemplo páginas) que puedan llevar a cabo un grupo numeroso de transcriptores. Además, dado que la información padronal se registra usando formularios, se pueden aplicar métodos de reconocimiento de manuscrito que permitan reconocer parte de la información con bastante fiabilidad (ej. nombres y apellidos frecuentes). Por esa razón, la plataforma incorporará progresivamente herramientas automáticas que permitirán la transcripción semi-automática, de manera que el tiempo dedicado a la transcripción vaya reduciéndose progresivamente.

La construcción de trayectorias vitales:

A través del "*record linkage*" (vinculación nominal de registros) se pretende automatizar la generación de trayectorias individuales y familiares a lo largo del tiempo, así como la localización espacial de redes familiares. El resultado final de este proceso será una gran red social histórica que a su vez gran parte serán multitud de genealogías entrelazadas. Este "*record linkage*" consiste en enlazar por ejemplo padres e hijos o detectar las apariciones del mismo individuo a lo largo de padrones de años sucesivos, etc.

Dado que muchos nombres, apellidos y lugares pueden aparecer con variantes ortográficas, en la plataforma de transcripción se están incorporando varias técnicas de comparación de cadenas de caracteres, como la distancia de *Levenshtein*. De este modo, para cada registro, el sistema propone enlaces entre individuos que tienen nombres y apellidos muy similares que vivan en el mismo lugar (ej. misma calle). Finalmente, el experto valida tanto las transcripciones como las relaciones propuestas entre individuos.

La transcripción de los padrones de *Sant Feliu de Llobregat* y la generación de trayectorias de vida no es un fin en sí mismo, sino que se busca que sea el prototipo que permita experimentar para después adaptar las herramientas generadas a otras fuentes documentales o municipios distintos. El objetivo final es poner la información demográfica histórica al servicio de la ciudadanía, creando nuevos productos y servicios a disposición de la sociedad para facilitar el acceso universal a los archivos históricos y que a partir de ésta se pueda generar conocimiento.

Se habla español - Formando comunidades de Humanidades Digitales en el mundo hispano y más allá

ISABEL GALINA RUSSELL

igalina@unam.mx

UNAM

ELENA GONZÁLEZ-BLANCO GARCÍA

egonzalezblanco@flog.uned.es

UNED

GIMENA DEL RÍO RIANDE

gdelrio.riande@gmail.com

SECRIT-CONICET

BARBARA BORDALEJO

barbara.bordalejo@kuleuven.be

KU Leuven

Las Humanidades Digitales (HD) se van consolidando a nivel mundial y en los últimos años hemos visto la creación de nuevos centros y asociaciones que contribuyen a conformar un panorama internacional cada vez más complejo. Sin embargo, el campo de las HD ha sido también criticado por representar una visión estrecha del trabajo que se lleva a cabo a nivel global (Fiormonte, 2012). Las razones son numerosas y complejas pero uno de los factores principales que ha sido identificado es el uso del inglés (Galina, 2014; Claverte, 2013) así como otros factores contextuales (McPherson, 2012; O'Donnell et. al, 2014, Ortega et.al, 2014). En los últimos años han habido importantes esfuerzos, tales como el comité multilingüe del ADHO y el trabajo de GO::DH, para buscar mejorar esta situación. Consideramos que una forma de aportar para que las HD en otras partes del mundo se conozcan y reconozcan es buscar entender cómo se forman estas comunidades y cuáles son sus características y trayectorias particulares. De esta forma podemos después buscar formas de incrementar su impacto y participación a nivel global buscando un panorama menos heterogéneo, más multicultural y multilingüe.

El objetivo de este panel es presentar la experiencia en la formación de tres comunidades relacionadas con las Humanidades Digitales cuya lengua principal es el español y que se localizan en distintas regiones del mundo (Norteamérica, Sudamérica y Europa). Cada presentación relatará brevemente sus orígenes así como su desarrollo y posteriormente discutirá las estrategias empleadas, sus estructuras de organización y comunicación, las dificultades encontradas, los resultados hasta el momento así como áreas potenciales de crecimiento. Se otorgará tiempo para un debate al final para comparar y discutir estas experiencias junto con participación de la audiencia.

- Claverte, F. (2013). "The DH multicultural revolution did not happen yet", Frédéric Clavert blog, 26 abril 2013, http://www.clavert.net/the-digital-humanities-multicultural-revolution-did-not-happen-yet/.

- Fiormonte, D. (2012). "Towards a Cultural Critique of the Digital Humanities", Historische Sozialforschung / Historical Social Research, 37 (3), septiembre: 59–76.
- Galina, I. (2014) "Geographical and linguistic diversity in the Digital Humanties", Literary and Linguistic Computing, Oxford Journals, 29(3), pp.307-316.
- Honn, J. (2013). Never neutral, http://joshhonn.com/?p=1
- McPherson, T. (2012). "Why are the Digital Humanities so White?" en Debates in the Digital Humanities, University of Minnesota Press.
- Ortega, E. y S. Gutiérrez. (2014). "MapaHD: Exploring Spanish and Portugues Speaking DH Communities" en Conference Abstracts Digital Humanitiees 2014, Lausanne Suiza, 8 al 12 de julio.
- O'Donnell, P., et.al. (2014) "Global Outlook:: Digital Humanities: Promoting Digital Humanites Research Across Disciplines, Regions and Cultures" en Conference Abstracts Digital Humanities 2014, Lausanne, Suiza, 8 al 12 de julio.

Red de Humanidades Digitales (RedHD):

Isabel Galina

En junio del 2011 se estableció la Red de Humanidades Digitales (RedHD), producto del trabajo realizado en cuatro talleres acerca de la creación de recursos electrónicos para las Humanidades. El objetivo inicial de la RedHD fue abordar como comunidad una serie de problemáticas identificadas en los talleres para llevar a cabo trabajo en cómputo y Humanidades. El trabajo se centró alrededor de tres tópicos principales: información (acerca de humanistas digitales, recursos digitales, proyectos y publicaciones); formación de recursos humanos (guías, documentación, cursos); y evaluación de proyectos digitales (uso de estándares, buenas prácticas, políticas así como el reconocimiento de la validez de la producción digital). Aunque se han reportado los avances en la construcción de la RedHD (Galina, 2011; Galina et.al, 2012) y auto-representación (Priani et.al, 2014) nos encontramos ahora en un momento con suficiente trayectoria para reflexionar sobre las acciones que hemos realizado, los resultados, los acontecimientos inesperados, nuestros planes a futuro así como nuestra relación con otras asociaciones de HD. En esta presentación se abordarán estos temas.

- Galina, I. y E. Priani. (2011). "Is There Anybody Out There? Discovering New DH Practitioners in other Countries" en Digital Humanities 2011, Conference abstracts, Stanford, EUA. 19 al 22 junio, pp. 135-138.
- Galina, I., et.al. (2012). "Tejiendo la Red HD- A case study of building a DH network in Mexico" en Digital Humanities 2012, Conference abstracts, Hamburg, Alemania. 16 al 22 de julio, pp.456-458.
- Priani, E., et.al. (2014). "Las humanidades digitales en español y portugués. Un estudio de caso: DíaHD/DiaHD", Anuario Americanista Europeo, no.12, pp.5-18.

AAHD (Asociación Argentina de Humanidades Digitales):

Gimena del Río

Almond y Verba (1963) afirman, en una línea de pensamiento que podríamos usar para unir a Tocqueville y Robert Owen con las últimas propuestas makers, que las múltiples redes de relaciones que permiten las organizaciones sociales potencian la creatividad y el desarrollo personal. La AAHD, desde su manifiesto, pretende erigirse como una comunidad de prácticas en la que sus integrantes desarrollen actividades personales y propias de sus líneas de investigación en un cruce transdisciplinar que se encamina a la actividad colectiva. Busca así fomentar el trabajo colaborativo, más allá de las instituciones, aunque con el apoyo de estas. Manteniendo la óptica que permite el espacio híbrido que la vio nacer (THATCamp Buenos Aires 2013) se interesa por revisar el impacto de la cultura digital en las actividades académicas, con el fin de identificar y fomentar nuevas prácticas mixtas en la docencia y la investigación. Esta misma distancia es la que propone para analizar el contexto social, cultural y político que hace que las Humanidades Digitales, como disciplina académica, se cristalicen de diferentes modos en los distintos países.

La AAHD nace en marzo de 2014, luego de una serie de encuentros llevados a cabo en el año 2013 en distintas instituciones de las ciudades de Buenos Aires y La Plata. Reúne a investigadores, docentes e interesados de muy diversos espacios: ciencias de la educación, periodismo, bibliotecología, ciencias de la comunicación, informática, letras, sociología. En noviembre de 2014 celebró sus Primeras Jornadas Nacionales de Humanidades Digitales: Culturas, Tecnologías, Saberes.

- AAHD. Manifiesto de la Asociación Argentina de Humanidades Digitales:http://aahd.com.ar/manifiesto/
- Almond, Gabriel-Verba, Sidney (1963). La cultura cívica. Estudios sobre la participación política democrática en cinco naciones. Madrid, Euramerica.
- Brockman, John (1996): La tercera cultura, Barcelona, Tusquets.
- del Rio, G. (2013). Memoria del THATCamp Buenos Aires. http://buenosaires2013.thatcamp.org/2013/07/28/memoria-del-thatcamp-buenos-aires/
- del Rio, G. (2014). "¿De qué hablamos cuando hablamos de Humanidades Digitales?" en Abstracts de las Primeras Jornadas Nacionales de Humanidades Digitales: Culturas, Tecnologías, Saberes, 17-19 de noviembre de 2014: http://www.aacademica.com/jornadasaahd/toc/6?abstracts
- http://blogs.unlp.edu.ar/didacticaytic/2015/05/04/de-que-hablamos-cuando-hablamos-de-humanidades-digitales/
- Piscitelli, A. (s/f), Cómo definir a las humanidades digitales o cómo no definirlas: https://media.upv.es/player/?autoplay=true&id=cd36abe4-0f6b-6b4e-9b0a-c4a0d7878203

HDH (Humanidades Digitales Hispánicas):

Elena González-Blanco

Las Humanidades Digitales en España comienzan de forma temprana, en los años 70, en proyectos de colaboración como Estados Unidos, como Philobiblon o Admyte. El camino se abre ligado a la filología en proyectos emblemáticos como la Biblioteca Virtual Cervantes, o el Crea y Corde de la RAE. En los años 90, el número de proyectos comienza a crecer y se multiplica, ampliándose las iniciativas del ámbito filológico a otros ámbitos, como arte o arqueología.

Ya entrados en el siglo XXI comienzan los estudios sobre literatura digital, la conciencia del cambio y los primeros programas de humanidades digitales (U. Castilla la Mancha 2005-11). El recorrido continúa hasta 2011, fecha en la que eclosiona completamente la situación. La celebración de varios congresos y encuentros con el mundo digital como nexo de unión, cuajarán en 2012 con la fundación de la Asociación de Humanidades Digitales Hispánicas, Sociedad Internacional, cuyo Primer Congreso se celebra en A Coruña en 2013, precedido por un congreso en Pamplona sobre visibilidad y difusión en Humanidades Digitales. Nos encontramos, sin duda, ante un nuevo período en la historia de las Humanidades en España en la que las tecnologías han marcado un antes y un después. El panorama de cambio favorece además la creación de distintas iniciativas y formas de trabajo que van desde bibliografías y entradas de wikipedia hasta centros de humanidades digitales (LINHD, GrinUGR, IATEXT), hasta cursos, redes y nuevos grupos de investigación interdisciplinares e internacionales -con fuerte foco en el ámbito hispánico- que hacen que la visibilidad de las humanidades digitales en nuestro país y en nuestra lengua sea cada vez mayor, y con mayor relevancia en el ámbito internacional, como muestra el ejemplo del último DayofDH, celebrado y organizado en España.

- Baraibar, A. (2013). "Buenos tiempos para las Humanidades Digitales en español", blogpost 20 May 2013 http://dhd2013.filos.unam.mx/porvistadeojos/2013/05/20/buenos-tiempos-para-las-humanidades-digitales-en-espanol/
- Bia, A. y Pedreño, A. (2001). "The Miguel de Cervantes Digital Library: the Hispanic Voice on the Web", Literary and Linguistic Computing, 16 (2), pp. 161-177
- González-Blanco García, E. (2013). "Actualidad de las Humanidades Digitales y un ejemplo de ensamblaje poético en la red", Cuadernos Hispanoamericanos 761, noviembre 2013.
- Lucía Megías, J.M. (2008). "La informática humanística: una puerta abierta para los estudios medievales en el siglo XXI", Revista de poética medieval, 20, 2008
- Marcos Marín, F. (1994), Informática y Humanidades, Madrid: Gredos, 1994.
- Rodríguez-Yunta, L. (2013). "Las humanidades digitales, ¿una mera etiqueta o un campo por el que deben apostar las ciencias de la documentación?", Notas ThinkEPI
- Rojas Castro, A. (2013). "El mapa y el territorio. Una aproximación histórico-bibliográfica a la emergencia de las Humanidades Digitales en España", Caracteres, 2(2).
- Spence, P. y González-Blanco, E. (2014). "A historical perspective on the digital humanities in Spain" en The Status Quo of Digital Humanities in Spain, H-Soz-Kult, http://www.hsozkult.de/debate/id/diskussionen-2449

Global Outlook :: Digital Humanities (Perspectivas Globales :: Humanidades Digitales):

Bárbara Bordalejo (KU Leuven)

Matthew Kirschenbaum, en su artículo "What is Digital Humanities and What is Doing in English Departments?" trata de explicar por qué encontramos una enorme proporción de las humanidades digitales en departamentos de literatura inglesa. Para Kirschenbaum se trata de un fenómeno relacionado al texto como objeto de fácil codificación. Al parecer, los departamentos de literatura (inglesa) e historia son foco de los anuncios de puestos en Humanidades Digitales. Roopika Risam (http://roopikarisam.com/2013/09/15/where-have-all-the-dh-jobs-gone/) ha señalado que la mayoría de los puestos de trabajo de HD "van mano a mano con posiciones en retórica, composición y literatura". Si aceptamos, temporalmente, esta premisa (que la mayoría de los humanistas digitales se concentra en lugares como los departamentos de literatura inglesa) debemos también considerar sus consecuencias: dichos departamentos tienen una tendencia natural a contratar hablantes nativos de la misma lengua.

A través de Global Outlook :: Digital Humanities estamos explorando estos y otros problemas, muchos de los cuales tienen que ver con la forma en que las HD se definen como disciplina. En abril de 2013, Frédéric Clavert publicó una nota titulada "The Digital Humanities multicultural revolution that did not happen yet" (http://www.clavert.net/the-digital-humanities-multicultural-revolution-did-not-happen-yet). Domenico Fiormonte publicitó el enlace y comenzó una discusión en la que académicos de muy diferentes orígenes expusieron sus posiciones e interpretaciones del artículo (http://listserv.uleth.ca/pipermail/globaloutlookdh-l/2013-April/000308.html). Para Clavert, la consideración es que "…las humanidades digitales, mientras se dicen revolucionarias, están estructuradas en la forma clásica de un campo académico en el que aquellos que dominan la lengua inglesa son quienes son más visibles (y más citados)."

El rol de GO :: DH es, precisamente el de identificar estos problemas para remediarlos. Mi colaboración en la organización de THATCamps en español en Argentina y México y la primera conferencia co-patrocinada por GO::DH me han ayudado a entender que la integración de otras lenguas y perspectivas debe ir mucho más allá de traducir textos que actualmente sólo están disponibles en inglés: también debemos entender la reticencia de los investigadores a someterse al inglés como lengua exclusiva de comunicación. Necesitamos implementar sistemas que hagan viable que presentemos nuestro trabajo en nuestra lengua nativa y promover iniciativas en la que la integración no requiera la supresión de nuestra propia cultura.

- Burdick et al. (2012) Digital_Humanities. Cambridge: MIT Press. http://mitpress.mit.edu/sites/default/files/9780262018470_Open_Access_Edition.pdf
- Clavert, Frederic (2013) "The Digital Humanities multicultural revolution that did not happen yet" blogpost 26 de abril del 2013 http://www.clavert.net/the-digital-humanities-multicultural-revolution-did-not-happen-yet
- Fiormonte, Domenico (2013) "A revolution yet to happen" listserve communication 27 de abril del 2013 http://listserv.uleth.ca/pipermail/globaloutlookdh-l/2013-April/000308.html
- Fiormonte, Domenico (2013) "Seven Points on Multiculturalism" listserve communication 4 de mayo del 2013 http://listserv.uleth.ca/pipermail/globaloutlookdh-l/2013-May/000329.html
- Kirshenbaum, Matthew (2010) "What is Digital Humanities and What is Doing in English Departments? ADE Bulletin, 150: 1-7. https://mkirschenbaum.files.wordpress.com/2011/01/kirschenbaum_ade150.pdf
- Risam, Roopika (2013) "Where Have All the DH Jobs Gone? blogpost 15 de septiembre del 2013 http://roopikarisam.com/2013/09/15/where-have-all-the-dh-j

Metodología de inmersión en la ingeniería software para humanistas digitales

JAVIER GARCÍA ALGARRA,

fco.javier.garciaalgarra@telefonica.com

Telefónica I+D/UNED

La investigación en ciencias sociales y humanidades se basa cada vez más en herramientas y métodos que tuvieron su origen en otras disciplinas como las matemáticas o la ingeniería. Este fenómeno resulta muy beneficioso porque va a producir un cambio cualitativo similar al que se vivió en las ciencias experimentales.

La contrapartida está en la necesidad de formar a los futuros investigadores en materias con un peso muy reducido o incluso inexistente en los planes universitarios tradicionales. Los humanistas del siglo XXI tendrán que ser capaces de manejar herramientas de visualización, análisis de datos o inteligencia artificial con un nivel de pericia equivalente al de sus homólogos en física o econometría. Pero además tienen por delante la complicada tarea de adaptar esas técnicas a sus dominios de aplicación específicos.

Existe el riesgo de incorporar estos avances de una forma desordenada o precipitada, de manera que aparezcan vicios metodológicos de costosa solución. Esta apreciación se basa en situaciones ya conocidas en campos donde la programación es una actividad imprescindible, como la física, o en otras que se encuentran en un estadio intermedio de madurez, como las ciencias biológicas [1].

Conceptos procedentes de la ingeniería *software* como la reproducibilidad [2][3], la colaboración o el control de versiones están siendo adoptadas por los grupos de investigación de ciencias experimentales como una metodología sólida para su trabajo diario. Debe entenderse la ingeniería software en su sentido más amplio, desde el estudio inicial del problema hasta el mantenimiento de la solución desarrollada. El fin último es organizar la producción científica de una manera casi industrial, en la que el software sea un elemento de la cadena que contribuye a aumentar la calidad y no un cuerpo extraño [4].

La solución no pasa por convertir a los jóvenes filólogos o historiadores en ingenieros software, pero es imprescindible dotarles de los conocimientos necesarios para que no queden rezagados en esta carrera en la que otros profesionales llevan años compitiendo. La formación básica puede conseguirse en periodos reducidos de tiempo si se siguen los pasos adecuados: reducir el número de tecnologías que se deben asimilar, motivar al grupo empleando ejemplos de su campo de estudio e integrar la tecnología en su trabajo diario.

Existen experiencias similares y muy exitosas en otros ámbitos. Por ejemplo, el laboratorio de ecología teórica del profesor Stefano Allesina de la Universidad de Chicago (http://allesinalab.uchicago.edu/) tiene un programa de inmersión en la práctica del desarrollo *software* profesional, sin presuponer conocimientos previos de los estudiantes de doctorado, que suelen proceder del mundo de la biología. Un enfoque parecido se puede encontrar en el trabajo del economista de la misma institución Matthew Gentzkow [5].

La *Software Carpentry Foundation* (http://software-carpentry.org/) es una organización sin ánimo de lucro que lleva años formando profesores voluntarios para enseñar a investigadores los fundamentos de la práctica *software* en sesiones presenciales de dos días. El temario incluye manejo básico de la *shell* de UNIX, dos lenguajes de programación (Python, R), control de versiones con *github* y consultas a bases de datos con SQL, más una pequeña aplicación práctica final. Los profesores son expertos en tecnología pero su principal labor es despertar el interés de los alumnos por adoptar nuevas formas de trabajar partiendo de la base que adquieren. Aunque la labor de la *Software Carpentry Foundation* se ha centrado en las ciencias experimentales, en el último año ha comenzado a trabajar con profesionales de las humanidades como bibliotecarios y arqueólogos. En esta comunicación breve proponemos describir una metodología básica de inmersión en la ingeniería software para investigadores en humanidades, apoyada en casos reales.

- Currículum. ¿Cuál es el conjunto mínimo de conocimientos que deben impartirse en un curso de inmersión? ¿Cómo evitar que los estudiantes se pierdan en las características particulares de una herramienta o lenguaje? ¿Cada cuánto tiempo hay que modificar los contenidos para que no queden obsoletos?
- Técnicas de motivación. ¿Qué factores específicos de los estudiantes humanidades deben potenciarse? ¿Cómo evaluar los resultados?
- Metodología. Enseñanza mediante codificación en directo frente al uso de material estático tipo transparencias. Programación por pares, agrupación de alumnos por distintos criterios (azar, afinidad, grado de conocimiento). Nociones mínimas de *feedback* sobre el trabajo del grupo, tales como revisión de código.
- Modalidades: presencial, online, sesiones intensivas, campus semanales. Necesidades específicas de cada una y distintas formas de abordarlas.
- Formación de los profesores. ¿Enseñar a enseñar a los tecnólogos o enseñar tecnología a los humanistas?. ¿Cómo aborda la industria del *software* este reto y cómo puede trasladarse esa experiencia al mundo académico?. ¿Cómo construir una comunidad para compartir y mejorar las experiencias. Distintas soluciones y comparativa de resultados.

El objetivo último de este trabajo es motivar a la comunidad de humanistas digitales hispanos para poner en marcha experiencias reales de cursos de inmersión en nuestro entorno cultural y comparar los resultados con los que arrojan los de las sociedades anglosajonas [7].

Referencias:

[1] Wilson G, Aruliah DA, Brown CT, Chue Hong NP, Davis M, et al. (2014). Best Practices for Scientific Computing. *PLoS Biol* 12(1): e1001745. doi:10.1371/journal.pbio.1001745.

[2] Stodden, V., Leisch, F., & Peng, R. D. (Eds.). (2014). *Implementing reproducible research.* CRC Press.

[3] De Chaumont, F., Dallongeville, S., Chenouard, N., Hervé, N., Pop, S., Provoost, T., & Olivo-Marin, J. C. (2012). Icy: an open bioimage informatics platform for extended reproducible research. *Nature methods*, 9(7), 690-696.

[4] Hambrusch, S., Hoffmann, C., Korb, J. T., Haugan, M., & Hosking, A. L. (2009). A multidisciplinary approach towards computational thinking for science majors. *ACM SIGCSE Bulletin* (Vol. 41, No. 1, pp. 183-187).

[5] Matthew Gentzkow and Jesse M. Shapiro. Code and Data for the Social Sciences: A Practitioner's Guide, (2014). http://faculty.chicagobooth.edu/matthew.gentzkow/research/CodeAndData.pdf

[7] Jorge Aranda. Software Carpentry Assessment Report", July 2012 http://software-carpentry.org/bib/aranda-assessment-2012-07.pdf

De la preservación digital al acceso semántico de documentos históricos

A. GARCÍA SERRANO

agarcia@lsi.uned.es

UNED

A. CASTELLANOS

acastellanos@lsi.uned.es

UNED

J. CIGARRÁN

juanci@lsi.uned.es

UNED

Las aplicaciones software se incorporan a las Humanidades Digitales (HD), tras una primera etapa orientada a la preservación digital de los documentos históricos (J. Drucker et al, 2014), (I. Ruthven and G. Chowdhury, 2014). Una vez que se han digitalizado y anotado los documentos por humanistas expertos en cada tema, hay que gestionar estas fuentes de información para su acceso, visualización y explotación por parte de los usuarios. Por lo tanto, para el desarrollo de aplicaciones que utilicen estos datos es necesario responder a las siguientes preguntas, que dependen fundamentalmente de la tarea u objetivo a resolver:

- ¿qué tipo de datos se han de manejar?
- ¿dónde están esos datos?
- ¿qué tipo de almacenamiento es necesario?
- ¿qué tipo de acceso se necesita?
- ¿qué se quiere mostrar y a quién?

La representación y el modelado de los datos para su uso compartido en la web, se basan en estándares que permiten su acceso por agentes o aplicaciones software y personas. Estos estándares incluyen por ejemplo a los metadatos (datos que describen a los datos reales), los términos "conocidos" de vocabularios de temas concretos, nombres de personas, etc.

En la Colección de Mapas, planos y dibujos del Archivo General de Simancas (AGS) se dispone de 7792 fichas con la información textual incluida en metadatos (RDF-DC) (http://www.mcu.es/ccbae/es/consulta/busqueda.cmd). Por ejemplo en la ficha 176927 se lee (todos los términos entre los caracteres < y > son del metalenguaje):

<rdf:Description>
<dc:relation> Referencias: Mapas, planos y dibujos (Años 1503-1805). Volumen I : p. 576 </dc:relation>
<dc:coverage> La Habana</dc:coverage>
...
<dc:coverage> S.XVIII</dc:coverage>
<dc:title> Plano y perfiles que manifiestan el estado en que se alla la Real obra de Fuerte-

Príncipe en 30 de Junio
de 1779 [Material gráfico no proyectable]</dc:title>
<dc:description> AGS. Secretaría de Guerra, Legajos, 03222. Acompaña a carta y relación delas obras de don Luis
Huet al Conde de Ricla de 1 de julio y de la misma fecha del plano</dc:description>
<dc:description> Tinta y colores a la aguada ocre y encarnado. Explicación con clave alfabética </dc:description>
<dc:description> Manuscrito sobre papel.</dc:description>
<dc:type> Ilustraciones y Fotos</dc:type>
<dc:language> spa</dc:language>
<dc:date> 1779 </dc:date>
<dc:creator> Huet, Luis</dc:creator>

En el marco del proyecto El dibujante ingeniero al servicio de la monarquía hispánica. Siglos XVI-XVIII (DIMH) (http://dimh.hypotheses.org/), tras una etapa de familiarización del corpus AGS, y enriquecimiento lingüístico de las fichas (en XML-RDF), se desarrolló y publicó una aplicación web para búsquedas configurables (parametrización de la estructura de los documentos del corpus y sobre el tipo de información lingüística o no contenida en el corpus).

http://albali.lsi.uned.es/DemoSimancasConfigurableWS/

Tras el proceso de anotación (codificación de las fichas) y búsqueda es momento de preguntarse ¿Qué ventajas recibe el humanista de esta codificación? La respuesta es: las aplicaciones que facilitan la estructuración de la información, concepto que va más allá de un primer nivel de estructuración como es la segmentación, identificación o anotación de cadenas de símbolos o datos.

El objetivo de la estructuración de la información es identificar, ordenar y crear modelos de conocimiento sobre la base de técnicas de: clasificación, clustering y otras. Con estas técnicas o procesos automáticos los resultados no son neutrales y están influenciados por la tarea en la que van a ser usados.

Las técnicas de clasificación permiten organizar colecciones de objetos, identificar sus características comunes y discriminantes y denotar los objetos de forma consistente. Un modelo de clasificación muy utilizado es la taxonomía, que es básicamente un sistema de denotación de objetos (cada una de las etiquetas de los niveles constituyen un vocabulario controlado).

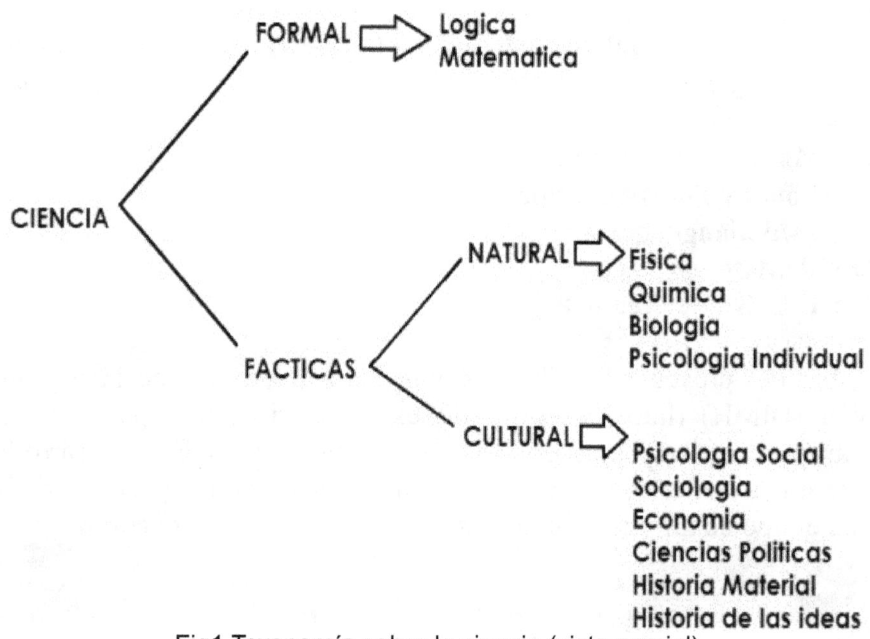

Fig1.Taxonomía sobre la ciencia (vista parcial)

Las ontologías son modelos de conocimiento que estructuran la información en una jerarquía. Son difíciles de construir pero si se construyen y reutilizan, ¡son muy útiles! (P. Cimiano, C. Unger, J. McCrae, 2014). Sin embargo tanto en las taxonomías como en las ontologías para su construcción es necesario disponer de todo el conocimiento relacionado con los objetos a clasificar. El Consorcio WWW (W3C) mantiene el RDF Resource Description Framework, metalenguaje para codificar ontologías, denominándose base de conocimiento a una ontología con los ejemplares de sus clases (o instancias).

Las ontologías sentaron las bases para la construcción de la web semántica, y algunas permiten la población del LOD cloud. Por ejemplo, el proyecto DBpedia ha generado información semántica a partir de la wikipedia inglesa y desde el 2011 (http://wiki.dbpedia.org/Documentation) extrae información de wikipedia en 15 de sus versiones (idiomas). Uno de ellos es el español y tiene asignado un sitio web y un SPARQL Endpoint (http://es.dbpedia.org/sparql) para hacer las consultas, sobre sus 100 millones de tripletas RDF. Tanto en DBpedia como en cualquier otro nodo del LOD, se consulta con un lenguaje de acceso estándar como es el SPARQL, bastante lejano al lenguaje natural.

Las técnicas de clustering persiguen agrupar los datos de manera automática de acuerdo a similitudes, correferencias o paralelismos que se puedan encontrar entre ellos. Por ejemplo, es esperable que dos documentos compartiendo un vocabulario similar pertenezcan a la misma categoría. Relacionada también con la organización automática de los datos está la aplicación de técnicas probabilísticas (tales como LDA), ampliamente utilizadas en el campo de las humanidades digitales (Yang et al 2011, Meeks y Weingart 2012). Este tipo de técnicas asume que existe una estructura latente en los datos basada en el conjunto de temáticas que estos abordan. Así mismo cada una de las temáticas es definida por la distribución de términos (de entre los incluidos en los datos) que mejor la representa. Por lo tanto, cada uno de los documentos individuales puede ser expresado mediante una distribución probabilística a lo largo del conjunto de temáticas latente. La organización de los datos quedará pues reducida a encontrar la estructura latente que mejor defina a dichos datos.

A diferencia de otras de las ya citadas técnicas (clasificación u ontologías), las aproximaciones probabilísticas o las basadas en clustering no requieren de información previa. Es decir, no es necesario que se establezca a priori las clases o se defina el modelo ontológico necesario para estructurar los documentos. Sin embargo, estas técnicas presentan también algunas desventajas. Es necesario parametrizar el funcionamiento de los algoritmos para crear la representación final de los datos, por ejmeplo el número de clusters (o grupos) en los cuales se desea estructurar los datos. Aquellos algoritmos que no lo requieren, sí que necesitan establecer de manera manual algún criterio de parada o de selección final de los clusters a generar. Del mismo modo, las técnicas probabilísticas en general como Latent Direchlet Allocation (LDA), necesitan que se establezca el número de temáticas que los datos abordan. Además, estas técnicas sufren el problema de dificultad en el análisis de los resultados ya que la estructura latente detectada a menudo no se corresponde con conceptos reales o entendibles por las personas. En consecuencia, la organización resultante tiene que ser analizada por expertos para interpretar su significado (Mimno 2012, Newman y Block, 2006).

Como lo deseable es contar con técnicas que automáticamente infieran la estructura desde los datos, en este trabajo se utiliza el Análisis de Conceptos Formales (o FCA por sus siglas en inglés). FCA permite organizar un conjunto de datos mediante la inferencia de relaciones entre los mismos de acuerdo a las características que los describen (Wille 1992): dado un conjunto de documentos representado por un conjunto de características (texto, metadatos…), FCA agrupa (en conceptos formales) a aquellos documentos que comparten el mismo grupo de características. Además es posible definir una relación de orden parcial sobre dichos conceptos formales, lo que permite ordenarlos en una representación jerárquica (retículo). La estructuración de los datos resultado, que se basa en conceptos definidos por la serie de características que han dado lugar a su creación, es fácilmente entendible.

En el proyecto DIMH, se ha realizado el diseño, desarrollo e implementación de un modelo basado en conceptos utilizando la técnica FCA, que pertenece a la misma área de investigación que la técnica LDA, ampliamente utilizada en el campo de las Humanidades Digitales. Una de las ventajas sobre LDA, es que no es necesario decidir a priori el número de conceptos o nodos de la estructura en red que se genera. La aplicación de la tecnología basada en FCA a los metadatos de la colección AGS, permite la organización de los contenidos en base a "conceptos formales" o grupos de objetos (fichas correspondientes a mapas, planos y dibujos) y sus atributos o términos elegidos automáticamente o manualmente. En el ejemplo pueden observarse los conceptos formales asociados a los mapas de la colección AGS (con indicación del número de fichas que incorporan.

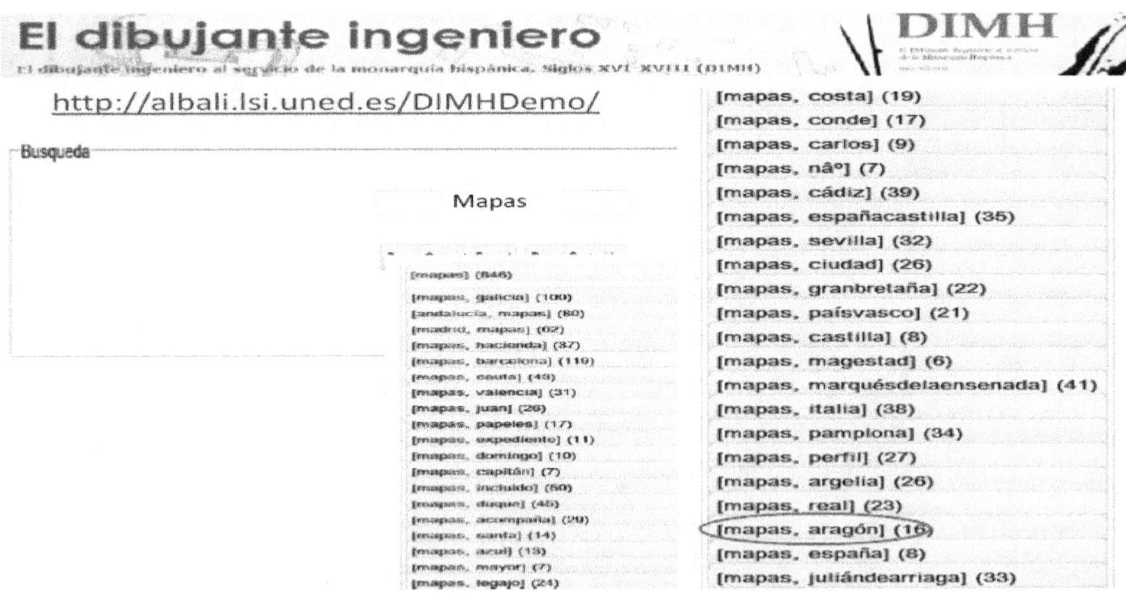

Las siguientes tareas a abordar en el proyecto DIMH son la evaluación de los resultados por parte de los humanistas, el refinamiento del proceso y su visualización.

Referencias:

P. Cimiano, C. Unger, J. McCrae, Ontology-Based Interpretation of Natural Language (Synthesis Lectures on Human Language Technologies), 2014 http://www.ontosem.net/book/

J. Drucker et al, Introduction to digital Humanities, http://dh101.humanities.ucla.edu/, 2014

Meeks, E., Weingart, S. The digital humanities contribution to topic modeling. Journal of Digital Humanities 2(1), 1–6 (2012)

Mimno, D. Computational historiography: Data mining in a century of classics journals. Journal on Computing and Cultural Heritage (JOCCH) 5(1), 3 (2012)

Newman, D.J., Block, S. Probabilistic topic decomposition of an eighteenth-century american newspaper. Journal of the American Society for Information Science and Technology 57(6), 753–767 (2006).

I. Ruthven and G. Chowdhury, Cultural Heritage Information Access and Management. ISBN: 978-1-85604-930-6, 2014. http://www.facetpublishing.co.uk/title.php?id=9306&category_code=402

Wille, R. Concept lattices and conceptual knowledge systems. Computers & mathematics with applications 23(6), 493–515 (1992)

Yang, T.I., Torget, A.J., Mihalcea, R. Topic modeling on historical newspapers. Proc. 5th ACL-HLT Workshop on Language Technology for Cultural Heritage, Social Sciences, and Humanities. pp. 96–104. ACL (2011)

Cultura conectada, Hispania, Humanidades Digitales, iconografía, mapa, musivaria, proyectos digitales, open data, Roma, villas, 3.0.

BEATRIZ GARRIDO RAMOS

txiki00es@gmail.com

La temática de mi trabajo se relaciona específicamente con la creación de una base de datos de mosaicos romanos en Hispania, con base semántica, vocabularios controlados, siguiendo los estándares internacionales que han utilizado otros proyectos. Entre ellos cabe mencionar Iconclass [1], para gestionar vocabularios controlados para la descripción o clasificación de iconos o figuras, Getty [2] vocabularios, Pelagios [3], que permitirá visualizar en un mapa dicho vocabulario, Ariadne [4] que reúne e integra las infraestructuras de datos de investigación arqueológica existente, y Perseus [5], proyecto de biblioteca digital de la Universidad Tufts que reúne una colección digital de fuentes para Humanidades. Se trata por tanto de "work in progress", en el que destacan diversos conceptos que se describen a continuación.

En primer lugar, hay que partir de la situación histórica, de la época a tratar, que nos llevará hasta la Hispania romana. La cuestión central será precisamente la musivaria, más conocida por todos como mosaico, una técnica muy utilizada por los romanos, y de la que tantos ejemplos nos han dejado, perdurando hasta nuestros días.

En relación a la cuestión geográfica, a pesar de abarcar la Península Ibérica en su totalidad, hemos de concretar que en el estudio y el posterior análisis de los resultados obtenidos, se ha dejado patente la elaboración de un mapa que alberga todas las villas romanas con mosaicos, tarea compleja donde las haya. Esto es debido a la gran cantidad de descubrimientos que han tenido lugar a lo largo del siglo XX, así como recientemente, desde hace algunos años, y que como es lógico, habrá que seguir trabajando a posteriori.

La finalidad del trabajo es estudiar la iconografía de dichas villas, realizar comparativas entre ellas, extraer conclusiones, y confeccionar una base de datos que siga creciendo y permita seguir incluyendo los futuros descubrimientos. En esta fase de la investigación se procede a clasificar toda la iconografía que aparece en los mosaicos repertorizados, realizando un vocabulario controlado (con Iconclass y el AAT del Getty), y posteriormente, georreferenciándolo con Geonames [6] (nombres geográficos en *Linked Open Data*) con la finalidad de visualizarlo en un mapa, tal y como se hace en el proyecto Pelagios [7].

Se trata por tanto de una labor que lejos de quedarse aquí, se realiza con la intención de convertirse en un referente del estudio romano en nuestro país, y tal vez fuera de él, puesto que el imperio romano, como todos sabemos, ocupó una gran extensión y dejó su seña de identidad en todo lugar donde permaneció.

A mayores, hay que especificar que el enfoque del trabajo se ha reflexionado y delimitado a raíz de la introducción en él de la rama de las Humanidades Digitales, concepto nuevo que requiere de una mayor profundización, y sobre el que investigadores e instituciones están trabajando desde hace algún tiempo.

Bibliografía:

BLÁZQUEZ MARTÍNEZ, J.M.; LÓPEZ MONTEAGUDO, G.; NEIRA JIMÉNEZ, M.L.; SAN NICOLÁS PEDRAZ, M.P. (1993): "Hallazgos de mosaicos en Hispania (1977-1987)", *Espacio, Tiempo y Forma*, Serie II, Hª Antigua, t. 6, pp. 221-296.

CHAVARRIA, A.; ARCE, J.; BROGIOLO, G.P. (eds.) (2006): "Villas Tardoantiguas en el Mediterráneo Occidental", *Anejos de AEspA* XXXXIX, Madrid.

FERNÁNDEZ CASTRO, M.C. (1982): *Villas romanas en España*. Madrid, Ministerio de Cultura.
RINCÓN ZAMORANO, M.: "Visualización de datos en Humanidades Digitales", *Introducción a las Humanidades Digitales*, Madrid Summer-School, UNED, junio de 2014.
SALAZAR ARGONZA, J.: "Estado actual de la Web 3.0 o Web Semántica", *Revista Unam.mx., Revista Digital Universitaria.*, Vol. 12, nº 11, 1 de Noviembre de 2011. Disponible en: http://www.revista.unam.mx/vol.12/num11/art108/ [Consultado el 01/06/2014].
Proyecto Ariadne. [Consultado el 10/01/2015].
http://www.ariadne-infrastructure.eu/
Proyecto Iconclass. [Consultado el 10/01/2015].
http://www.iconclass.nl/home
Proyecto Geonames. [Consultado el 10/01/2015].
http://www.geonames.org/
Proyecto Getty. [Consultado el 10/01/2015].
http://www.getty.edu/research/tools/vocabularies/aat/
Proyecto Pelagios. [Consultado el 10/01/2015].
http://pelagios-project.blogspot.com.es/
Proyecto Perseus [Consultado el 10/01/2015].
http://www.perseus.tufts.edu/hopper/

[1] http://www.iconclass.nl/home
[2] http://www.getty.edu/research/tools/vocabularies/aat/
[3] http://pelagios-project.blogspot.com.es/
[4] http://www.ariadne-infrastructure.eu/
[5] http://www.perseus.tufts.edu/hopper/
[6] http://www.geonames.org/
[7] http://pelagios-project.blogspot.com.es/

Inscripciones antiguas con un poco de informática - El consorcio EAGLE e Hispania Epigraphica Online

JOAQUÍN LUIS GÓMEZ PANTOJA

gomez.pantoja@uah.es

Universidad de Alcalá

FERNÁNDEZ SALGUERO

Universidad de Alcalá

SILVIA ORLANDI

silvia.orlandi@uniroma1.it

Sapienza - Università di Roma

MIGUÉL ÁNGEL SICILIA URBÁN

msicilia@uah.es

Universidad de Alcalá

DONATO FASOLINI

donato.fasolini@gmail.com

EYDEL RIBERO RUÍZ

eydel.rivero@uah.es

Universidad de Alcalá

Introducción:

En el Mediterráneo y su periferia, los más antiguos documentos conservados son los incisos o epígrafes. Esto no quiere decir que fueran sinónimos escritura y grabado, sino que —exceptuando los papiros egipcios— solo han sobrevivido los textos grabados sobre soportes duros. Por lo tanto, las inscripciones son las únicas reliquias de lenguas y signarios desaparecidos y los testimonios más antiguos del mundo Clásico, que es justamente considerado el fundamento de la cultura occidental. No es de extrañar, pues, que desde hace siglos, exista un gran afán por coleccionar y estudiar los epígrafes, quizá porque, además de textos, son también objetos, en ocasiones incluso obras de arte. Sin embargo, el aprovechamiento científico de esos monumentos requiere de un considerable esfuerzo de catalogación e indexación, que ha ido realizándose al ritmo marcado por los avances técnicos, desde la correspondencia erudita a la tipografía.

El panel que se propone versa precisamente sobre varias proyectos de digitalización epigráfica actualmente vigentes. Primero EAGLE (*Europeana network of Ancient Greek and Latin Epigraphy*), una *best-practice network* co-financiada por el programa de apoyo a las TICS de la

Comisión Europea. EAGLE está recogiendo en una única base de datos más de un millón y medio de objetos digitales relacionados con la epigrafía antigua y procedentes de 25 países de la Unión Europea: el resultado será facilitar el acceso a la gran mayoría de las inscripciones conocidas del mundo Clásico, complementada con otros datos esenciales como dimensiones, descripción, procedencia y, en su caso, lugar de conservación, además de la traducción de documentos selectos a la principales lenguas modernas.

Por otra parte, la investigación epigráfica se ha desarrollado extraordinariamente en España y Portugal en las últimas décadas, lo que hizo necesario contar con un modo de difusión de los nuevos hallazgos que fuera rápido y económico. Surgió así Hispania Epigraphica Online, que comenzó funcionar en red en 2005 y que ahora es uno de los consorciados de EAGLE.

Miembros del panel:

Prof. Dr. Silvia Orlandi, Dip. di Scienze dell'Antichità, Università di Roma _La Sapienza_, silvia.orlandi@uniroma1.it, https://uniroma1.academia.edu/SilviaOrlandi.

Prof. Dr. Miguel Sicilia Urbán, Dpto de Computación, Universidad de Alcalá, msicilia@uah.es, https://portal.uah.es/portal/page/portal/epd2_profesores/prof123194.

Prof. Dr. Joaquín L. Gómez-Pantoja, Dpto de Historia y Filosofía, Universidad de Alcalá, gomez.pantoja@uah.es, https://uah.academia.edu/JoaquínLGómezPantoja.

Dr. Donato Fasolini, Investigador del proyecto EAGLE, Universidad de Alcalá, donato.fasolini@gmail.com, https://uah.academia.edu/DonatoFasolini.

Sr. Eydel Rivero, Investigador del proyecto EAGLE, Universidad de Alcalá, eydel.rivero@uah.es, https://uah.academia.edu/EydelRiveroRuíz.

Contenido del panel:

S. Orlandi, "El proyecto EAGLE (*Europeana network of Ancient Greek and Latin Epigraphy*): descripción del consorcio, propósitos, desarrollo de la empresa y los retos que supone armonizar contenidos procedentes de fuentes similares pero con marcadas diferencias locales para volcarlas en dos repositorios digitales, Europeana y Wikimedia Commons.

J.L. Gómez-Pantoja, "Hispania Epigraphica Online. Diez años de Epigrafía digital": Examen de la experiencia hispana y reflexiones sobre cómo epigrafistas, museos, sitios arqueológicos, coleccionistas privados y el público culto en general pueden cooperar en beneficio propio y además, fomentar el conocimiento del pasado.

M.A. Sicilia, "Etiquetando cuerpo y alma": Debido a la ya notada dualidad de las inscripciones —monumentos y textos— son diversos los puntos de vista con las que se utilizan. Los epigrafistas, por ejemplo, priman el aspecto filológico y textual; los arqueólogos atienden más al soporte, su contexto y los materiales que pueden aparecer asociados a él; y los conservadores de museos y colecciones se interesan especialmente por la procedencia del monumento y su historia como objeto de curiosidad y coleccionista. Desde el punto de vista de computación, el reto es establecer un esquema de metadatos que de relevancia conjunta al soporte, a su relación con la epígrafe, al contexto en que ambos se colocaron y a la historia de su descubrimiento y transmisión.

E. Rivero, “Un esquema normativo para Epigrafía:TEI-Epidoc”: Análisis de la fortalezas y defectos de dos bien conocidos esquemas, CIDOC-CRM y TEI y las razones de la adopción de una versión de TEI específica para la epigrafía, Epidoc. Además se tratará de otras tareas de normalización como los vocabularios controlados, un nomenclator geográfico y un procedimiento para identificar falsos duplicados y partes de un mismo documento que pueden haber terminado en distintas colecciones.

D. Fasolini, “Inscripciones para todos”. Una presentación de otras iniciativas de EAGLE que exploran cómo las herramientas digitales mejoran los datos disponibles, favorecen la difusión del conocimiento y crean contenido que es válido tanto para el investigador como para el estudiante o el público en general. Entre esa incoativas está la cooperación con Wikipedia Commons en lo relativo a recursos gráficos y traducción de epígrafes notables; el desarrollo de diversas aplicaciones para móviles, que facilitan la identificación de epígrafes o que ofrecen a los museos y colecciones información interactiva sobre sus fondos.

Audiencia del panel:

Personal interesado en arquitectura de metadatos, en conservación de colecciones y museos, desarrolladores de aplicaciones para móviles, investigadores universitarios, archiveros, estudiantes, profesionales de la gestión, la valoración del patrimonio cultural y en su preservación digital, etc.

Maximising (Re)Usability of Library metadata using Linked Data.

ASUNCIÓN GÓMEZ PÉREZ

asun@fi.upm.es

Universidad Politécnica de Madrid

Linked Data (LD) and related technologies are providing the means to connect high volumes of disconnected data at Web-scale and producing a huge global knowledge graph. The key benefits of applying LD principles to datasets are i) better modelling of datasets as directed labelled graphs, ii) structural interoperability of heterogeneous resources, iii) federation of resources from different sources and at different layers inlcuding language annotation, iv) a strong ecosystem of tools based on RDF and SPARQL, v) improved conceptual interoperability due to strong semantic models such as OWL and shared semantics due to linking and vi) dynamic evolution of resources on the web.

In this talk, I will explore challenges related with the (Re)Usability of library linked metadata in the field of cultural heritage and for other purposes. I will argue that for maximizing (re)use of library linked metadata it is crucial to represent core aspects related with Linguistic, Provenance, License, and Dataset metadata. A proper representation of these features using W3C standards and the use of W3C best practices and guidelinesfor multilingual Linked Open Data: (i) produce better library linked metadata that could be used later on for diagnosing and repairing other external resources; (ii) facilitate rights management, and consequently the access and reuse of metadata and data delivered under different license schema; (iii) enable navigation across datasets in different languages thanks to the exploitation of links across multilingual data; (iv) help data providers and data consumers to go a step further when cataloguing, searching and building cross-lingual applications that use open library linked metadata; (v) increase exploitation when library linked metadata will be used with licensed (open or closed) linked data in other domains. I will also present approaches that use datos.bne.es library linked metadata with geographical information to produce new insights and innovation.

Teaching Conceptual Modelling in Humanities and Social Sciences

CESAR GONZALEZ-PEREZ

cesar.gonzalez-perez@incipit.csic.es

CSIC

PATRICIA MARTÍN-RODILLA

patricia.martin-rodilla@incipit.csic.es

CSIC

Motivation and Context:

Over the years, at Incipit CSIC we have observed that archaeologists, historians, anthropologists, architects and other specialists working on cultural heritage often develop complex information models about the reality they study [2, 3]. However, these models are usually highly informal and expressed in natural language or very loose formalisms; it is the case of e.g. Harris matrices [7] in archaeology or lexical thesauri in most branches of the digital humanities. Simple modelling needs may be satisfied by approaches like these, but the ever increasing challenges of today's interdisciplinary research projects and large-scale collaborations often mean that very complex fragments of reality are to be modelled; in these situations, humanities and social science specialists need to collect, transform and manage information of such a complexity that more advanced technologies are necessary. Conceptual modelling has been used in software engineering and related disciplines to develop models of highly complex portions of reality with great success [12], even in the particular domain of cultural heritage [1, 6].

Developing a conceptual model helps us understand the portion of reality we are dealing with by removing the unnecessary detail and allowing us to focus on what is relevant at each moment. Thus, we can explore complex realities more easily through simpler and more manageable models. In addition, conceptual modelling helps us communicate our understating of a portion of reality, especially when people of different disciplines and backgrounds are involved, by creating a common shared ontological space where meaningful discussion can take place. Unfortunately, conceptual modelling has been historically appropriated by software engineers, despite the fact that the connection between the two is more accidental than essential. We believe that any humanities or social sciences professional should be capable of creating their own conceptual models if given a good enough modelling language and the necessary training, and with this premise in mind we developed the ConML [8] conceptual modelling language.

ConML was designed to be affordable to non-experts in information technologies, and to specifically address modelling needs that are rarely considered in natural sciences but are however crucial in the humanities and social sciences, such as subjectivity, temporality or vagueness [4]. Also, ConML is oriented towards the creation of people-oriented conceptual models rather than computer-oriented implementation models like other languages such as UML [10]. ConML has been used extensively inside Incipit CSIC; for example, to design the Cultural Heritage Abstract Reference Model (CHARM) [5, 9], and is starting to be used by external independent parties as well [11]. The following sections describe our experiences using ConML as an infrastructure to teach conceptual modelling to humanities and social sciences specialists.

Teaching Approach:

Given the success that we observed in our internal use of ConML, we soon decided to teach others to use it, and in 2010 started designing an education programme on conceptual modelling and cultural heritage through CSIC's Postgraduate School. The underpinning hypothesis was that it is possible for humanities and social science specialists with no previous exposure to software or knowledge technologies to acquire operational skills in conceptual modelling in just one week.

The first course took place in Santiago de Compostela (Spain) in May 2011 over 5 days, taking 30 hours of contact teaching to cover basic object-oriented modelling aspects such as the concepts of object, class, attribute, association and generalisation, as well as more advanced topics such as the modelling of vagueness, modularity and model refactoring. This course was targeted to cultural heritage specialists with no previous knowledge of information technologies, and gathered 19 students with backgrounds in architecture, geography and archaeology. A similar course took place in 2012. Also in 2012, slightly customised versions of the course were taught in Vitoria-Gasteiz (Spain) and Olavarría (Argentina). In 2014 and 2015, the course was taught as part of a Master's degree in Archaeology in collaboration with the University of Santiago de Compostela. Additional contents were introduced in newer editions of the course, such as modelling patterns, modelling process, or temporality and subjectivity modelling. The following table summarises the course editions so far.

Edition	Place	Dates	Number of students
1	Santiago de Compostela, Spain	May 2011	19
2	Santiago de Compostela, Spain	April 2012	10
3	Vitoria-Gasteiz, Spain	June 2012	12
4	Olavarría, Argentina	August 2012	9
5	Santiago de Compostela, Spain	February-April 2014	8
6	Santiago de Compostela, Spain	February-April 2015	10
Total			**68**

The following section describes this as well as other results obtained.

Outcomes:

For every course edition, students were evaluated through participation, a mini-project they developed during the course, and a final quiz, usually weighing 10/35/55 respectively. Scores were given on a scale from 0 to 10, with the pass at 5. The following table shows the minimum, average and maximum scores achieved by students for each course edition.

Edition	Minimum	Average	Maximum
1	4	6,6	9
2	5	7,1	9
3	5	7,9	10
4	6	7,0	8
5	5	7,3	10
6	6	7,3	8
Overall	**4**	**7,1**	**10**

In addition, on the last day of every course, an evaluation questionnaire was distributed to students so feedback about the course could be obtained. The questions included were as follows:

1. Contents are interesting
2. Contents have a high academic standard
3. Explanations are clear and sufficient
4. Communication from teachers is good
5. Visual support (whiteboard, projection) is properly used
6. The pace of the course is suitable
7. The duration of classes and breaks is adequate
8. Theory is adequately illustrated by examples and applications
9. The exercises are appropriate to understand the theory and acquire the target skills
10. The exercises are adequate in number and difficulty level
11. Teachers provide good orientation, guidance and supervision
12. Assessment mechanisms are appropriate and fair
13. The course is about what I expected

Students were asked to mark on a 4-point Likert scale whether they strongly agreed (4), agreed (3), disagreed (2) or strongly disagreed (1) with each question. The following table shows the minimum, average and maximum scores for each question across course editions.

Question	Minimum	Average	Maximum
1	2	3,5	4
2	2	3,5	4
3	2	3,5	4
4	1	3,7	4
5	2	3,5	4
6	2	3,4	4
7	2	3,2	4
8	2	3,3	4
9	2	3,3	4
10	2	3,4	4
11	1	3,4	4
12	2	3,2	4
13	1	2,7	4

Finally, a call is made to students on the last day of the course to keep us informed if they apply the skills they have acquired during the course to their projects or future work. So far, we have collected evidence of 6 students doing this out of 68 (8.8%).

Discussion and Conclusion:

Academic results over the six editions of the course show that, in general, students successfully acquire the intended modelling skills. Only 1 student out of 68 (1.5%) ever failed the course, average scores are stable above 7, and most editions yield students hitting top scores of or above 9. This clearly supports the hypothesis that, in fact, it is possible for humanities and social science specialists with no previous exposure to software or knowledge technologies to acquire operational skills in conceptual modelling in just one week.

In addition, the course seems to be very well received by students, who systematically evaluate it above 3 (agree) for all questions, with the exception of question 13 "The course is about what I expected". It is indeed difficult to adequately convey what the course is about to potential students, given the large disciplinary differences between their backgrounds and the contents of the course. This is an area on which we are working towards future editions of the course.

Another area of improvement is that of the actual incorporation of the acquired skills to the repertoire of practices that are deployed by cultural heritage professionals at work. We trust that the course "helps to organise your own mind" when dealing with information, as one student put it on the feedback questionnaire, and this alone is of great value. However, specific tools and techniques are needed to facilitate adoption and productive application, not only for the sake of individuals, but also for the benefit of work groups and interdisciplinary teams that are becoming more and more prevalent in the digital humanities.

References:

[1] CIDOC, 2011. The CIDOC Conceptual Reference Model (web site). Accessed on 26 November 2012. http://www.cidoc-crm.org/

[2] Gonzalez-Perez, C., 2002. Sistemas de Información para Arqueología: Teoría, Metodología y Tecnologías. BAR International Series. Vol. 1015. Oxford (UK). Archaeopress.

[3] Gonzalez-Perez, C., 2012. A Conceptual Modelling Language for the Humanities and Social Sciences, in Sixth International Conference on Research Challenges in Information Science (RCIS 2012), C. Rolland, J. Castro, and O. Pastor, (eds.). IEEE Computer Society. Valencia (Spain). 396-401.

[4] Gonzalez-Perez, C., 2013. Modelling Temporality and Subjectivity in ConML, in 7th IEEE International Conference on Research Challenges in Information Science (RCIS 2013), R. Wieringa and S. Nurcan (eds.). IEEE Computer Society. Paris (France).

[5] Gonzalez-Perez, C., P. Martín-Rodilla, C. Parcero-Oubiña, P. Fábrega-Álvarez, and A. Güimil-Fariña, 2012. Extending an Abstract Reference Model for Transdisciplinary Work in Cultural Heritage. In 6th Metadata and Semantics Research Conference (MTSR 2012). Metadata and Semantics Research. Springer. Cádiz (Spain). 190-201.

[6] Gonzalez-Perez, C. and C. Parcero Oubiña, 2011. A Conceptual Model for Cultural Heritage Definition and Motivation, in Revive the Past: Proceeding of the 39th Conference on Computer Applications and Quantitative Methods in Archaeology, M. Zhou, et al., (eds.). Amsterdam University Press. Beijing (China). 234-244.

[7] Harris, E.C., M.R. Brown III, and G.J. Brown, 1993. Practices of Archaeological Stratigraphy. London. Academic Press.

[8] Incipit, 2013. ConML Technical Specification, version 1.4. ConML 1.4.

[9] Incipit, 2013. CHARM White Paper, version 1.0.3. Incipit, CSIC. http://www.charminfo.org/Resources/Technical.aspx

[10] OMG, 2006. Unified Modelling Language Specification: Infrastructure, version 2. formal/05-07-05.

[11] Parthenios, P., 2012. Using ConML to Visualize the Main Historical Monuments of Crete, in Computer Applications and Quantitative Methods in Archaeology (CAA) 2012. Southampton, UK.

[12] Pastor, O. and J.C. Molina, 2007. OO-Method: Conceptual Model-Based Automated Software Production. Springer-Verlag.

Desarrollo de software de etiquetado y alineación textual: TRACE Corpus Tagger / Aligner 1.0©

CAMINO GUTIÉRREZ LANZA

mcgutl@unileon.es

Universidad de León

ELENA BANDÍN FUERTES

ebanf@unileon.es

Universidad de León

SERGIO LOBEJÓN SANTOS

JOSÉ ENRIQUE GARCÍA GONZÁLEZ

jegarcia@us.es

Universidad de Sevilla

Esta propuesta de comunicación presenta un trabajo desarrollado en el Proyecto de Investigación (REF FFI2012-39012-C04-03) de la Universidad de León titulado "Traducción inglés-español y censura en España (TRACE 1939-1985): cadenas textuales y contexto cultural", dirigido por la Dra. Camino Gutiérrez Lanza.

El equipo de investigación TRACE analiza la traducción y censura de diversos tipos textuales (narrativa, poesía, teatro, cine y televisión) importados en nuestro país desde 1939 hasta 1985, año en que se produjo el cese definitivo de los mecanismos burocráticos de censura heredados de la etapa franquista. Al contemplar los hechos de traducción desde una perspectiva histórica, el campo de acción del equipo TRACE se sitúa en un punto intermedio entre el estudio de los propios textos y el de los datos contextuales que rodean su producción y recepción. Además de la realización de análisis (con)textuales, uno de los principales objetivos del proyecto es el desarrollo de herramientas que faciliten la realización de dichos análisis. Para dar respuesta a estas necesidades, el equipo de trabajo se ha configurado desde una perspectiva interdisciplinar, integrando en el núcleo inicial de investigadores en filología y traducción a otros miembros del ámbito de la documentación, las humanidades digitales y la informática.

La metodología utilizada en el análisis de la traducción y censura de los diversos tipos textuales es la propia de los Estudios Descriptivos de Traducción basados en catálogos y en corpus. En primer lugar, se ha realizado una exhaustiva recopilación y catalogación de datos sobre los textos originales en inglés, sus traducciones al español y su censura y recepción durante la época objeto de estudio. Toda esta información (unos 30000 registros) se ha recogido en forma de diferentes catálogos informatizados para cada tipo textual, que en la actualidad están en proceso de fusión en la Base de Datos TRACE-ULE. La realización de diversos estudios preliminares sobre los datos catalogados justifica la identificación de grupos homogéneos de textos y la selección de ciertos textos representativos de cada grupo, que constituyen el corpus de originales y traducciones objeto de estudio.

Aunque en un principio los análisis textuales descriptivo-comparativos de las traducciones con sus respectivos originales se realizaron de forma manual, para facilitar tanto la construcción del corpus como la realización de dichos análisis, se ha desarrollado el programa de ordenador (PO) denominado TRACE Corpus Tagger/Aligner 1.0©. En esta comunicación describiremos su diseño y desarrollo, presentaremos su interfaz y haremos una demostración de su funcionamiento.

El TRACE Corpus Tagger / Aligner 1.0© ha sido desarrollado para el etiquetado y alineamiento de pares de textos de narrativa, poesía y dramáticos/audiovisuales (teatro, cine y televisión). El soporte de software de usuario final es una aplicación java, que puede ejecutarse en cualquier máquina virtual Java (JVM) independientemente del sistema operativo y de la arquitectura de la computadora subyacente.

El PO consta de tres bloques fundamentales: etiquetador, alineador y herramienta de análisis y exportación de resultados. Es una aplicación de escritorio basada en la metodología del TEI (Text Encoding Initiative) y diseñada para el etiquetado automático de los diferentes tipos textuales mencionados, almacenados en formato digital. Una vez preparados los textos para que su formato sea reconocido por el etiquetador, se cargan los archivos .txt en la aplicación y, de manera automática, obtenemos como resultado un archivo .xml. El etiquetador realiza un marcado estructural de los textos que permite hacer búsquedas basadas en la estructura de los documentos y su posterior alineación, teniendo en cuenta las etiquetas utilizadas (<s>, <p>, <sp>, <stage>, <speaker>, etc.) y los fragmentos textuales identificados. Así, los archivos .xml de los pares textuales se cargan en el alineador y de forma automática aparecen los textos alineados. No obstante, el investigador puede modificar el resultado obtenido por medio de diferentes opciones: unir o separar las unidades alineadas e insertar unidades en blanco. Una vez concluido el proceso se puede o bien guardar el trabajo realizado en un archivo .tmx, o generar un archivo .html que muestre el resultado de la alineación.

El TRACE Corpus Tagger / Aligner 1.0© se ha diseñado teniendo en cuenta los distintos tipos textuales con los que trabajan los investigadores y permite, a diferencia de otros productos, tomar como unidad de alineación el párrafo o la oración en el caso de textos narrativos, o la réplica, en el caso de textos audiovisuales y teatrales, y permite aislar los fragmentos de diálogo de los puramente descriptivos en los textos narrativos o de las acotaciones en los textos audiovisuales y dramáticos, lo que facilita el estudio comparativo de los fenómenos de traducción que nos interesa analizar. Dadas las características del programa, que opera gracias a la identificación de unidades de tipo estructural, una de sus principales ventajas es que se puede utilizar para el etiquetado y la alineación de pares de textos en la misma lengua o en diversas combinaciones de lenguas y en cualquier dirección (por ejemplo, español>inglés, inglés>español o español>español). Por lo tanto, aunque su principal utilidad hasta la fecha ha sido la investigación de la traducción y censura para la combinación inglés-español de los tipos textuales que hemos comentado, también se puede utilizar para la realización de otros estudios de corte descriptivo y/o para diferentes combinaciones de lenguas.

Consideramos, por todo ello, relevante la presentación de esta nueva herramienta tecnológica a la comunidad científica en el marco del II Congreso Internacional de la asociación Humanidades Digitales Hispánicas.

Espectadores españoles: Las ediciones digitales como puerta de acceso a la literatura del siglo XVIII

ELISABETH HOBISCH

elisabeth.hobisch@edu.uni-graz.at

Universität Graz

Desde el año 2005 se desarrolla en la Universidad de Graz un proyecto de digitalización de textos periodísticos europeos del siglo XVIII. Hasta el momento se ha conseguido editar un considerable número de periódicos españoles –22 periódicos y más de 300 entregas individuales–, mientras que las ediciones correspondientes a los textos franceses e italianos aún se encuentran en proceso.

Los periódicos de tipo espectatorial se han desarrollado a partir del prototipo inglés *The Spectator*, publicado a inicios del siglo XVIII. El gran éxito que este modelo consiguió en el público lector inglés estimuló a autores franceses a imitar el texto y a publicar una obra que, relacionando el formato periodístico con formas literarias, pretendía llevar a cabo una reforma social en lugar de enfocarse en la actualidad cotidiana.

La finalidad de estos textos, que proporcionaban una lectura a la vez entretenida y útil, radicaba en la divulgación del ideario ilustrado. Hacia mediados del siglo XVIII, apoyados por Carlos III y sobre la base de un conocimiento de las imitaciones del modelo en Francia y del contexto cultural de este país, los primeros autores españoles adoptaron la forma espectatorial y crearon así los espectadores españoles, entre los cuales destacaron *El Pensador* y *El Censor*.

Durante su época estos textos provocaron una verdadera revolución medial. Los espectadores constituían textos de fácil acceso –tanto desde el punto de vista del estilo como del precio–, entretenidos e instructivos, en los cuales a través de microrrelatos (tales como fábulas, sátiras, ejemplos ilustrativos o sueños) se comunicaban lecciones morales a un público lector bastante amplio.

Cada periódico disponía de un autor ficticio –que representaba tanto un personaje unificador de la obra como una máscara para los autores que optaban por el anonimato–, el cual se distinguía por una capacidad extraordinaria anunciada en el título de la obra (tal como el 'Pensador', el 'Censor', el 'Observador' o el 'Duende'). Por otra parte, mientras el *Spectator* inglés se publicaba a diario, los periódicos en los países de lenguas romances privilegiaron un ritmo semanal o bisemanal, el cual levemente modificó no tan sólo la estructura y extensión de las entregas, sino que también la forma de comunicación entre el autor del periódico y su público lector.

En lo que concierne a los espectadores españoles, éstos se sirvieron de una estrategia discursiva nueva para la época: establecieron correspondencia con su público, es decir, publicaron las cartas que les eran enviadas. Si bien, de acuerdo con las investigaciones actuales, la mayor parte de esta correspondencia es ficticia o ha sido redactada por el autor del periódico, a través de este recurso los espectadores consiguieron una comunicación a un mismo nivel con el público, causando así la impresión de un entretenimiento mutuo entre instancias del mismo rango que intentan instruirse y perfeccionar su comportamiento en conformidad con los ideales de la Ilustración. Como consecuencia natural, se puede suponer que precisamente esta cercanía al público hacía la lectura más amena y, al mismo tiempo, facilitaba al autor convencerlo de sus principios e ideas.

Durante mucho tiempo los espectadores fueron descuidados por la investigación literaria. Sin embargo, en la actualidad existe un consenso entre los estudiosos acerca del importante rol que estos textos desempeñaron en el desarrollo de la novela epistolar y de la novela realista. Como se mencionó, los periódicos fueron redactados en un estilo fácilmente comprensible, y además no discutían temas abstractos, sino asuntos de la vida cotidiana, tales como el comportamiento correcto en el comercio, los conflictos familiares, la moda o la educación adecuada de los hijos.

Por consiguiente, los segmentos sociales tendencialmente excluidos de la literatura –entendida ésta en su forma tradicional– también pudieron acceder a estos periódicos, los que les proporcionaron experiencia de lectura. Tanto las personas de estratos socioeconómicos más bajos (o aquéllas con menor instrucción) así como las mujeres se constituían por primera vez en los destinatarios de publicaciones periódicas de calidad literaria. De esta manera, los espectadores contribuyeron en considerable medida a la formación de nuevas capas de lectores y de posibles destinatarios no sólo de la literatura del siglo XIX, sino sobre todo de las novelas. Desafortunadamente hoy en día la investigación dispone de un reducido número de ediciones de las colecciones completas –elaboradas, por lo demás, en las décadas posteriores a la publicación de las obras– debido al carácter efímero de estos periódicos dieciochescos, cuya consecuencia es el difícil acceso al material.

Los aspectos de mayor interés para la investigación actual son, en primer lugar, la transferencia cultural que se lleva a cabo a través de la imitación de los modelos ingleses en toda Europa, y, en segundo lugar, la compleja estructura narrativa de la que se sirven los autores para transmitir su mensaje moral. Esta estructura se despliega en diferentes niveles de ficción que comprenden desde la autoría ficticia hasta los sueños alegóricos comunicados por los lectores en el marco de la correspondencia con el editor.

Una presentación coherente e instructiva de estos contenidos no es tarea fácil para la investigación literaria tradicional, contexto en el cual las humanidades digitales y la edición digital ofrecen nuevas posibilidades. En colaboración con el ACDH (Austrian Center for Digital Humanities) se ha desarrollado un repositorio digital basado en el content model FEDORA (Flexible Extensible Digital Object Repository Architecture), que garantiza una forma de presentación del material editado duradera y abierta a nuevas informaciones, tanto desde el punto de vista del tipo de medios como de la cantidad de datos. (Véase http://gams.uni-graz.at/context:mws/sdef:Context/get?mode=&locale=es)

En este repositorio son de gran interés los dos niveles textuales: el nivel formal, que se debe aproximar en la mayor medida posible al formato del texto original, y el nivel del contenido, es decir, los niveles de ficción y las diversas formas narrativas incluidas en el texto. Obviamente en ocasiones los niveles narrativos exceden las limitaciones formales como párrafos o paginación original, de lo cual, en un sistema jerárquico como TEI, surgen conflictos. Además, el procesamiento de los textos en un sistema como éste facilita la búsqueda de microrrelatos interrelacionados y de imitaciones del modelo inglés *The Spectator* que se tradujeron a otros idiomas.

En la presente comunicación se darán a conocer los aspectos prácticos del trabajo que en la actualidad se lleva a cabo en el proyecto de la Universidad de Graz y las ventajas que representan para la investigación literaria las ediciones digitales de los *spectators* en lenguas romances.

Archives, morphological analysis, & XML encoding: interdisciplinary methods in the creation of a digital text explorer for Colonial Zapotec manuscripts

BROOK DANIELLE LILLEHAUGEN

blilleha@haverford.edu

Haverford College

GEORGE AARON BROADWELL

g.broadwell@albany.edu

University al Albany

MICHEL R. OUDIJK

mroudyk@hotmail.com

LAURIE ALLEN

lallen@haverford.edu

Haverford College

ENRIQUE VALDIVIA

valdiven@umich.edu

University of Michigan

Zapotec is a language family indigenous to southern Mexico. Today, there are over 50 different Zapotec languages, most endangered, spoken primarily in the state of Oaxaca, Mexico, by a total of approximately 425,000 (INEGI 2010) people within a much larger Zapotec ethnic community. The Zapotec language family is on par with the Romance language family in terms of time depth and diversity of member languages. The Zapotecs are one of the major civilizations of Mesoamerica with cultural traditions going back to 500 B.C. and distinct from the better known Nahua (Aztec) and Maya.

With the arrival of the Spanish in 1519, the colonial period began. Alphabetic writing was introduced and quickly adopted by indigenous peoples. Zapotec has one of the longest records of alphabetic written documents for any indigenous language of the Americas. Over 900 documents written in Zapotec by native scribes have been identified, the earliest from 1565 (Oudijk 2008a: 230). There is an extensive dictionary (Cordova 1578b), grammar (Cordova 1578a), doctrine (Feria 1567), and hundreds of handwritten administrative documents, such as wills and bills of sale. Apart from the work of a small handful of ethnohistorians (e.g. Oudijk 2008b, Tavárez 2010, Schrader-Kniffki & Yannakakis 2014), archaeologists (Marcus & Flannery 1994, Zulauf 2013) and linguists (Smith Stark 2003,Rojas Torres 2009), these indigenous Zapotec writings have been largely ignored.

Reading and translating these documents is extremely difficult. The language in these documents is significantly different from modern Zapotec languages. The orthography of such texts is very inconsistent and there is no fully adequate Zapotec-Spanish or Zapotec-English dictionary for the Colonial varieties of the language (Broadwell and Lillehaugen 2013). The syntax and grammar of these documents is also different from that of modern Zapotec languages. Thus potential users of such documents cannot read them without extensive training. The specialized knowledge required to read these Zapotec documents is not currently available in any centralized source, print or otherwise.

To address this problem, we have developed a digital text explorer, Ticha (ticha.haverford.edu). This project takes advantage of modern, digital modes of publication to make Colonial Zapotec texts accessible to members of the Zapotec community, the general public, and scholars. Behind the scenes, it utilizes TEI and XML digital encoding practices, combining extant tools in novel ways.

In this talk we describe the Ticha interface and the interdisciplinary and international collaboration involved in the creation and expansion of this digital resource. The project relies on expertise in diverse but overlapping disciplines, including linguistics, ethnohistory, philology, and digital scholarship. Moreover, as the usership of the site is diverse in terms of language and education level, we also consider how to communicate understanding that results from detailed technical analysis to a lay audience-- and, moreover, how to do so in a multilingual platform.

The Ticha interface relies on methodological innovations in combining the encoding from two commonly used standards that are not currently being used in connected ways: the widely used TEI and the XML exported from Fieldworks Language Explorer (FLEx, http://fieldworks.sil.org/flex/), a database used by linguists that connects a lexicon with morphologically analyzed texts. TEI and FLEx independently allow for the encoding and tagging of data on many structural and semantic levels. However, each is also facilitates certain types of data analysis and, therefore, ways of searching and navigating patterns in the data and the diverse layers of information in these documents. For example, marking GPS coordinates of landmarks mentioned in the text and providing historical context for covert references to indigenous culture are easier done in the TEI, while representing the morphological complexity of verb forms is better done in FLEx. While there are a handful of other projects utilizing TEI for detailed linguistic analysis, we are unaware of any other project that seeks to connect these two commonly used standards.

The resulting digital edition presents the Colonial Zapotec texts in multiple connected layers: images of manuscripts are connected with transcriptions, translations, detailed morphological analysis, and cultural and historical notes. The materials themselves contribute to larger global conversations of indigeneity, post-colonialism, and academic responsibility to make findings accessible to the stakeholding communities.

Works Cited:

Broadwell, George Aaron & Brook Danielle Lillehaugen. 2013. Building an electronic database for Colonial Valley Zapotec. Presented at the first International Conference on Mesoamerican Linguistics, Fullerton.

de Córdova, Fr. Juan. 1578a. Arte del idioma zapoteco. Mexico: En casa de Pedro Balli.

de Córdova, Fr. Juan. 1987 [1578b]. Vocabulario en lengua çapoteca. México: Ediciones Toledo (INAH).

de Feria, Pedro. 1567. Doctrina christiana en lengua castellana y çapoteca. Mexico City: En casa de Pedro Ocharte.

INEGI. 2010. Lenguas indígenas en México y hablantes (de 5 años y más) al 2010 http://cuentame.inegi.org.mx/hipertexto/todas_lenguas.htm.

Marcus, Joyce & Kent V. Flannery. 1994. Ancient Zapotec ritual and religion: an application of the direct historical approach. The ancient mind: Elements of cognitive archaeology, ed. by Colin Renfrew and Ezra B. W. Zubrow, 57-58. Cambridge: Cambridge University Press.

Oudijk, Michel R. 2008a. El texto más antiguo en zapoteca. Tlalocan 15.227-40. México, D.F.: UNAM.

Oudijk, Michel. 2008b. Una nueva historia zapoteca. Pictografía y escritura alfabética en Oaxaca. Ed. Sebastián van

Doesburg, 89-116. Oaxaca: Instituto Estatal de Educación Pública de Oaxaca.

Rojas Torres, Rosa. 2009. La categoría 'adjetivo' en el Arte del idioma zapoteco (1578) y el Vocabulario en lengua çapoteca (1578) de Juan de Córdova. Historiographia linguistica 36.259-279.

Schrader-Kniffki, Martina & Yanna Yannakakis. 2014. Sins and crimes: Zapotec-Spanish translation in Catholic evangelization and colonial law in Oaxaca, New Spain. Missionary Linguistics V / Lingüística Misi, 161-200. Amsterdam/Philadelphia: John Benjamins Publishing Company.

Smith Stark, Thomas C. 2003. La ortografía del zapoteco en el Vocabvlario de fray Juan de Córdova. Escritura Zapoteca: 2,500 años de historia, ed. by María de los Ángeles Romero Frizzi, 173-239. México, D.F.: INAH.

Tavárez, David. 2010. Zapotec Time, Alphabetic Writing, and the Public Sphere. Ethnohistory 57(1).3-85.

Zulauf, Michelle R. 2013. Indigenous cuisine: an archaeological and linguistic study of colonial Zapotec foodways on the Isthmus of Tehuantepec. M.A. thesis, University of Massachusetts, Boston.

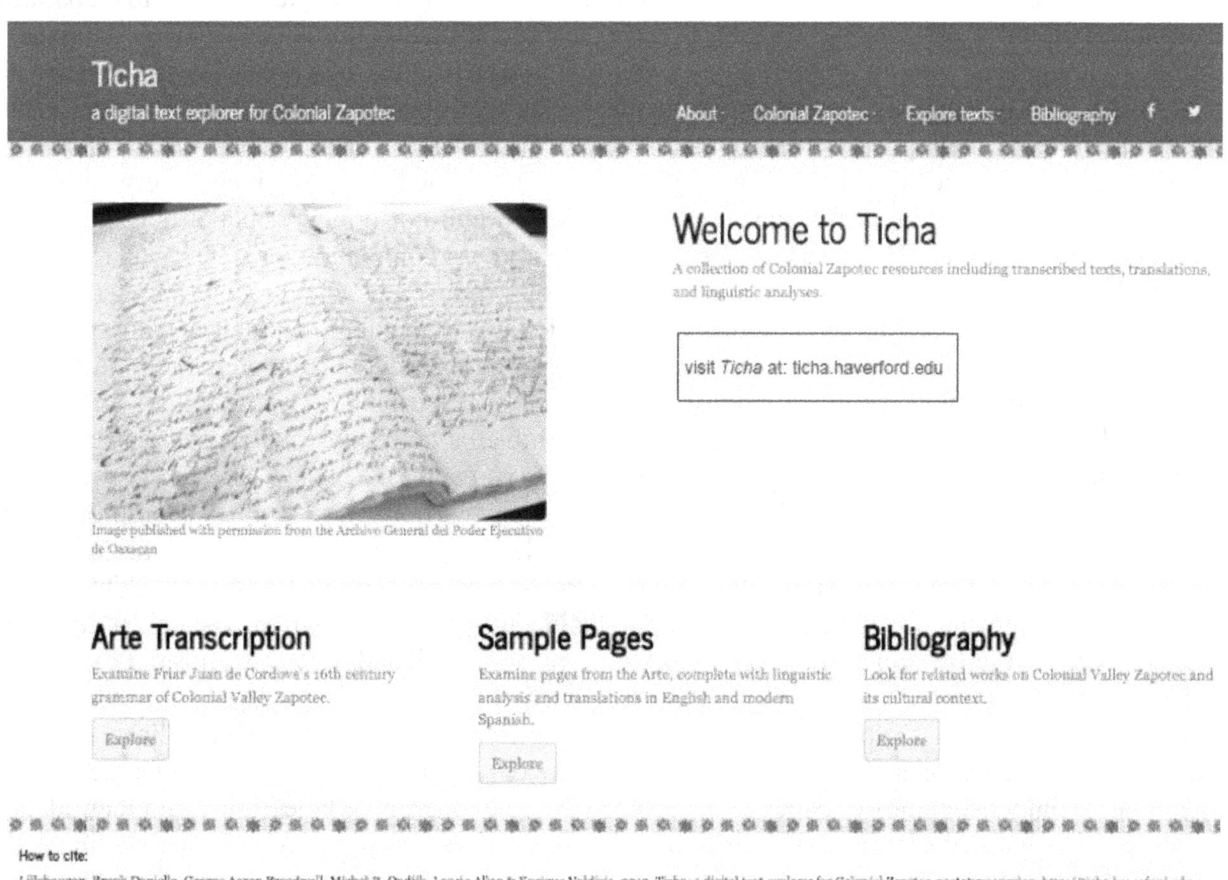
Ticha
a digital text explorer for Colonial Zapotec
About
Colonial Zapotec
Explore texts
Bibliography
Welcome to Ticha
A collection of Colonial Zapotec resources including transcribed texts, translations, and linguistic analyses.
visit Ticha at: ticha.haverford.edu
Arte Transcription
Examine Friar Juan de Cordova's 16th century grammar of Colonial Valley Zapotec.
Explore
Sample Pages
Examine pages from the Arte, complete with linguistic analysis and translations in English and modern Spanish.
Explore
Bibliography
Look for related works on Colonial Valley Zapotec and its cultural context.
Explore
How to cite:
Lillehaugen, Brook Danielle, George Aaron Broadwell, Michel R. Oudijk, Laurie Allen & Enrique Valdivia. 2013. Ticha: a digital text explorer for Colonial Zapotec, prototype version. http://ticha.haverford.edu.

Libroides: el libro que quería ser máquina digital. Remediación y fisicidad en el cuerpo del libro

ÁLVARO LLOSA SANZ

lectorespa@gmail.com

En su libro Writing Space: Computer, Hypertext, and the Remediation of Print, Jay Bolter define la remediación como una transferencia de carácter tecnológico por la que un medio absorbe las características formales de otro y remodela su espacio cultural de escritura.

Esto ocurrió, por ejemplo, con el medio impreso, que asumió el formato del códice medieval manuscrito adoptando y ampliando su sistema de paginación, párrafos e índices, y dotándolo finalmente de una reproductibilidad sin precedentes que mejoró exponencialmente la difusión del conocimiento en la Europa moderna y ayudó a definir y dar forma a la red cultural humanista en Occidente. Este proceso de remediación se da constantemente entre medios en contacto, especialmente cuando unos se perciben como medios dominantes sobre otros. Entrados en el siglo XXI, y con un debate aún de fondo sobre la función del medio digital y sus soportes de lectura, los casos de remediación son frecuentes entre medios muy diversos y, en ocasiones, sus resultados son formas pasajeras. Especialmente en la última década, debido a la expansión de los aparatos electrónicos digitales de consumo de lectura como los denominados libros electrónicos, tabletas y teléfonos inteligentes, que integran códigos escritos y audiovisuales, asistimos a la producción de ciertas máquinas híbridas de lectura experimental en las que el medio impreso y el digital están intercambiando un diálogo a veces aparatoso acerca de las formas de leer y sus posibles transformaciones o metamorfosis. Todo ello se produce mediante un juego permeable de remediaciones entre la página y la pantalla en un espacio cultural donde el papel del lector y la lectura convergen con la del espectador y su actividad sobre un contenido de carácter cada vez más multimodal, en el que imagen, texto, sonido e interacción producen el acto de lectura, entendido ya como un acto que supera el medio meramente escrito. Estamos ya ante un lectoespectador, como lo llama Vicente Luis Mora, y para ese nuevo activo consumidor cultural la convergencia de medios definida por Henry Jenkins como modelo de comunicación y distribución de contenidos en nuestra sociedad de consumo está provocando tentativas de productos culturales que se plantean desde el juego explícito con la remediación digital de lo impreso y viceversa.

Al hilo de este fenómeno, para poder analizarlo en sus transformaciones y comprender su naturaleza conflictiva, parece útil enfocarlo a través de las ideas sobre el cuerpo virtual defendido por N. Katherine Hayles en How We Became Post-Human: Virtual Bodies in Cybernetics, Literature, and Informatics, para quien se ha producido un proceso de virtualización en cómo se concibe e imagina la ligazón entre cuerpo y texto en nuestra sociedad, a la que considera ya como post humana por estar contenida más allá de su corporeidad física. Si además ligamos dicha tensión identitaria al concepto del cybor elaborado por Fernando Broncano en su La melancolía del ciborg, que nos permite reflexionar sobre la idea del medio físico y digital como artefacto elaborado en su función artificial y asumimos el papel de las prótesis sobre el cuerpo de la lectura como identidades narrativas a lo largo de la Historia, será posible repasar y repensar la naturaleza remediada de algunos libros–artefacto que integran o imitan tecnologías digitales en su cuerpo impreso dentro de un contexto más amplio de una cultura de la convergencia de medios.

Merecerá la pena repasar algunos ejemplos ilustrativos de los últimos años: en primer lugar, es interesante volver sobre el proyecto fallido de la propuesta editorial de los librinos, una colección de Ediciones B, inspirada en una idea holandesa de un editor de Biblias, que buscaba publicar largas novelas en un formato pequeño y apaisado, con lo que la página impresa par e impar se leen sin pasar de página, a manera de pantalla de ordenador o rollo antiguo. Si bien esta forma de imprimir no es un novedad absoluta, el hecho de plantearla como una colección de libros de éxito en un contexto donde leemos cada vez más apasionadamente en las pantallas, plantea al menos una reflexión acerca de las limitaciones de las remediaciones digitales e impresas que parecen haber inspirado el proyecto editorial en el año 2009 en Holanda, y en el año 2012 en España. En segundo lugar, nos encontramos con un libro–artefacto muy consciente de serlo, escrito por Jorge Carrión y publicado por vez primera en 2009, después actualizado en su formato en 2014. En su última y más depurada versión, consiste en un libro impreso en formato apaisado que se asemeja a un ordenador portátil: cada hoja superior supone ver una pantalla con el contenido que habitualmente encontramos en internet tras una búsqueda, y cada hoja inferior supone ver el teclado con el que hacemos dicha búsqueda. La remediación aquí se ofrece con una gran coherencia, en el que fondo y forma se integran a la perfección, puees la historia de la búsqueda de los orígenes de los Carrión a través de tres generaciones del narrador, la recuperación de la memoria a través de extractos de un blog, de entradas de Wikipedia, de álbumes de fotos familiares, de mapas con rutas. Si bien la interactividad remediada no funciona como lo hace un ordenador, la remediación imitada produce un diálogo creativo, abierto y conciliador sobre las formas y los formatos posibles de la narración en un universo cultural híbrido que se relaciona mucho con lo impreso como medio literario, a veces oponiéndolo a cualquier otro, pero que está acostumbrado cada vez más a comunicarse mediante los medios digitales. En tercer lugar, el repaso a un artefacto como el phonebook, que integra una pantalla dentro de un libro impreso para ampliar la experiencia de lectura con material audiovisual, demuestra cómo dos objetos con códigos diversos, el impreso y el digital, buscan una simbiosis forzada porque se convierten en prótesis el uno del otro, en un esfuerzo por dar respuesta a esa tensión social de poder e influencias que se vive entre ambos medios. En cuarto lugar, la mención a algunos ejemplos particulares del uso de códigos QR en libros impresos y su extensión a través de la realidad aumentada, nos llevará a descubrir una relación complementaria y proteica entre cada medio, en la que cada uno aporta aquello que hace mejor cuando convergen, estableciendo una dependencia mutua y flexible entre contenidos y medios para desentrañar la experiencia completa de lectura mientras esta dura. Por último, debemos considerar que el estudio de este fenómeno y de estas máquinas de lectura radica en que dichos artefactos no solo implican peculiares transformaciones formales del medio, sino que están exigiendo otras en las competencias del lector actual, muy importantes de reconocer para poder seguir analizando el fenómeno de la lectura y su nueva retórica de significados, dirigidas a un lector y a un crítico que ya no pueden reducir su mundo a un mero pasar de página.

El papel de los archivos en las Humanidades Digitales. Estado de la cuestión

ANA LÓPEZ CUADRADO

anamaria.lopez@mecd.es

Ministerio de Educación Cultura y Deporte

Las Humanidades Digitales han emergido gracias a la demanda de la sociedad de una puesta al día de todas las ciencias humanas o sociales y a la preocupación de sus profesionales de buscar salidas visuales a sus contenidos, tan denostados por el público en general.

Se necesitaba urgentemente una renovación en la forma de vender nuestros productos. Era necesario llegar al mayor público posible utilizando todos los medios que la sociedad de la información nos ofrecía. Además se necesitaba incluir en nuestras tareas y procedimientos los avances que las nuevas tecnologías nos estaban ofreciendo para aprovechar estos recursos y ofrecer más salidas y nuevas visiones a nuestras investigaciones.

Haciendo un rápido estado de la cuestión, los filólogos e historiadores, han sabido dar ese salto de forma rápida, apoyándose fundamentalmente en las bibliotecas. Pero existen campos como el de la archivística o la museología que no han sabido explotar, quizá por desconocimiento, o quizá porque los archiveros o museólogos, no han sabido ofrecer sus productos o darlos a conocer.

A través de esta ponencia se quiere exponer los trabajos que se realizan en la Subdirección de Archivos Estatales, dependiente del Ministerio de Educación Cultura y Deporte ya que creemos que puede ser de gran utilidad para todo aquel investigador que quiera acercarse a la documentación producida en nuestros territorios y recogida en nuestros Archivos Estatales.

Ya en 1992, el Archivo General de Indias digitalizó parte de su documentación dentro del programa de conmemoración del Quinto Centenario del Descubrimiento de América, algo que para aquellos años fue todo un avance tecnológico en nuestro campo. Desde entonces se ha evolucionado a diferentes gestores documentales que han ido albergando el trabajo laborioso de los archiveros y técnicos de imagen sobre la documentación custodiada en los archivos estatales, finalizando en la actualidad con el sistema de gestión documental llamado PARES, propiedad del Ministerio de Educación, Cultura y Deporte, y lo que es más importante, generado por los técnicos de dicho ministerio (con los beneficios que supone ser propietarios del software)

PARES es una herramienta que ha ido evolucionando adaptándose a las necesidades y requisitos tanto de los usuarios internos del sistema como de los ciudadanos, y de las nuevas potencialidades que nos han ido ofreciendo las nuevas tecnologías. Y en este tiene como retos caminar hacia los lenguajes semánticos y la reutilización de la información.

Además de PARES, herramienta que engloba la información referente a los archivos estatales, la Subdirección de Archivos posee otros sistemas que facilitan el conocimiento de los archivos de España e Iberoamérica. En este sentido el Censo Guía de Archivos de España e Iberoamérica es la base de datos on-line (también propiedad del Ministerio de Educación, Cultura y Deporte) que recoge toda la información relacionada con las instituciones custodias de documentación en España e Iberoamérica. Amparado por la Ley 16/1985 de Patrimonio Histórico Español y el posterior Real Decreto 111/1986 que la modifica parcialmente, además de por el Real Decreto 1708/2011 por el que se establece el Sistema Español de Archivos y se regula el Sistema de Archivos de la Administración General del Estado y de sus organismos públicos, y su régimen de acceso, el Censo Guía es una guía electrónica clave para la defensa, protección y difusión del patrimonio documental y espejo para el desarrollo de normativas internacionales (ISDIAH) y directorios de portales archivísticos a nivel nacional e internacional.

Para llevar a cabo los desarrollos, mantenimientos, actualizaciones y mejoras de estos sistemas informáticos, ambos relacionados y vinculados en sus contenidos, se ha trabajado en torno a estas premisas:

- Normalización de datos
- Cooperación con otras instituciones archivísticas de ámbito nacional e internacional favoreciendo el intercambio de datos
- Reutilización de la información

Desarrollemos brevemente estos puntos:

- La normalización archivística ha sido una premisa para el Consejo Internacional de Archivos quien ha ido desarrollado la normativa básica archivística que abarca los diferentes aspectos de la descripción, tanto de instituciones custodias de documentos [1], unidades documentales simples o compuestas [2], autoridades archivísticas [3] y las funciones realizadas por éstas que dan lugar a los documentos [4]. Los archiveros hemos considerado necesario para la realización de nuestro trabajo, no sólo cumplir con esta normativa internacional, si no desarrollar y actualizar nuestras normas profesionales (reglas, convenciones, directrices, etc) surgiendo de este intento las Normas Españolas de Descripción Archivística (NEDA), que han dado lugar a la creación de la Comisión de Normas Españolas de Descripción Archivística (CNEDA), quien en la actualidad trabaja en el Modelo Conceptual de Descripción archivística, el cual, por lo innovador de sus criterios, está sirviendo como modelo para el desarrollo en el Consejo Internacional dentro del Comité de Expertos en Descripción Archivística. De forma paralela, fruto de esta labor ve la luz la Norma para la elaboración de puntos de acceso normalizados de instituciones, personas, familias, lugares y materias en el sistema de descripción archivística de los Archivos Estatales, publicada en su primera versión en Agosto de 2010, y sobre la que actualmente se está trabajando en su mejora y actualización gracias a su puesta en práctica. Esta puesta en práctica es regulada por la subdirección de Archivos Estatales y canalizada a través del Centro de Información Documental de Archivos (CIDA), quien entre sus variadas funciones, tiene la responsabilidad de ser la Agencia Normalizadora de Autoridades Archivísticas, tarea en la que ha volcado un gran esfuerzo desde hace más de seis años.

El resultado de este trabajo se refleja a través del Fichero de Autoridades del Censo Guía y del Portal de Archivos Europeo, donde (como a continuación explicaremos) hemos volcado gran cantidad de información de nuestro archivos estatales. Además pronto verá la luz un nuevo Módulo Tesaurizado de Autoridades dentro de PARES, novedoso en su sector y a la altura de los grandes catálogos de autoridades bibliotecarios, más conocidos y desarrollados.

- La cooperación con instituciones archivísticas a nivel nacional tiene su desarrollo práctico a través del Censo Guía de Archivos, ya que a pesar de los actualmente paralizados convenios con las Comunidades Autónomas por falta de asignación presupuestaria, se ha continuado con la labor de puesta al día de los datos existentes y la incorporación de nuevos contenidos. Igualmente esta herramienta permite la cooperación con el ámbito iberoamericano, igualmente mermado por la falta de recursos actuales, pero que se mantiene a flote por el interés archivístico al otro lado del charco por presentar sus recursos en este portal archivístico, con tanta visibilidad en la web. Por último, a nivel Europeo se ha trabajado intensamente en la creación y puesta en marcha del Portal Europeo de Archivos (diseño informático español) a través del proyecto APEx, el cual a partir de Marzo de 2015 pasa a ser Fundación Apef. En este proyecto se ha trabajado exhaustivamente en la revisión y puesta al día de las normas EAD, EAC y EAG (esta última, diseñada por España, ha sido actualizada pasando a llamarse EAG 2012) y en la exportación de datos para Europeana en el formato EDM (Europena Data Model). Esta labor nos ha servido para entender la importancia de que nuestras herramientas estén habilitadas para la exportación de datos en estos formatos (trabajo que ya ha sido conseguido en ambas) y su importación (El Censo Guía actualmente permite esta opción para las instituciones custodias)

- Reutilización de la información: La Subdirección de Archivos igualmente ha mostrado una gran preocupación por cumplir la Ley 37/2007 sobre reutilización de la información en el sector público. Cómo ejemplo de esto, cualquier ciudadano, administración o usuario del Censo Guía de Archivos puede descargarse los contenidos en formato XLS (Excel) o XML (EAG 2012).

Creemos pues, que por todos estos contenidos expuestos hasta ahora, es interesante difundir nuestros trabajos en el Congreso de Humanidades Digitales no sólo por el interés que puede generar a los investigadores si no por el esfuerzo que han ido desarrollando los archivos de manera callada para subirse al tren de las nuevas tecnologías, y su ausencia dentro del campo de las Humanidades Digitales y lo que creemos que en ellas podemos aportar (al igual que las bibliotecas o museos.

[1] ISDIAH: ISDIAH: International Standard for Describing Institutions with Archival Holdings.
[2] ISAD (G): ISAD(G): General International Standard Archival Description - Second edition.
[3] ISAAR CPF: ISAAR (CPF): International Standard Archival Authority Record for Corporate Bodies, Persons and Families, 2nd Edition.
[4] ISDF: International Standard for Describing Functions

Marcas autógrafas en libros impresos. Interpretación, codificación con XML-TEI, publicación con Drupal

JOSÉ LUIS LOSADA

joselu@uni.wroc.pl

University of Wrocław

Las anotaciones manuscritas en las bibliotecas personales de autores conocidos suelen estar al margen de los estudios textuales. Con marcas autógrafas en libros impresos nos referimos a un tipo específico de anotación, a *marginalia* de autor (Jackson 2001), que solo recientemente han empezado a ser analizados desde perspectivas modernas. Se trata de anotaciones en las bibliotecas personales de escritores o pensadores, una variante textual de, p. ej., marcas anónimas en manuscritos medievales, de los *scholia* o glosas clásicas de los estudios filológicos, de libros sujetos a censura, de *marginalia scaenica*, de marcas de un escritor como editor de su propia obra, etc. Todas ellas, comparten, eso sí, una perspectiva: el proceso de lectura y las huellas que deja en el texto.

Pocos se digitalizan y difunden, debido a la complejidad de una edición o diseño editorial; incluso en el creciente mundo digital suponen un reto, pues casi siempre van unidas al contexto en el que surgen. La mera digitalización (escaneado y metadatos) del recipiente no facilita su difusión debido a la falta de interpretación y contextualización, aunque sí facilita su localización.

En algunos ejemplares de los libros que pertenecieron a Arthur Schopenhauer, entre ellos, sus libros españoles, se encuentran anotaciones manuscritas, marcas de lectura, glosas y dibujos (Hübscher 1968). Es conocida la afición del filósofo por la lectura de los clásicos españoles (Cervantes, Calderón, Gracián), que no solo encuentran reflejo en su obra filosófica, sino en su conocida traducción al alemán del *Oráculo manual* (Losada 2011).

En nuestra comunicación queremos presentar un proyecto en proceso de desarrollo que busca la interpretación, el marcado y la edición digital de estas anotaciones manuscritas. Para la codificación se ha usado XML-TEI. Teniendo en cuenta que no existe el elemento <marginalia> en las *TEI Guidelines* específico para libros impresos (seguramente tampoco es necesario), se ha recurrido a las especificaciones para la anotación de manuscritos, p. ej., con el elemento <additions> "contains a description of any significant additions found within a manuscript, such as marginalia or other annotations"; con el subconjunto general <add>: "contains letters, words, or phrases inserted in the source text by an author, scribe, or a previous annotator or corrector" (TEI-Guidelines), completándolo con elementos y atributos clásicos como <gloss>, <note>, <handNotes>, @type, @place, @rend; @hand, etc.

Se ha elegido Drupal como herramienta de visualización, adaptando el marco de publicación TEICHI (Schöch *et alii* 2012) que permite la publicación en html de documentos XML-TEI a través del sistema modular de Drupal. La configuración por defecto de TEICHI cubre el *tagset* de TEI Lite, por lo que se han implementado otros tipos de contenido (*text format*) con hojas XSL y CSS propias que permiten, entre otras cosas, la visualización especial de estas marcas manuscritas junto con el texto que las contienen.

Bibliografía:

Hübscher, A. (ed.), *Der handschriftliche Nachlaß. Randschriften zu Büchern*, V, F/M: Waldemar Kramer, 1968.

Jackson, H. J., *Marginalia: Readers writing in Books*, New Haven: Yale University Press, 2001.

Losada Palenzuela, J. L., *Schopenhauer traductor de Gracián. Diálogo y formación*, Valladolid:

Universidad de Valladolid, 2011.
Pape, S.; Schöch, C.; Wegner, L., "TEICHI and the Tools Paradox. Developing a Publishing Framework for Digital Editions", en: *Journal of the Text Encoding Initiative,* 2, Febrero 2012, <http://jtei.revues.org/432>
Sahle, P., *Digitale Editionsformen. Zum Umgang mit der Überlieferung unter den Bedingungen des Medienwandels*, 3 Bände, Norderstedt: Books on Demand, 2013.
"The TEI Guidelines for Electronic Text Encoding and Interchange" <www.tei-c.org/Guidelines>

Video4ELE-UNED. Recuperación y análisis de información multimedia en español académico

VICTORIA MARRERO AGUIAR

vmarrero@flog.uned.es

UNED

VÍCTOR FRESNO

vfresno@lsi.uned.es

UNED

M.A ANTONIETA ANDIÓN HERRERO

maandion@flog.uned.es

UNED

JOSÉ LUIS FERNÁNDEZ VINDEL

jlvindel@dia.uned.es

UNED

El desarrollo de aplicaciones multimedia constituye uno de los puntos centrales de expansión en las humanidades digitales, entendidas como una "humanización" de la tecnología" (Rodríguez-Yunta, 2013, 38), en la que se atiende específicamente al componente humanístico, y no solo tecnológico, para potenciar la investigación en humanidades mediante el uso de recursos digitales. Esta comunicación muestra cómo emergen nuevas capacidades para la actividad humanística al aprovechar los recursos tecnológicos, tanto mediante relaciones de aplicación como epistemológicas de investigación (McCarty, 2005: 119, citado por Rojas Castro (2013).

La aplicación Video4ELE-UNED es el primer producto de un proyecto más amplio (*Sistema de Acceso y Recuperación de la Información Lingüística en Repositorios Académicos Multimedia con Aplicaciones a la Enseñanza del Español como Lengua Extranjera*. SARILRAM-ELE) con el que estamos construyendo un sistema de recuperación de la información lingüística procedente de repositorios multimedia de carácter académico (videos subtitulados) generando una plataforma específica de investigación y servicios, optimizando recursos propios ya existentes.

Contamos como punto de partida con una gran base de datos, resultado de la programación semanal de la UNED en Televisión Española desde el curso 2010-2011. En su conjunto son 7.631 vídeos de muy diversa índole, aunque en esta primera fase del proyecto hemos analizado únicamente un total de 1514 vídeos.

El subtitulado asociado a los mismos (que ha sido desarrollado bajo supervisión de expertos y cuenta con una gran calidad) ha generado 236.000 transcripciones, en las cuales encontramos casi 65.000 unidades léxicas diferentes. Los textos han sido etiquetados morfológicamente (mediante las herramientas contenidas en el paquete Freeling, que utiliza las etiquetas de EAGLES (Padró y Stanilovsky, 2012) y fonéticamente mediante el transcriptor Aucel, desarrollado por López Morràs (http://aucel.com/pln/).

En esta presentación se mostrará el prototipo en funcionamiento, con sus utilidades actuales:

- Búsqueda mediante texto libre, admitiendo caracteres comodín o metacaracteres.
- Búsqueda mediante texto libre, admitiendo además buscar por formas derivadas y lemas, y permitiendo establecer patrones con las categorías gramaticales correspondientes a los términos anterior y posterior.
- Búsqueda fonética.

Al recuperar la información en cualquiera de los tres tipos de búsqueda el sistema devuelve los fragmentos de video, audio y subtítulos correspondientes, perfectamente sincronizados, lo cual permite acceder a información visual y auditiva, oral y escrita, fonética, léxica y textual de manera simultánea.

Por otra parte, se presentarán las características generales de nuestro corpus:

- Desde el punto de vista léxico-semántico, en comparación con el Corpus de Referencia del Español Actual (CREA), de la Real Academia Española, se observan varios rasgos interesantes:
    - Entre las primeras unidades de ambos repertorios, el nuestro presenta una proporción de palabras de contenido léxico (sustantivos y verbos, en concreto) muy superior a la del CREA. Esto nos lleva a considerar que contamos con una densidad léxica mayor que la que caracteriza el español general, al menos tal como se representa en el corpus de la RAE.
- Los campos semánticos de nuestro léxico más frecuente permiten caracterizar este corpus como perteneciente al ámbito académico y científico, un lenguaje de especialidad de gran interés para estudiantes de segundas lenguas y personas interesadas por el ámbito universitario hispanohablante. En la tabla siguiente pueden verse algunos ejemplos con el número de orden que ocupan por frecuencia de aparición en ambos corpus:

Tabla 1. Posición relativa de términos en ambos corpus:

Término	Posición en UNED-ELE	Posición en CREA
Universidad	87	508
Educación	121	483
Investigación	144	491
Estudiantes	187	1197
Formación	190	781
Ciencia	204	855

- Desde el punto de vista de la combinatoria de categorías gramaticales: hemos recogido más de 5500 patrones con frecuencia mayor que cero para un total de 10648 combinaciones posibles . En la tabla siguiente se presentan las diez combinaciones de tres elementos más frecuentes, y el número de ocurrencias de las mismas:

Tabla 2. Patrones gramaticales más frecuentes en UNED-ELE:

Categoría 1	Categoría 2	Categoría 3	Frecuencia
Preposición	Determinante	Sustantivo	110.124
Determinante	Sustantivo	Preposición	68.230
Verbo	Determinante	Sustantivo	54.896
Sustantivo	Preposición	Determinante	49.904
Determinante	Sustantivo	Adjetivo	45.097
Sustantivo	Preposición	Sustantivo	41.126
Verbo	Preposición	Determinante	34.293
Verbo indicativo	Determinante	Sustantivo	34.199
Verbo indicativo presente	Determinante	Sustantivo	26.227
Determinante	Sustantivo	Verbo	22.213

- Por último, se presentarán algunas de las aplicaciones didácticas para el área de la enseñanza del español como lengua extranjera que nuestro equipo ha pergeñado en esta fase piloto.

En las conclusiones se enmarcará este primer resultado en el conjunto de desarrollos previstos para el proyecto *SARILRAM: creación de un sistema de etiquetado para niveles superiores de análisis del lenguaje (prosódica, textual y pragmático-discursivo)* que se incrementaría mediante la contribución de usuarios expertos, incorporando conocimiento colectivo, desarrollo de interfaces gráficas que permitan recoger la información del usuario y aplicar técnicas de aprendizaje automático y adaptativo que mejoren el comportamiento del sistema según se vaya utilizando y recogiendo retroalimentación por parte del usuario, propuesta de enlaces a conjunto de datos (*datasets*) públicos, ampliando la nube de datos enlazados (*linked-data*) disponible en abierto, etc.

Referencias:

Padró, Ll y E. Stanilovsky. (2012). FreeLing 3.0: Towards Wider Multilinguality. En Proceedings of the Language Resources and Evaluation Conference (LREC 2012) ELRA. Istanbul, Turkey. May, 2012.

Rodríguez-Yunta, Luis (2013). "Humanidades digitales, ¿una mera etiqueta o un campo por el que deben apostar las ciencias de la documentación?". Anuario ThinkEPI, v. 7, pp. 37-43

Rojas Castro, A. (2013): "Las Humanidades Digitales: principios, valores y prácticas". *Janus*, 2, 74-99.

A Modelling Language for Discourse Analysis in Humanities: Definition, Design, Validation and First Experiences

PATRICIA MARTIN-RODILLA

patricia.martin-rodilla@incipit.csic.es

CSIC

CESAR GONZALEZ-PEREZ

cesar.gonzalez-perez@incipit.csic.es

CSIC

Introduction and Background:

Due to humanities generally produce knowledge in textual formats, such as narrative conclusions or reports, a properly management of the humanities corpus needs methods for extracting information from textual sources.

Software engineering approaches in conceptualizing and extracting information from textual sources goes back to decades. Firstly, most of approaches are related to information retrieval [1], extracting information in a quantitative level. For instance, heuristic and probabilistic techniques extract frequency or similar indicators about specific elements in a text. We can also find semantic approaches inside information retrieval disciplines, analysing textual sources based on topic maps [2], thesauri, lexematization techniques [3] or sentiment analysis [4] [5]. These approaches allow extracting semantic relationships between elements, such as hierarchical relationships. However, due to the degree of automation applied, it is not possible to achieve a satisfactory level of semantic extraction for the application to more narrative contexts.

Secondly, there are existing approaches focused on modelling a specific domain, in order to achieve the desirable conceptualization and semantic extraction from textual sources. For instance, existing applications in biomedicine [6] combines conceptual modelling, annotation and natural language processing methods. These approaches are successfully applied, designing ad hoc information extraction methods for a particular domain or corpus. However, an ad hoc design involves a domain dependency of the solution created that does not allow achieving a high degree of generalization.

Currently, more linguistic and semantic approaches are becoming popular, enriching the information extraction methods from textual sources with an acceptable degree of domain independence. In particular, discourse analysis [7] is a set of techniques from linguistics used to discover semantic relations between elements in the texts based on their discursive structure. In other words, applying discourse analysis we can identify what discourse elements are present in a text (sentences, clauses…) and link them to the entities of the reality referred. In addition, we can identify what inferential relations are connecting those two parts (causal relations, exemplifications, etc.). This connection between discourse structure and elements of the reality referred in the text, as well as the inferential dimension, constitute semantic information which is not available following other extraction methods from texts.

For this reason, current studies [8][9] are working on the application of discourse analysis techniques for extracting information from textual sources. Hence, we based our work on the approach made by Hobbs [10] and subsequent work based on it, and we defined a modelling language that allows the application of discourse analysis to extract information from textual sources in humanities. This language was previously presented at [11]. In the next section we introduce the modelling language. In later sections, we present for the first time the language modelling validation and the results obtained.

The Modelling Language:

In order to provide the necessary method to extract structural information from texts -not only in a quantitative level, but also in a highly semantic and inferential level-, and based on successful experiences on teaching conceptual modelling to humanities specialists, we carried out a two-year research project about the application of discourse analysis to textual sources in humanities. We have created a conceptual language that allows creating models from textual sources [11], capturing the discourse structure and extracting semantic and inferential information from them.

Let's take an example of discourse fragment, extracted from an archaeological and historical study in Cyprus [12] available on-line [13]:

Few examples survive with both rim and base intact. Instead, the bases most commonly survive possibly because rims and sides tended to be finer and taller than those of other types and hence more fragile.

The discourse fragment is divided into two parts, separated by the link "Instead", following Hobbs discourse analysis techniques. The first sentence is already an atomic element. The second part needs to be further divided into smaller sentences: "Instead, the bases most commonly survive" and "possibly because rims and sides tended to be finer and taller than those of other types and hence more fragile". The modelling language designed allows us to create an object model, identifying the entities that the discourse is talking about (parts of material evidences), their features and relationships. In addition, the language allows modelling the Explanation coherence relation -in Hobbs terms- existing between these two last sentences - the second one explains the cause for the first one -. The modelling process continues with the creation of the complete model, involving the first atomic sentence "Few examples survive with both rim and base intact". We can identify at this point the Contrast relation -in Hobbs terms- between this first atomic sentence and the sentence S2a in Figure 1.

The modelling language allows us to have in our model all the information about entities, features, relationships and coherence relations present in the discourse. An example of use could be to improve the software searching methods about material evidences, so we can find out which parts are kept and which are not, and relate them to their height and fragility.

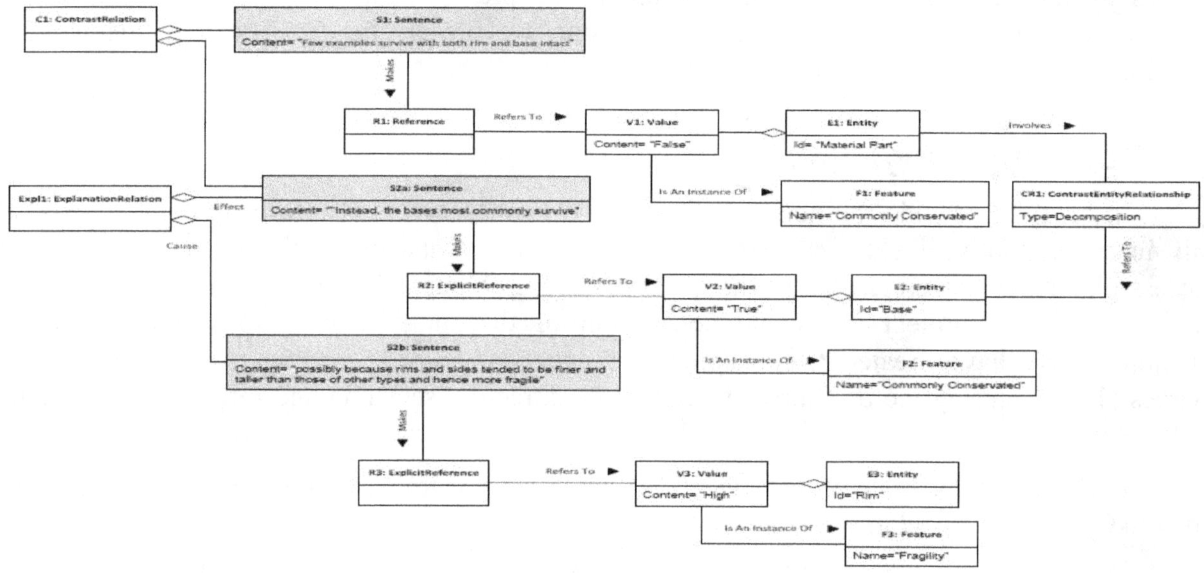

Language validation and results:

Using the proposed language, we have modelled a selected corpus of texts from historical and archaeological contexts, in order to validate the approach.

The validation process included an interview phase with the authors of the texts - following discourse analysis recommendations – and a group of sessions based on Think Aloud protocols – TAP- [14]. TAP establishes recorded sessions with real users –in our case humanities specialists-, where the users "think aloud", identifying the cognitive processes that they perform in function of the tasks presented in each session. The purpose of the interviews and sessions TAP was to investigate:

- ➢ Differences and similarities between models created by the author of the text and models created by software engineers, regarding the same text source.
- ➢ Differences and similarities between models created by the author of the texts and models created by specialist in humanities (belonging to the same domain or colleagues of the author), regarding the same text source.

What areas of conflict exist in both cases? The validation process has allowed us to extract inferential information from texts, such as detection of contrasts, causality or generalization and exemplifications relations. That identification would not be possible using existing approaches from software engineering. In addition, the validation results allowed us to figure out about the generalization possibilities of the models created, as well as what inferences presented a higher level of disagreement. For example, we have identified generalization relations. In these cases, we found a high degree of disagreement among the models made by the author of the text and the models made by researchers in the same discipline. Depending on whether the researcher considered particularly relevant a given example as a basis to generalize, he/she agreed or not.

Conclusions and future work:

The modelling language created allows us to extract information from humanities texts, not only about what entities are referenced in a text or the discourse structure, but also what inferences and underlying argumentation is used and its connections. Furthermore, we presented here empirical results about the degree of agreement and possible generalization within the community related to a particular corpus. These results can be used in subsequent steps in many ways. Particularly relevant for future work are: (1) analysis of new corpus will allow us to implement mechanisms to detect inconsistencies and other functionalities presented above and will encourage self-reflection inside the disciplines of the corpus analysed, knowing more about how knowledge is generated using narrative formats in disciplines in humanities. This information about the knowledge generation process is crucial in the development of software systems for humanities; (2) the application of the extracted information to the expansion and improvement of existing annotation systems, including inferential information, will enrich the corpus analysis; and (3) the detection of relations between entities and underlying inferences is an initial step towards the study of the potential of knowledge discovery and data mining in humanities texts. For example, the detection of hidden causalities in texts opens up the application of existing methods of semi-automatic data-mining based on the causal mechanism, such as the association rules [15]. This connection has been already pointed out in previous studies [16], although it is still at an early stage of development.

References:

[1] R. A. Baeza-Yates and B. Ribeiro-Neto. Modern Information Retrieval: Addison-Wesley Longman Publishing Co, 1999.

[2] ISO/IEC, 2006. Topics Maps. ISO/IEC 13250/2006.

[3] J. M. Torres Moreno. "Reagrupamiento en familias y lexematizaci6n automática independientes del idioma". Inteligencia Artificial, Revista Iberoamericana de Inteligencia Artificial, vol. 14, pp. 38-53, 2010.

[4] B. Pang, L. Lee and S. Vaithyanathan. "Thumbs up? Sentiment Classification using Machine Learning Techniques". Proceedings of the Conference on Empirical Methods in Natural Language Processing, pp. 79–86. 2002.

[5] D. Borth, R. Ji, T. Chen, T. Breuel and S.Chang. "Large-scale Visual Sentiment Ontology and Detectors Using Adjective Noun Pairs". Proceedings of the 21st ACM international conference on Multimedia, pp. 223-232. doi:10.1145/2502081.2502282. 2013.

[6] L. J. Jensen, J. Saric and P. Bork. "Literature mining for the biologist from information retrieval to biological discovery". Nature Reviews Genetics, vol.7, pp. 119-129, 2006.

[7] Z. S. Harris. "Discourse analysis: A sample text". Language, vol. 28, pp. 474-494, 1952.

[8] L. Polanyi. “A formal model of the structure of discourse”. Journal of Pragmatics, vol. 12, pp. 601-638, 1988.

[9] P. Mc Kevitt, D. Partridge and Y. Wilk. "Why machines should analyse intention in natural language dialogue". International Journal of Human-Computer Studies, vol. 51, pp. 947-989, 1999.

[10] J. R. Hobbs. On the Coherence and Structure of Discourse. In Technical Report. Standford, CA: Center for the Study of Language and Information. 1985.

[11] P. Martín-Rodilla and C. Gonzalez-Perez. “An ISO/IEC 24744-derived modelling language for discourse analysis”. Proceedings of IEEE Eighth International Conference on Research Challenges in Information Science, pp. 1-10. 2014.

[12] E. Peltenburg. “The Colonisation and Settlement of Cyprus. Investigations at Kissonerga Mylouthkia, 1976-1996”. Åström Verlag, Sävedalen. 2003.

[13] E.I. Peltenburg. Kissonerga-Mylouthkia, Cyprus 1976-1996 [data-set]. York: Archaeology Data Service [distributor] doi:10.5284/1000051.

[14] M.W. Van Someren, Y.F. Barnard and J.A. Sandberg. The think aloud method: A practical guide to modelling cognitive processes (Vol. 2). London: Academic Press. 1994.

[15] R. Agrawal, T. Imieliński and A. Swami. "Mining association rules between sets of items in large databases". Proceedings of the ACM SIGMOD international conference on Management of data - SIGMOD '93. doi:10.1145/170035.170072. 1993.

[16] P. Martín-Rodilla. Software-Assisted Knowledge Generation in the Archaeological Domain: A Conceptual Framework. CAiSE (Doctoral Consortium). 2013.

Formas de interacción y estrategias argumentativas adoptadas por los investigadores en Humanidades en las redes sociales

ANA MANCERA RUEDA

Universidad de Sevilla

ANA PANO ALAMÁN

ana.pano@unibo.it

Universidad de Bolonia

Según explican Escandell y Cruz (2014: 21), el papel del investigador en Humanidades y Ciencias Sociales, al igual que sucede en otras áreas de conocimiento, "se ha orientado hacia la construcción de una presencia digital como parte de la filosofía publish or perish que se ha impuesto en no pocos sistemas académicos del ámbito universitario europeo y americano". Sin embargo, como reconoce Moscovitch (2012), uno de los problemas con los que suelen encontrarse los investigadores es que hacen uso de un lenguaje excesivamente críptico que impide la adecuada transmisión del conocimiento. No obstante, esta situación va transformándose de manera paulatina y cada día resulta más numeroso el grupo de los investigadores que forjan su identidad digital a través de las redes sociales, adaptando su forma de expresión a la idiosincrasia de este tipo de comunicación mediada por ordenador. Partiendo del listado de investigadores recogido en el Banco Digital elaborado por el Grupo de Internet de la Universidad de Granada y en el Mapa de las Humanidades Digitales elaborado por Ortega y Gutiérrez, en este trabajo estudiamos los perfiles con los que tales académicos cuentan en la red social Twitter, lo que nos ha permitido identificar pautas de comunicación comunes y un uso similar de distintos tipos de estrategias discursivas de carácter argumentativo, con las que tratan de poner en valor los resultados de su actividad profesional. Asimismo, hemos analizado el grado de interacción con otros investigadores, favorecido por el uso de los dispositivos característicos de este canal.

Castilian treatises on poetry and versification

CLARA ISABEL MARTÍNEZ CANTÓN

cimartinez@flog.uned.es

UNED

We want to present a new-born project whose aim is to lay the foundations for a digital collection of Castilian treatises of poetry and versification written in the Fourteenth-Fifteenth Centuries. The birth of this project is linked to the ReMetCa project, the Repertory on Medieval Castilian Poetry, as a way to complete the map of Castilian verse in the Medieval Ages.

Although the study of the poetic and versification theory has been growing lately, a systematization of the different Castilian treatises has never been done. The analysis of phenomena related to the reflection on poetry and versification through the Centuries yields important results for the study of the origins of European and Hispanic culture and its literary traditions.

Digital technologies have greatly facilitated this task: comparative analysis can be now accomplished accesing all these different resources online. In our field, the creation of online databases and, in particular, metrical and poetic repertoires has been a major accomplishment. Some of the most significant are the French lyrical collections (Nouveau Naetebus), Italian (BedT), Hungarian (RPHA), Medieval Latin (Corpus Rhythmorum Musicum, Annalecta Hymnica Digitalia, Pedecerto), Gallego-portuguese (Oxford Cantigas de Santa María, MedDB2), Castilian (ReMetCa), Dutch (Dutch Song Database), Occitan (BedT, Poèsie Neotroubadouresque, The last song of the Troubadours), Catalan (Repertori d'obres en vers), Skaldic (Skaldic Project), and German (Lyrik des Minnesänger). We are currently working with the Castilian Metric Repertoire (ReMetCa).

All these sources clearly show that all of these traditions use their own poetical vocabularies and taxonomies, complicating their comparative study. But even within the same tradition we can find very different terms for the same concepts, complicating the analysis even further.
Our long-term goals are:

- Perform an extensive database search in order to find all the existent treatises of poetry and versification in Castilian since the Medieval Ages to the 19th Century.
- Create a common vocabulary (based on TEI, if possible) for all the relevant metrical concepts.
- Mark up these treatises with XML-TEI tags, following standardized guidelines.
- Create a digital library to access all these texts. This library will allow us to perform concurrent queries using a single interface with advanced search options (based on SPARQL queries)
- Generating different visualization of the treatises: dynamic graphs, maps, bars, etc.

Our ultimate goal is therefore to build an open digital repository with editions of the treatises, releasing the source code. Our digital library will secure the long term preservation of these texts, allowing us a better undestanding of our versification, our literature, and even our culture. In particular, it will make possible a comparative analysis of the thought on poetry and metrics in different authors and dates, the mutual influence between them and how this interplay contributed to their development.

This project has been specifically designed to share the richness of our cultural resources through the access to corpora and collections. We want to transform the Castilian cultural heritage in digital objects that can be easily accessible. It simplifies the access to data and the exchange of texts and poetical concepts and traditions.

Semantic Web versus History of Science and Technology : methodology to model knowledge from comparative history of the ports: the case study of Mar del Plata (Argentina) and Brest (France)

SYLVAIN LAUBÉ

University of Bretagne Occidentale

BRUNO ROHOU

University of Bretagne Occidentale

SERGE GARLATTI

Telecom-Bretagne, LabSTICC

JOSE ANTONIO MATEO

jamateo@mdp.edu.ar

Universidad Nacional de Mar del Plata

SUSANA SORAYA GONZALEZ

Universidad Nacional de Mar del Plata

Introduction:

The aim of this proposal is to present the results of research works in the field of Digital Humanities developed by a collaboration between the GESMAR (Grupo de Estudios Sociales Marítimos), University of Mar del Plata (Argentina) and the Centre F. Viète (EA 1161), University of Bretagne Occidentale (France) in the area of semantic web and history of science and technology about the comparative history of the ports of Brest and Mar del Plata.

The research group SemanticHPST:

The application of computer science to research in history has existed for a long time [1], though it can be noticed that the recent research domain of "Digital Humanities" (DH) is growing as result of a digital "revolution" at work that impacts the whole society at the international level. In France, tools and utilities dedicated to DH like the very large facility Huma-Num (http://www.huma-num.fr) have been created in order to favor "the coordination of the collective production of corpora of sources (scientific recommendations, technological best practices)." It also provides research teams in the human and social sciences with a range of utilities to facilitate the processing, access, storage and interoperability of various types of digital data." The Dacos and Mounier report [2] shows that the French research is active, however the authors recommend the creation of "Centers of Digital Humanities". The research network SemanticHPST is based on a strong coupling of laboratories in History and Philosophy of Science and Technology (HPST) with research questions about the use of semantic web for HPST. The SemanticHPST project takes part in the emerging issues in the domain of History and Philosophy of Science and Technology at the French and international levels [3]. Actually, the Semantic Web technology appears as efficient in order to generate tools adapted to the need of production and diffusion of distributed intelligent digital" corpus in HPST [4].

The objectives of the project are: (i) to integrate the existing technologies to manipulate digital contents of large volume by modeling knowledge as ontologies (annotation, request); (ii) to extent these technologies.

In November 2010, the main topic of an European workshop was the uses of ICT and history of science and technology in education [5] to improve research in HPST on one hand, and to promote dissemination of the HPST in the field of education on the other hand, some participants were convinced by the necessity to use new ICT tools [6]. In 2012, some historians of science and technology and computer scientists have created a consortium called SemanticHPST. The main goal of SemanticHPST project is to enrich the practices of researchers and communities in HPST. According to the specificity of the practice as historians of science, three main issues were tackled:

1. The management of large quantities of data especially for the most recent periods (XIXth, XXth centuries up to the present day). Knowing that the historical approach involves to integrate relevant elements from the context of production of these data into metadata.
2. The heterogeneity of sources and corpora constituted from these sources.
3. The production of new relevant digital corpora from several available digital historical collections.

To address our main goal and the three previous issues, our project is based on the SemanticWeb principles and technologies. Thus, it has three main sub-goals:

1. Building intelligent digital corpora, that is to say corpora with primary and secondary sources having semantic metadata and their corresponding ontologies;
2. iDesigning tools to access and enrich existing corpora and to create new ones;
3. Evaluating the resulting practices and building an epistemological viewpoint about the usage of TIC in HPST.

To achieve these goals, it is necessary to ensure a certain level of genericity for metadata, ontologies, computer-based tools and practices. To deal with genericity and the diversity of sources, the project is applied in several and different HPST use cases. We present in this proposal the Brest-Mar del Plata project.

The collaborative project Mar del Plata-Brest:

The project takes part first in the research programs "History of marine science and technology" and 'Digital Humanities for History of Science and Technology" developed in Brest in the Centre F. Viète (EA 1161). One topic concerns the comprehension of the scientific and technological evolution of the port-arsenal in Brest (France) on a large period (17th to 20th century) with a methodological approach considering this military-industrial complex dedicated to shipbuilding as a large technological system7. The objectives are :

- a) To compose and publish a digital library (based on semantic web) about the material culture of the port-arsenal of Brest associated to several projects about 3D replications of artefacts and to cultural mediations dedicated to science and technology heritage.

➢ b) To develop digital tools (based on semantic web) dedicated to a comparative history of science and technology of the port on a large area and a large period (since ancient times until now)

The hypothesis is to consider the large technological system of the port-arsenal as a large spatiotemporal and multi-scale artefact which is possible to decompose in elements of smaller scale (which are also artefacts) like industrial workshops, shipbuilding areas, storage areas, etc. Each of these elements are themselves composed by elements/artefacts of smaller scale. The system has to be seen as the sum of all these artefacts included all the relationships between them. The research works in Brest [8] shown the interest to propose an historical evolution model of the port (inspired by works in geography [9]) where "simple" artefacts like cranes, quays, dry docks are efficient indicators to characterize the cycle of evolution of the port arsenal during a large period. This method is used since 2012 in a comparative research between Brest (France) and Mar del Plata (Argentina) in a thesis in progress by B. Rohou [10].

From this work, the aim to produce a methodology and a knowledge model efficient to produce a generic ontology where an artefact is a material object (made by man) associated to a "life cycle" with at least three steps :

➢ Step 1 : conception and construction of the artefact
➢ Step 2 : the artefact in use
➢ Step 3 : the disappearance of the artefact

That "life cycle" implies five ontologies to be elaborated : times entities, actors (individual our social group), concepts/theories, location and artefacts. The analysis of the important ontology in the domain of cultural heritage named CIDOC-CRM (that "provides definitions and a formal structure for describing the implicit and explicit concepts and relationships used in cultural heritage documentation) shows that this ontology could be a first reference to help and build our own ontologies because some concepts and relationships about "temporal entities" and "actors" can be reused. But if the concept of "Thing" exists in the CIDOC-CRM, we consider that the concept of "Artefact" and the associated relationships have to be elaborated first from our historical model and by considering of course the possibility of equivalent concepts in the CIDOC-CRM.

In this proposal, we will present the methodology that we used in HPST in order to obtain a first knowledge model to be transcribed as an ontology of the port (.owl for example) from the historical studies in Brest and Mar del Plata based on concrete examples of artefact as cranes, quays and seewalls and we will discuss how it is possible to test and apply the results to others case studies in other countries (Chile) and in ancient times (Antiquity).

Bibliography:

Jean-Marie Gilliot, Serge Garlatti, Issam Rebaï, Cuong Pham Nguyen, A Mobile Learning Scenario improvement for HST Inquiry Based learning. Workshop Emerging Web Technologies, Facing the Future of Education, , 16-16 april 2012, Lyon, France, 2012.

S. Laubé, «Modélisation des documents numériques pour l'histoire des techniques: une perspective de recherche», Documents pour l'histoire des techniques, n°18, décembre 2009, pp. 37-41.

J-M Gilliot, S. Laubé, P. N. Cuong, "A collaborative pervasive IBST scenario with semantic facilities", EC-TEL 2010, Fifth European Conference on Technology Enhanced Learning, Future Learning Landscapes: Towards the Convergence of Pervasive and Contextual computing, Global Social Media and Semantic Web in Technology Enhanced Learning Second Edition, Barcelona (Spain), 28 September-1 October 2010, 11 p. http://3s-cms.enstb.org/futurelearning/wp-

content/uploads/2010/09/Gilliot_et_al.pdf
S. Laubé et J M. Gilliot et N C. Pham et S. Garlatti et I. Rebaï, «Tackling Mobile & Pervasive Learning in IBST», History of Science and Technology, ICT and Inquiry Based Science Teaching, Berlin, Olivier Bruneau, Pere Grapi, Peter Heering, Sylvain Laubé, Maria-Rosa Esteve Massa, Thomas De Vittori, 2012, pp. 181-201.
Susana Soraya Gonzalez (Université Nationale de Mar del Plata – Argentine), B.Rohou : « Étude des transferts de connaissances techniques entre la France et le reste du Monde : l'exemple de la construction d'infrastructures portuaires en Amérique du Sud par des ingénieurs entrepreneurs français au début du XX ème siècle ». Journée d'étude sur les transferts Europe-Monde organisée par le CRHIA dans le cadre du LabEx ENHE. Nantes, 19 février 2015.
B. Rohou : « Modélisation des ports pour l'Histoire des Sciences et des Techniques : accès aux archives du port de Mar del Plata en Argentine». Communication à la troisième journée d'étude des jeunes chercheurs américanistes de l'Institut des Amériques (IDA). Nantes, 7 novembre 2014.
B. Rohou, S. Laubé, S. Garlatti : « Vientos de Historia » : « Modelos para el estudio del desarrollo de los puertos ». Conférence organisée par « Grupo Estudios Sociales en el Área Interserrana (ESAI) » et «Creap Necochea » de l' Université Nationale de Mar del Plata – Argentine. 22 Août 2014, Necochea, Argentine.
B. Rohou, S. Laubé, S. Garlatti : « Présentation de la problématique de recherche en Humanités Numériques autour de la modélisation des ports de Brest (France) et de Mar del Plata (Argentine) en tant que macro systèmes technologiques complexes ». Communication à la deuxième journée d'étude des jeunes chercheurs américanistes de l'Institut des Amériques (IDA). Nantes, 20 mai 2014
S. Laubé, B. Rohou, S. Garlatti : « Web sémantique et modélisation des connaissances : intérêt de l'approche systémique », Communication au congrès de la SFHST (Société Française d'Histoire des Sciences et des Techniques) . 28 avril 2014, Université de Lyon 1
S. Laubé, B. Rohou, S. Garlatti. « Humanités numériques et web sémantique. De l'intérêt de la modélisation des connaissances en histoire des sciences et des techniques pour une histoire comparée des ports de Brest (France) et Mar del Plata (Argentine) ». Conférence Internationale « Digital Intelligence », Nantes, september 17-19 2014.

[1] Onno Boonstra, Leen Breure, and Peter Doorn. Past, present and future of historical information science. NIWI-KNAW, Amsterdam, 1st edition, 2004; Ustinov V. A. Les calculateurs électroniques appliqués à la science historique. In: Annales. Économies, Sociétés, Civilisations. 18e année, N. 2, 1963. pp. 263-294.
[2] Dacos, M., Mounier, P. Humanités numériques. Rapport commandé, Institut Français, Ministère des Affaires étrangères, Paris (2014).
[3] See the 18th session organised during the last meeting of SFHST (French Society for History of Science and Technology), April 2014 (http://sfhst2014lyon.sciencesconf.org/resource/page/id/5) and the last meeting of the international consortium DigitalHPS at Nancy, September 2014,(http://dhps2014.sciencesconf.org).
[4] see for example : Albert Meroño-Peñuela, Ashkan Ashkpour, Marieke van Erp, Kees Mandemakers, Leen Breure, Andrea Scharnhorst, Stefan Schlobach, and Frank van Harmelen, Semantic Technologies for Historical. Research: A Survey, Semantic Web (2014) 1–27 ; Albert Meroño-Peñuela, Stefan Schlobach, Frank van Harmelen. "Semantic Web for the Humanities", In: Proceedings of the 10th Extended Semantic Web Conference, ESWC 2013, Montpellier, France, May 28-30, 2013. Philipp Cimiano et al. (Eds.), Lecture Notes in Computer Science 7882 Springer 2013, pp. 645-649. ; Corda, I., Bennett, B., Dimitrova, V.: A logical model of an event ontology for exploring connections in historical domains. In: Workshop on Detection, Representation and Exploitation of Events in Semantic Web (Derive 2011), Tenth International Semantic Web Conference (ISWC) (2011)
[5] Bruneau, O., Grapi, P., Peter, H., Laubé, S., Massa-Esteve, M.R., De Vittori, T.: History of Science and Technology, ICT and Inquiry Based Science Teaching. Frank-Timme, Berlin (2012).
[6] LAUBE, S. et BRUNEAU, O., «Inquiry based Science teaching and History of Science», in : note 4, pp. 13-28 ; BRUNEAU, O. , LAUBé et DE VITTORI, T., «ICT and History of mathematics in the case of IBST», in note 4, pp. 141-154.
[7] Hughes, T.P. : The Evolution of Large Technological Systems. In : The Social Construction of Technological Systems, ed. Bijker, Hughes, and Pinch, 51–82 (1987)
[8] Laubé S. : Les grues de l'arsenal en tant que marqueurs de l'évolution scientifique et technologique du port arsenal de Brest ». In : Le port : nouveaux problémes pour l'histoire des sciences et techniques, J.L. Kerouanton & S. Laubé ed., Hermann, Paris (to be published 2015) ; Laubé S. : « Culture matérielle du port arsenal de Brest au XVIIIème siècle

: approche systémique ». In : Le port : nouveaux problèmes pour l'histoire des sciences et techniques, J.L. Kerouanton & S. Laubé ed., Hermann, Paris (to be published 2015)
[9] Bird, J.H. : The Major Seaports of the United Kingdom, London, Hutchinson (1963)
[10] See http://brmdp.hypotheses.org/

El apoyo de las tecnologías numéricas al estudio filológico de las lenguas generales de América del Sur

VINCENT MAUGIS

v.maugis@gmail.com

El desarrollo de una herramienta para la búsqueda léxica y la consulta comparativa de textos en lenguas guaraní, quechua y tupí de los siglos XVI-XIX amplía las perspectivas de análisis sobre su historia social (externa), semántica y lingüística (interna). No sólo favorece una aproximación lexicográfica y estadística de los textos sino que también renueva las preguntas que los investigadores formulan acerca de los textos. La construcción común entre informático, historiador, antropólogo, filólogo y lingüista en el marco del proyecto LANGAS (Lenguas Generales de América del Sur), financiado por la Agencia Nacional de Investigación en Francia (ANR) entre 2011 y 2016, ha favorecido el intercambio de métodos y de agendas de trabajo.

Palabras claves: Filología numérica; lenguas aglutinantes; análisis lexicográfico; metadatos; paleografía; colaboración interdisciplinar.

Vincent Maugis es ingeniero en diseño de sistemas de información, estudiante del Certificado de quechua del Institut National des Langues et Cultures Orientales (INALCO) en París y colaborador en el proyecto LANGAS (Lenguas Generales de América del Sur).

Esta propuesta fue preparada con Capucine Boidin, Profesora titular de Antropología en el Institut des Hautes Etudes d'Amérique Latine (IHEAL) en París, profesora de guaraní en el INALCO y co-directora del proyecto LANGAS.

Las lenguas generales de América del Sur y el proyecto LANGAS:

La colonización española y portuguesa de América del Sur tuvo por efecto lingüístico ampliar la implantación geográfica de algunos idiomas de vasta difusión prehispánica (principalmente el quechua, el aimara, el tupí y el guaraní). Estos fueron los principales medios de comunicación entre indígenas y europeos y permitieron vertebrar nuevos espacios económicos y administrativos.

Calificadas de «generales», estas lenguas sirvieron de interfaces entre la administración colonial y los indígenas, y de vehículos casi exclusivos de la evangelización. Con ese fin fueron convertidas en lenguas escritas y dieron nacimiento a una producción textual rica y variada [1].

El proyecto LANGAS (Lenguas Generales de América del Sur) se dedica al estudio de estos documentos poco explotados hasta ahora pero que constituyen una irremplazable fuente de información para el conocimiento de las sociedades y las culturas indígenas antiguas. En su fase actual, LANGAS se centra en el guaraní y el quechua y presta particular atención al vocabulario político de estos idiomas y a los modos indígenas de expresión de instituciones y conceptos políticos nuevos en las épocas colonial tardía y republicana temprana.

En el proyecto colaboran lingüistas, filólogos, antropólogos e historiadores especialistas del quechua, del tupí, del guaraní y de las regiones donde esas lenguas son o fueron habladas. Al estudiar y cotejar los corpus y textos en estas tres lenguas, se confrontan métodos de análisis y pistas de interpretación. Se procura contribuir así tanto a la historia social de las lenguas como a la historia semántica y cultural.

Para ilustrar el corpus: los textos escritos en guaraní, por ejemplo, durante la época colonial provienen principalmente de las reducciones jesuíticas del Paraguay (1609-1813). Los autores y/o, traductores y scriptores son jesuitas e indígenas. Se conservan y catalogan alrededor de 7 630 páginas, impresas (4200 p.) y manuscritas (3 430 p.): 30% metalingüístico, 50% religioso y 20% de textos no religiosos (administración, medicina, relatos históricos, diálogos).

Los textos se almacenan en una base de datos en línea complementada con un buscador lexical adaptado a cada lengua. Proporciona acceso a las versiones de transcripción paleográfica, transliteración moderna, traducción castellana o portuguesa moderna y transcripción en castellano o portugués original y también al facsímile. El servicio está disponible para el público en un sitio web con interfaz en castellano, francés, guaraní y quechua. Ambiciona ser de interés para los hablantes actuales. Apoya los trabajos de investigación del proyecto LANGAS y pretende ser de utilidad para otros investigadores y estudiantes [2].

Desafíos y logros en la sistematización del análisis del corpus:

Colaboración interdisciplinar:

El proceso de construcción de la herramienta numérica del proyecto necesitó un diálogo entre los investigadores y con los ingenieros para satisfacer las exigencias metodológicas de las diferentes disciplinas y proporcionar beneficios operacionales distintos para cada especialista mientras conservaba manualidad informática para todos. Por ejemplo, los metadatos pedidos por el historiador les parecían inicialmente pletóricos a los demás investigadores; incorporarlos requirió por una parte demostrar el interés común en cruzar descriptores finos y características textuales y también justificar la importancia de informaciones especializadas (por ejemplo, la pertinencia de la paginación de los textos para la investigación histórica).

Paleografía:

Las reglas diplomáticas de transcripción paleográfica relativas en particular a las referencias de páginas, a la disposición textual, a las abreviaciones y a las anotaciones resultan poco adaptadas al procesamiento sistemático de los textos. Por eso estamos ensayando y verificando prácticas desarrolladas en base a las experiencias de otros proyectos y a las obligaciones de cada corpus lingüístico (por ejemplo para el quechua se eligió extender las abreviaciones mientras que para el guaraní se eligió referirse a una lista estructurada) con vistas a ajustar, armonizar y últimamente codificarlas.

Metadatos:

El registro de indexación de los textos procura reflejar la riqueza de los recursos y presenta unos cien descriptores relativos a los textos, autores y documentos. Fue estructurado para lograr beneficios inmediatos en términos de búsqueda contextual y de análisis estadístico y para proporcionar capacidad de evolución en términos de disponibilidad para la modelización y para la exposición y el señalamiento de los datos en la web semántica. La definición de los metadatos y su organización satisfacen así los requisitos funcionales más claves del estadio del arte de los registros bibliográficos.

Lenguas aglutinantes:

El carácter aglutinante de las lenguas consideradas constituye una primera dificultad a la hora de sistematizar el análisis del corpus. Se añade a ésta la alta heterogeneidad gráfica en la transcripción de las lenguas, la cual surge entre los diferentes textos y también dentro de ellos (de hecho desde la llegada de los europeos en América del Sur esas lenguas se transcribieron fonéticamente con caracteres latinos y una misma palabra era entonces restituida mediante varias grafías). El proyecto desarrolló así un programa compuesto de un motor de inferencia y de una base de reglas para generar todas las grafías teóricamente posibles para restituir una palabra [3].

Búsqueda léxica y consulta comparativa:

Los textos se colocan en la base de datos según el nivel de granularidad semántica útil para comparar variaciones morfológicas (sentencia o párrafo). El buscador se basa en las grafías generadas para identificar las ocurrencias (por supuesto también se puede buscar une grafía exacta); se puede dirigir la búsqueda hacia una o varias versiones de los textos. El sistema proporciona estadísticas de distribución según algunos descriptores claves: fechas, autores, lugares y géneros de textos.

Conclusiones y perspectivas:

Esa herramienta está todavía en proceso de evolución funcional y alimentación mientras escribimos esta propuesta. El interfaz usuario se beneficiará de ajustamientos ergonómicos y se planifica un servicio estable de generación de grafías para el guaraní y el quechua para finales de 2015; se prevé desarrollar luego el programa para el tupí. El ingreso de textos a la base y la alimentación de los registros son continuos; cuenta ahora con el tres por ciento del corpus actualmente disponible.

La colaboración interdisciplinar acerca del desarrollo de la herramienta instauró una dinámica virtuosa en los trabajos del proyecto. En cuanto a la sistematización del análisis morfológico, fue necesario poner al día la formalización del sistema fonológico del guaraní primero para deducir reglas para la generación de grafías. Además, las reflexiones sobre los descriptores de las características gramaticales de los textos llevaron a formular la hipótesis de sociolectos y de fragmentación dialectal.

Aun si sobran dificultades por solucionar en los campos lexical y sintáctico, resultan significativos los avances en la sistematización del análisis morfológico y los primeros logros ya proporcionan un terreno prometedor para preparar la extensión del ejercicio al campo semántico. Se buscará en primer lugar alinear los resultados de la lematización de las grafías generadas desde el índex del corpus con las grafías modernas de las entradas de los diccionarios históricos.

Para terminar, el proyecto también estudia más pistas numéricas para mejorar la eficacia de sus trabajos, en particular para apoyar la transcripción paleográfica. El procesamiento gráfico de los facsímiles numerizados, el reconocimiento de formas y la asistencia al desciframiento podrán proporcionar ayuda para extraer los textos de aquellos documentos más largos.

Referencias:

[1] Capucine Boidin, Géraldine Méret y Graciela Chamorro. Introducción al dossier "Fuentes en lenguas amerindias de América del Sur". Corpus Archivos de la alteridad americana Vol. 4, No 2, 2014.

[2] LANGAS (sitio web): http://www.langas.cnrs.fr/

[3] Marc Thouvenot. Nahuatl, informatique et TEOMA. AMERINDIA n°17, 1992.

Cuestiones y problemas de la ecdótica digital: de la teoría a la práctica en un proyecto de edición

RAUL MORDENTI

Universidad de Roma Tor Vergata

DANIELE SILVI

silvi@lettere.uniroma2.it

Universidad de Roma Tor Vergata

En informática humanística a menudo sucede que un intento de reflexión analítica sobre los objetos de estudio lleva a dos resultados:

- En primer lugar, se entiende que la modalidad digital de la existencia de tales objetos los presenta como diferentes frente a la forma en que estaban en el mundo analógico, o pre-ordenador. Sin embargo, realmente estamos enfrantándonos a algo más.
- En segundo lugar esa reflexión ofrece unas informaciones teóricas sobre esos objetos lo que nos posibilita entender algo que antes se nos había escapado y que, en ocasiones, puede ser resultar fundamental.

Es nuestra opinión, es la segunda opción la que merece invertir el esfuerzo y el tiempo que requiere el uso del ordenador en un trabajo de Humanidades. Sin embargo, no hay duda de que la premisa de cada razonamiento nace de tomarse en serio el punto primero. Así, este primer resultado establece claramente una evidencia, resumida en la siguiente declaración: "lo que es digital no es analógico". No obstante, tal vez no todas las cosas obvias son triviales y, ciertamente, no es trivial el hecho de que el producto textual digital al que se aplican las humanidades digitales no sea analógico.

En realidad, a esta evidencia se opone una de las (muchas) maravillosas capacidades de cálculo de la máquina, una capacidad que podría llamarse "la capacidad mimética": el ordenador sabe cómo "imitar" el mundo pre-informático y, en particular, sus herramientas. De vez en cuando, se "finge" por ejemplo una máquina de escribir, un teléfono, una cámara o la página de un libro (sobre una pantalla), cuando en realidad es otra cosa muy distinta.

Para ejemplificar estas problemáticas presentamos al Congreso la edición crítica digital del *Zibaldone laurenziano* de Giovanni Boccaccio, como una transcripción fiel de este autógrafo de Boccaccio, así como de las herramientas creadas para su representación final (un teclado específico y una tabla de carácteres manuscritos). En este sentido, hemos creado un "teclado dedicado" a la escritura de Giovanni Boccaccio, al que sería más exacto llamar "teclado dedicado ZLB" (Zibaldone Laurentiano de Bocaccio)", ya que se basa en los manuscritos que se encuentran a nuestra disposición y no en toda la producción escrita de Boccaccio.

La creación de este teclado nace de nuestro principal interés: hacer filología buscando experimentar o establecer procedimientos ecdóticos que permitan el mejor uso de la tecnología de la información, es decir, *iuxta propria principia*. De aquí nace el esfuerzo de enfrentarnos al mismo potencial del ordenador para soluccionar algunos de los más graves problemas surgidos de su elección misma. Entre estos problemas está, sin lugar a dudas, el problema del tiempo necesario para las operaciones de transcripción - codificación. La solución, creemos, reside en producir una tabla que contenga un listado de teclas a un lado (la parte dedicada a la selección) y, del otro lado, los signos correspondientes que deben manifestarse.

Nuestra investigación demostró que los signos básicos utilizados por Boccaccio en sus manuscritos ascendieron a la cifra total de 110, aproximadamente el doble del set de 52 grafemas (minúsculas y mayúsculas), además de los diez números que normalmente se usan en escritura italiana. Nos referimos con "signos básicos" (o primarios) tanto a los grafemas y a los números, como a las variantes morfológicas de grafemas (o variantes de los glifos), tomándolos como posibles evidencias para la datación de las partes individuales del manuscrito.

Por supuesto, el teclado se utiliza sólo para el manuscrito de Boccaccio, pero la lógica que preside es, con los ajustes apropiados, aplicable a cualquier otro texto escrito a mano que se quiera transcribir.

Propuesta de una metodología para la extracción y creación de Gazetteers de entidades de nombre de forma automática en corpus de documentos medievales castellanos

JOSÉ ANTONIO MOREIRO GONZÁLEZ

joseantonio.moreiro@uc3m.es

Universidad Carlos III de Madrid

M EUGENIA IGLESIAS MORENO

meugenia.iglesias@uc3m.es

Universidad Carlos III de Madrid

SONIA SÁNCHEZ CUADRADO

ssanchec@gmail.com

El objeto principal de esta comunicación es presentar la propuesta metodológica seguida en un trabajo en curso para el diseño y creación de un gazetteer o base de datos de entidades de nombre (EN), *Named Entities* (NE) en inglés, contenidas en un corpus de documentos medievales. En su ejecución se ha partido de la anotación y extracción automática de los nombres propios contenidos en el corpus de documentación medieval que conforma el Libro Becerro de las Behetrías de Castilla (corpus LBB)utilizando herramientas de procesamiento del lenguaje natural (PLN). Para conseguirlo se ha empleado una adaptación de la aplicación de *PLN Freeling* a las características de las estructuras de las EN en castellano romance.

Metodología empleada:

La metodología ha seguido las siguientes etapas:

Etapa 1. Estudio de las características de las entidades de nombre del corpus LBB.

Esta primera fase se centra en el análisis de las características del corpus LBB y de las entidades de nombre que aparecen en él. Se ha tenido especial cuidado en identificar los elementos que podrían plantear problemas en el posterior tratamiento automático con la aplicación de PLN.

El corpus LBB está compuesto por 2.109 documentos correspondientes al registro de más de dos mil poblaciones castellanas, agrupadas en quince merindades localizadas en el territorio castellano situado al norte del Duero (Estepa Díez, 2003). Está escrito en castellano romance del siglo XIV y contiene un número de EN de personas, lugares e instituciones que permite la posibilidad de estudiar las diferentes estructuras y grafías utilizadas en la baja edad media. Contiene un total de 210.609 tokens, de los que 4.460 son diferentes.

En primer lugar, se determinó un corpus que permitiese la identificación y anotación de forma manual de los nombres propios y que posteriormente se utilizará para la evaluación de los datos obtenidos en el proceso automático. Este corpus de evaluación está integrado por 325 documentos con 35.556 palabras, que representan un 17,07% del total del corpus LBB (208.278 palabras).

Este estudio de las entidades de nombre se ha dividido en dos grupos: las que vienen definidas por estructuras determinadas por elementos como nombre, apellido, topónimo, etc. y las que se identifican mediante una trigger-word o disparador ("fiio de", "sennor de", "cerca de", etc.). Teniendo en cuenta que las trigger-words pueden ser de dos tipos:

- Incorporadas a la EN: *sennor de* Lara
- No incorporadas a la EN: Iohan Rodriguez *su sobrino*.

Así, una entidad de nombre de persona como *Garçi Ferrandez Sarmieinto* puede además aparecer en el texto dentro de otra entidad de nombre identificada mediante una trigger-word como *fiio de Garçi Ferrandez Sarmieinto.*

Para evitar problemas en el reconocimiento y clasificación de las EN, en el proceso automático posterior, se han tenido en cuenta los principales problemas de ambigüedad que presenta su tratamiento respecto a la sinonimia, homonimia y variación gráfica. Esta ambigüedad se puede observar en las diferentes formas que presenta un mismo nombre a lo largo del corpus como *Ruy Gonçalez* y *Ruy Gonçalez de Castanneda,* o diferentes personas o lugares con el mismo nombre, *Alfonso Ferrandez, fiio de Iohan Alfonso de Fuydobro* y *Alfonso Ferrandez, fiios del ama.*

En función de las reglas que presentan las entidades de nombre una vez detectados los problemas de ambigüedad para su tratamiento, se ha optado por un proceso de etiquetado manual. Éste método aunque más costoso resulta más preciso (Kilgarriff, 2003) porque ofrece la oportunidad al anotador humano de detectar y resolver los problemas de ambigüedad seleccionando la posibilidad más adecuada de acuerdo con su contexto de aparición.

Partiendo del concepto de clasificación semántica establecida en MUC-7 (Chinchor, 1997) se decide utilizar el estándar de las etiquetas EAGLES para la categoría "Nombres ", que identifica un nombre propio con NP seguido de 0 para género, 0 para número, dos dígitos para la clasificación (SP persona, G0 lugar, O0 organización y V0 otros) y 0 para el grado. Así por ejemplo, la etiqueta para una entidad de persona sería NP00SP0 (Figura 1). Se han etiquetado 1929 entidades de las que 961 (49,82%) corresponden a la categoría de personas, 494 (25,61%) a lugares, 403 (20,89%) a organizaciones y 71 (3,68%) a otros (Tabla 1).

Etapa 2. Etiquetado y extracción automática de las entidades de nombre del corpus.

Basándonos en los resultados obtenidos en la primera aproximación que planteamos en Iglesias Moreno, Azcárate Aguilar-Amat y Sánchez Cuadrado (2014), se realizó el proceso de etiquetado morfológico y clasificación de las EN con la adaptación de la aplicación de PLN, Freeling, versión 3.1. Para ello, se utilizó el programa *Analyzer*, con las librerías para español estándar y la variante diacrónica del español de los siglos XII al XVI (Sánchez-Marco, Boleda y Padró, 2011). La adaptación se basó en la ampliación de diccionarios y en la modificación de módulos (Named Entity Recognition, Named Entity Classification, Multiword Recognition, User Map) para acercarlos a las características de las estructuras de las entidades de nombre obtenidas en la primera etapa de esta propuesta.

Para la evaluación de los resultados en todas las tareas desarrolladas en este método se han utilizado parámetros e indicadores cuantitativos a partir de métricas conocidas y efectivas como la Precisión, Cobertura o *Recall* y F-measure, definidas en las conferencias MUC, IREX y CoNLL.

Etapa 3. Diseño y creación de la base de datos o Gazetteer.

Como sistema de almacenamiento y recuperación de las entidades de nombre extraídas de forma automática a partir del etiquetado y clasificación con Freeling 3.1, mediante un script en Shell linux, se optó por la creación de un Gazetteer en forma de base de datos. Se utiliza el sistema gestor de base de datos relacional (RDBMS) MySQL que permite su posterior integración en un sistema de tratamiento de corpus para resolver problemas de desambigüación o la publicación en web de los resultados de las búsquedas con el lenguaje de programación PHP (Hypertext Preprocessor).

Las entradas del diccionario o gazetteer se estructuran en torno a los siguientes elementos:

- ID
- Forma canónica NE
- Variantes: NE con sus diferentes grafías en el texto
- Formas sinónimas: NE de las que forma parte en la que adquiere otro sentido semántico (Por ejemplo: topónimos que forman parte del nombre de persona)
- Grafía actual: NE con la grafía actual
- Etiquetas semánticas
- Trigger-words

Se diseñan formularios que permiten realizar búsquedas por entidades, documentos o merindades. Ofreciendo como resultado parte del texto dónde aparecen, su frecuencia y variantes, así como las trigger-words.

En conclusión, mediante esta propuesta se puede realizar el reconocimiento, clasificación y puesta a disposición en web de las entidades de nombre contenidas en un corpus de documentación bajomedieval castellana utilizando software libre que permita a los investigadores su modificación y adaptación a otros proyectos dentro de las Humanidades Digitales. Además, ofrece la ventaja de no suponer una formación tecnológica y capacidad técnica para el investigador humanista que puede obtener soluciones con la adaptación de los módulos de la aplicación de PLN con el propósito de aumentar el nivel de precisión y disminuir la supervisión en el proceso.

Bibliografía:

Estepa Diez, C. 2003. *Las behetrías castellanas*. Valladolid: Junta dc Castilla y León, Consejería de Cultura y Turismo. 2 vols.

Chinchor, N., & Robinson, P. 1997. MUC-7 named entity task definition. In *Proceedings of the 7th Conference on Message Understanding* (p. 29).

Iglesias Moreno, M. E., Azcárate Aguilar-Amat, P. y Sánchez-Cuadrado, S., 2014. Primera aproximación para la extracción automática de Entidades Nombradas en corpus de documentos medievales castellanos. Humanidades Digitales: desafíos, logros y perspectivas de futuro, Sagrario López Poza y Nieves Pena Sueiro (editoras), Janus [en línea], Anexo 1 (2014), 229-238, publicado el 11/04/2014, consultado el 14/04/2015. URL: http://www.janusdigital.es/anexos/contribucion.htm?id=21

Kilgarriff, A., 2003. *What computers can and cannot do for lexicography, or Us precision. them recall*. Tech. Rep. ITRI-03-16, Information Technology Research Institute, University of Brighton. Also published in Proceedings of ASIALEX.

Martínez Díez, G.,1981. *Libro becerro de las behetrías: Estudio y texto crítico*. León: Centro de Estudios e Investigación "San Isidoro". 3 vols.

Sánchez-Marco, C., Boleda, G., y Padró, L. 2011. Extending the tool, or how to annotate historical language varieties. Paper presented at the *Proceedings of the 5th ACL-HLT Workshop on Language Technology for Cultural Heritage, Social Sciences, and Humanities,* pp. 1-9.

Compilación y anotación métrica de un corpus de sonetos del Siglo de Oro

BORJA NAVARRO COLORADO

borja@dlsi.ua.es

Universidad de Alicante

MARÍA RIBES LAFOZ

neferchitty@gmail.com

Universidad de Alicante

SARA J. TRIGUEROS

saraj.trigueros@gmail.com

Universidad de Alicante

NOELIA SÁNCHEZ

noeliasanchezlopez@gmail.com

Universidad de Alicante

Resumen:

La aplicación de técnicas tanto de Lingüística de Corpus como de Lingüística Computacional al análisis del texto literario permite desarrollar nuevos métodos de análisis complementarios a los métodos tradicionales. Quizá lo más novedoso que estos métodos pueden aportar es el análisis de grandes cantidades de texto literario, en lo que se ha dado en llamar análisis "desde lejos" (Moretti 2007) o Macroanálisis (Jockers 2013). Frente al análisis tradicional, centrado en un análisis en profundidad de textos canónicos, el macroanálisis propone analizar grandes cantidades de textos literarios representativos de todo un periodo.

Para que este tipo de análisis sea efectivo y realmente aporte alguna novedad al estudio de la literatura, el corpus debe ser lo suficientemente grande como para que (i) represente toda la producción literaria del periodo a estudiar y (ii) sea inviable su análisis manual.

El primer aspecto se diferencia de los métodos tradicionales en que no se centra en el análisis en profundidad de obras canónicas, sino en el análisis de toda (o una muestra representativa de toda) la producción literaria de una época, periodo, autor, tema, etc. En este sentido, desde la Teoría Literaria ya se ha manifestado la necesidad de estudiar lo que García Berrio llama la periferia contextual de la cultura literaria, en tanto que marco cultural en la que la obra literaria se genera y que establecen los parámetros de interpretación global de la obra (García Berrio 2000).

Por lo que respecta al segundo aspecto, sólo técnicas de Lingüística Computacional y/o Minería de Textos permiten el análisis de amplias colecciones de textos. Más allá del simple análisis de frecuencias léxicas (que tan poco ha aportado a los estudios literarios), algoritmos como LDA Topic Modeling (Blei et. al 2003) están mostrando su utilidad para el análisis de grandes colecciones de texto literario (Jockers 2013).

En todo caso, únicamente estos análisis son viables si se cuenta con un corpus de texto literario que no sólo sea lo suficientemente amplio, sino que los textos que lo formen estén seleccionados de acuerdo con unos criterios claros, de tal manera que la colección sea representativa del periodo, época o tema a estudiar.

En la Historia de la Literatura Española, la sonetística áurea es quizá uno de los ámbitos más estudiados. Por tal nos referimos a todos los sonetos compuestos en castellano desde el inicio del Renacimiento por Garcilaso de la Vega, hasta las últimas figuras del Barroco como Sor Juana Inés de la Cruz. Si bien hay trabajos clásicos que han analizado este periodo de forma amplia (García Berrio 2009 [1], Rivers 2009), estamos convencidos de que su análisis con métodos computacionales puede arrojar nueva luz sobre este género y periodo tan relevante.

Para realizar este análisis es necesario contar con un corpus de sonetos que sea amplio y representativo, tal y como se ha comentado antes. A partir de él, se podrán aplicar técnicas computacionales para extraer los patrones recurrentes que conformarían la periferia contextual de esta forma literaria: el bagaje literario a partir del cual parte cualquier autor del periodo a la hora de crear un nuevo soneto y que lo condiciona y determina.

En este trabajo se presenta el proceso de compilación y anotación métrica de este corpus de sonetos del Siglo de Oro.

El corpus está formado por 5078 sonetos. Incluye los principales autores del periodo como Garcilaso de la Vega, Juán Boscán, Fray Luis de León, Luís de Góngora, Lope de Vega o Sor Juana Inés de la Cruz, entre muchos otros.

Nuestro objetivo no es, sin embargo, hacer un corpus de autores canónicos, sino un corpus representativo de todo el periodo. Por ello se incluyen todos los autores que hayan escrito (o que dispongamos de) un número suficiente de sonetos. Sólo se han rechazado para el corpus aquellos autores de los que disponemos de menos de 10 sonetos. El corpus, de todas maneras, no se da por cerrado: en la medida que podamos disponer de más autores con más de 10 sonetos, serán incluidos en el corpus. En todo caso, a día de hoy tenemos ya una primera versión estable.

La mayoría de los sonetos han sido extraídos de la Biblioteca Virtual Miguel de Cervantes [2].

Por regla general se ha respetado la edición ahí publicada, incluyendo la modernización de los textos. Ante errores evidentes, el texto ha sido corregido cotejando la edición de la Biblioteca Virtual Miguel de Cervantes con las ediciones princeps disponibles en la Biblioteca Digital Hispánica de la Biblioteca Nacional [3].

El corpus ha sido anotado con el estándar TEI-XML. Cada soneto tiene su correspondiente encabezado TEI y el cuerpo con el texto. El encabezado TEI incluye información como: datos del proyecto (Title and Publication Statement), título y autor de cada soneto, y datos de publicación de la fuente original (Source Description).

En cuanto al cuerpo del texto, la información marcada es de dos tipos: estructural y métrica. En el primer caso se especifica la estructura del soneto: cuartetos, tercetos y versos (con indicación de número de verso). Casos excepcionales como el estrambote han sido marcados también.

La información métrica está marcada con un par atributo-valor “met=patron”, donde “patron” es el patrón métrico de cada verso. Un patrón está formado por sílabas tónicas y sílabas átonas. Las primeras se marcan con el símbolo “+” y las segundas con el símbolo “-”. El ejemplo (1) muestra un verso y su correspondiente patrón métrico:

(1) <l n="1" met="---+---+-+-">
Cuando me paro a contemplar mi estado
</l>

Toda la anotación se ha realizado de manera automática, excepto los patrones métricos, que han sido anotados de manera semi-automática en dos pasos.

En el primer paso se ha aplicado un Sistema de Escansión Métrica desarrollado dentro del proyecto que automáticamente asigna un patrón métrico a un determinado verso. Esta anotación automática se desarrolla a su vez en dos pasos. Para cada verso:

1. Separa las sílabas de cada palabra y detecta la sílaba tónica. Para saber si la sílaba es tónica o átona se aplica un sistema de reglas según las normas de acentuación ortográfica. Sin embargo, no todas las palabras tiene acento métrico: sólo aquellas que pertenecen a determinadas categorías gramaticales (Quilis 1975, 1984) Para detectar éstas se ha utilizado el analizador categorial Freeling (Padró y Stanilovsky 2012) [4].
2. Si el patrón resultante tiene más o menos de 11 sílabas, aplica una serie de reglas para resolver las posibles sinalefas, sinéresis y diéresis. Estas reglas se aplican siempre en orden, resolviendo primero las sinalefas consideradas más naturales (por ejemplo, entre dos vocales átonas) y luego las más forzadas (por ejemplo, entre vocales tónicas), hasta conseguir un patrón métrico de once sílabas.

El mayor problema de este sistema es la ambigüedad generada por las posibles sinalefas. Hay versos en los que, por ejemplo, sólo es necesario resolver una sinalefa para obtener un patrón métrico de once sílabas, pero hay dos posibles sinalefas. La cuestión es decidir automáticamente cuál de las dos sinalefas debe ser resuelta: según se resuelva una u otra, el patrón resultante puede ser diferente.

Así, el ejemplo (2) tendrá el patrón 2.1. o 2.2. según se resuelva la primera sinalefa ("cuan-doel-pa-dre") o la segunda (pa-dreHe-bre-ros):

2 "cuando el padre Hebrero nos enseña"
2.1 --+--+---+-
2.2 ---+-+---+-

En el primer caso, la estructura acentual es 3-6-10 y en el segundo 4-6-10. Actualmente el sistema anota siempre el primer patrón posible. En este caso, el verso quedaría con el patrón (2.1.): 3-6-10. Sin embargo, el patrón 4-6-10 es más común (Valera Merino et al 2005).

El segundo paso de la anotación métrica es la validación manual de cada patrón métrico. Se está revisando a mano cada patrón, comprobando que el patrón resultante es el más apropiado para el verso y resolviendo posibles errores.

Los principales problemas que hemos encontrado en la validación manual son:

- Errores en el texto digitalizado, que difiere de la edición princeps o de otras ediciones críticas. En algunos casos esto influye en el patrón métrico. Por ejemplo: el verso 6 del Soneto XIII de Garcilaso dice: "los tiernos miembros, que aún balbuciendo estaban", pero en la edición princeps y en Prieto de Paula (1990) aparece "bullendo", lo cual cambia el patrón resultante. O el siguiente verso de Sor Juana Inés de la Cruz: "aun es para tusa sienes cerco estrecho", que debería ser "aun es para tus sienes cerco estrecho", con el consiguiente cambio de patrón métrico.
- Errores en la acentuación de palabras. Por ejemplo, el verso 7 del Soneto XXXVI de Garcilaso de la Vega dice "camina, vuelve, para y todavía" . La palabra "para" es tercera persona del verbo "parar", por lo que el patrón métrico debería ser "-+-+-+---+-", pero el sistema ha interpretado "para" como preposición y ha derivado el patrón "-+-+-----+-".
- Resolución de sinalefas inapropiadas. Por ejemplo, en el verso 6 del Soneto XXXV de Garcilaso "y el antiguo valor italiano", el sistema ha producido este patrón: ---+--+--+-. Sin embargo, en algunas ediciones observamos que hay una diéresis sobre la "i" en "italïano", con lo cual el patrón debería ser --+--+---+-.

A modo de muestra, los patrones más frecuentes del corpus son los siguientes:

-+---+---+-	Heroico	6457
-+-+---+-+-	Sáfico	6161
--+--+---+-	Melódico	5982
-+-+-+---+-	Heroico	5015

Bibliografía:

Blei, David M.; Ng, Andrew Y.; y Jordan, Michael I. (2003) "Latent Dirichlet Allocation", Journal of Machine Learning Research, 3.

García Berrio, Antonio (2000) "Retórica figural. Esquemas argumentativos en los sonetos de Garcilaso" Edad de Oro, 19.

García Berrio, Antonio (2009) El centro en lo múltiple (Selección de ensayos) II. El contenido de las formas (1985-2005). Anthropos.

Hammond, Adam ; Brooke, Julian, and Hirst, Graeme (2013) "A Tale of Two Cultures : Bringing Literary Analysis and Computational Linguistics Together" In Workshop on Computational Linguistics for Literature, Atlanta, Georgia (EEUU).

Jockers, Matthew L. (2013) Macroanalysis. Digital Methods & Literary History. University of Illinois Press.

Moretti, Franco (2007) La literatura vista desde lejos. Marbot Ediciones.

Padró, Lluís y Stanilovsky, Evgeny (2012) "FreeLing 3.0: Towards Wider Multilinguality" in Proceedings of the Language Resources and Evaluation Conference (LREC 2012) ELRA. Istanbul (Turkey).

Prieto de Paula, Ángel L. (ed.) (1990) Garcilaso de la Vega. Poesías completas. Castalia.

Quilis, Antonio (1975 1984) Métrica española. Ariel.

Rivers, Elias L. (2009) El soneto español en el Siglo de Oro. Akal.

Valera Merino, Elena; Moíno Sánchez, Pablo, y Jauralde Pou, Pablo (2005) Manual de Métrica Española, Castalia.

[1] Desde los años 80, García Berrio ha dedicado bastantes trabajos a estudiar la sonetística áurea. Los principales estudios están hoy día recogidos en García Berrio (2009). Aquí citaremos sólo este libro recopilatorio.

[2] http://www.cervantesvirtual.com/

[3] http://www.bne.es/es/Catalogos/BibliotecaDigitalHispanica/Inicio/index.html

[4] http://nlp.lsi.upc.edu/freeling/

El uso de herramientas terminológicas como estrategia para la difusión web del patrimonio cultural

Mª DOLORES OLVERA-LOBO

molvera@ugr.es

Universidad de Granada

JUNCAL GUTIÉRREZ-ARTACHO

juncalgutierrez@ugr.es

Universidad de Granada

Resumen:

El crecimiento de la Web 2.0 ha ido en paralelo al de la propia Internet y ha supuesto un cambio social, no solo porque ofrece nuevas herramientas que multiplican las formas en las que se genera y distribuye el conocimiento, sino también porque modifica el medio a través del cual los individuos se comunican con el entorno. Si bien la denominada Web 1.0 se limitaba a ofrecer información, en la actual Web 2.0 (ya se habla además de Web 3.0 y 4.0) el contenido de los sitios web depende, en gran medida, de la información aportada por los usuarios, lo cual fomenta la interacción, la participación y la creación de redes sociales o comunidades (O'Reilly, 2007). Además, se convierte en una plataforma de información constantemente mejorada por una comunidad que no cesa de incorporar contenidos y en la que se aprovecha la inteligencia colectiva para producir un importante volumen de datos de gran valor.

En este contexto, los diferentes agentes y organismos existentes en torno al patrimonio histórico-artístico, como ya ha sucedido en otras áreas similares, se enfrenta a unos cambios muy importantes para asegurar su difusión. Como ejemplo, cabe mencionar el hecho constatado de que el público interesado en conocer y visitar los bienes de interés patrimonial cada vez más, cuenta con un importante protagonismo y autonomía a la hora de preparar sus viajes (Olvera-Lobo & Gutiérrez-Artacho, 2014). Ciertamente, los usuarios no sólo localizan información en buscadores web y en portales turísticos, sino que se dirigen a comunidades y redes sociales indagando en las opiniones de otros usuarios, comparando precios, organizando su viaje, y compartiendo sus propias experiencias con el resto de usuarios. Por su parte los responsables, los organismos y las instituciones encargados de la gestión de los bienes inmuebles deben aprovechar la propia evolución de la red, que se basa en la colaboración y la socialización de la información (Alonso Almeida et al., 2008; Olvera-Lobo & Gutiérrez-Artacho, 2012; Olvera-Lobo & Gutiérrez-Artacho, 2014), lo que permite al usuario tomar el control de la situación.

El objetivo general de la investigación realizada es contribuir al debate acerca del desarrollo de herramientas en el contexto del acceso a la información web para aumentar su visibilidad. Para ello, nos planteamos como objetivos específicos incidir en el papel fundamental de la Web como plataforma para la difusión de información especializada multilingüe; apoyar la idoneidad del uso de herramientas terminológicas para facilitar el acceso a la información de sitios web (monolingües, bilingües y/o multilingües) y su visibilidad; y, presentar una propuesta de integración de información terminológica en sitios web especializados en patrimonio cultural. Como ejemplo de aplicación tomamos el sitio web bilingüe del Patronato de la Alhambra y el Generalife (Granada).

En efecto, desde hace años, el recinto monumental de la Alhambra constituye el monumento más visitado de España, con casi dos millones y medio de visitantes anuales. Es indiscutible su relevancia turística y económica, y no sólo desde una perspectiva local o regional, sino incluso nacional. Desde el punto de vista terminológico destaca la riqueza léxica de los diferentes elementos que conforman esta ciudad nazarí así como los relacionados con las múltiples actividades colaborativas que desarrolla el Patronato de Alhambra junto a numerosos organismos culturales a nivel nacional e internacional.

Partiendo de la información recogida en el sitio web del Patronato de la Alhambra se llevó a cabo la extracción y análisis de dicho corpus. Éste estaba constituido por muy numerosos archivos en muy diversos formatos —HTML, PDF, jpg, etc.—, y casi setenta mil palabras en español e inglés. El análisis textual incluyó un proceso de tokenización o segmentación en el que se adoptaron decisiones relativas a la separación de palabras —carácter espacio, punto, comas, etc.—, al tratamiento de los caracteres especiales —alberc□—, de los acentos, de los números, la detección de sintagmas y grupos nominales —nombres propios y expresiones multipalabra— o la selección de mayúsculas/minúsculas. El análisis de frecuencias permitió agilizar la construcción del corpus terminológico final mediante la supresión de palabras vacías –léxico no especializado— o la eliminación de palabras muy poco frecuentes —en ocasiones, errores tipográficos, o bien palabras muy específicas con poca probabilidad de resultar de interés para el usuario del sitio web—.

Asimismo, la lematización permitió relacionar cada lema con sus variantes morfológicas.

Tras este proceso se obtuvieron más de quinientos términos en lengua española a partir de los que se diseñó y creó la base de datos bilingüe (español–inglés) que incluye información básica de cada término (definición, categoría gramatical, categorías conceptuales, ilustración, entre otros datos). Además, se han incorporado las relaciones conceptuales entre los diversos términos y se les ha asignado la notación correspondiente a su campo temático según un sistema normalizado de clasificación ampliamente utilizado. Dada la riqueza léxica de nuestro objeto de estudio y las múltiples áreas temáticas implicadas, se han creado varios mapas conceptuales de acuerdo a diferentes campos, donde todos los términos analizados se encuentran relacionados entre sí de un modo u otro. La incorporación de una interfaz gráfica que permita la visualización de las jerarquías conceptuales y la navegación interactiva amigable convierten a este tipo de herramientas en un complemento imprescindible de los sitios web con información especializada.

La implementación de una herramienta terminológica multilingüe integrada en los sitios web con información sobre patrimonio facilitaría a los usuarios potenciales -e investigadores, , educadores, especialistas en patrimonio profesionales del turismo, visitantes, entre otros- el acceso a la información web incrementando por tanto la difusión y visibilidad de la misma.

Referencias:

Alonso Almeida, Mar; Figueroa Domecq, Cristina; Rodríguez Antón, José Miguel; Talón Ballestero, Pilar (2008). —El impacto de la tecnología social en las decisiones de consumo turístico‖. VII Congreso —Turismo y Tecnologías de la
Información y las Comunicaciones‖, Turitec 2008. Málaga, 25 al 26 de septiembre de 2008

O'Reilly, T. (2007) —What Is Web 2.0: Design Patterns and Business Models for the Next Generation of Software‖. International Journal of Digital Economics. 65: 17-37

Olvera-Lobo, M.D.; Gutiérrez-Artacho, J. (2012) —Monumentos andaluces en la Web 2.0‖. III Congreso Internacional de Patrimonio y Expresión Gráfica Aplicada 2012. Granada, 21 al 23 de noviembre, 2012.

Olvera-Lobo, M.D.; Gutiérrez-Artacho, J. (2012) —Visibilidad y presencia de los bienes inmuebles de Andalucía en la Web 2.0‖. X Congreso Internacional de Turismo y Tecnologías de la Información y las Comunicaciones. Málaga, 23 y 24 de octubre de 2014.

Humanidades Digitales Hispánicas en la Red: prácticas comunicativas e impacto en la sociedad

ANA PANO ALAMÁN

ana.pano@unibo.it

Università di Bologna

En los últimos años se ha venido demostrando que el uso de las redes sociales y de las herramientas de comunicación y colaboración en la Red transforman las maneras de divulgar la propia producción científica, no solo entre académicos sino también entre el público general. El estudio llevado a cabo por Rowlands et al. (2011) sobre el uso de estos medios por parte de 2000 investigadores en ciencias sociales y en humanidades de todo el mundo señala que estos utilizan los blogs, las herramientas pensadas para la colaboración, los sistemas de videoconferencia y las redes sociales virtuales como espacios complementarios del quehacer científico, para promocionar la propia investigación y desarrollar nuevos proyectos, incrementando su visibilidad en Internet y el interés de académicos, periodistas y público. No obstante, destaca también que el uso de estos medios obliga a los investigadores a adoptar nuevas estrategias comunicativas, pues "the key is really the ability they offer to be able to communicate quickly and effectively with diverse audiences" (p. 192). Los estudios dedicados al impacto de la web social en la investigación en Humanidades abordan generalmente el número de proyectos presentes en esos medios, la frecuencia de publicación de entradas en un blog (Terras 2012) o el uso de *hashtags* en Twitter durante congresos académicos (Ross et al. 2012). En la línea iniciada por estos análisis, este panel indaga los condicionantes y estrategias que caracterizan la comunicación de los proyectos de Humanidades Digitales Hispánicas en la Web 2.0. El panel pretende ser un espacio de reflexión crítica sobre las prácticas comunicativas que se adoptan hoy en día en blogs, webs y perfiles en las redes sociales de proyectos de investigación sobre humanidades digitales en español (http://grinugr.org/mapa/ y http://mapahd.org/el-mapa/), en relación con la reutilización de información presente en la Red, la organización y presentación de contenidos digitales, la interacción con públicos diversos y el impacto en la comunidad científica y en la sociedad.

¿Las puertas de lo imposible? POCRAM, una base de datos experimental en torno a la conversión religiosa en la longue durée. Problemas epistemológicos y posibilidades de análisis.

NICOLÁS PERREAUX

nicolas.perraux@orange.fr

Université Paris Est-Créteil

MARISA BUENO

marisa.bueno@univ-nantes.fr

Université Paris Est-Créteil

La gran masa de datos digitalizados en los últimos años proporciona a los investigadores un fácil acceso a las fuentes y favorece la creación de nuevos métodos de análisis y tratamiento de datos que condicionan los resultados de la investigación histórica. Pero a pesar del gran número de datos disponibles hay que señalar la escasa utilización de los mismos en la construcción del discurso histórico.

En la presente comunicación presentamos las reflexiones epistemológicas sobre las transformaciones de los métodos de investigación a partir de nuestras experiencias previas y que coinciden en un mismo proyecto de investigación: POCRAM, http://pocram.hypotheses.org. El objetivo es la construcción de una base de datos experimental en la que el análisis matemático y estadístico ofrezcan una visión complementaria a la construcción clásica del discurso sobre la conversión religiosa en su dimensión histórico-política.

La multiplicación exponencial de las fuentes disponibles permite analizar el corpus seleccionado a partir de otras variables a través de un diseño adecuado: curvas de frecuencia de un nombre, análisis lexicométrico y semántico que permiten analizar la migración del significado de conceptos como conversio, heresis, idolatría, religio, –entre otros-. Este tipo de análisis permitirá una justa aproximación a los conceptos y un análisis diacrónico de sus significados depurando los distintos significados históricos utilizados en la historia medieval y moderna.

Así mismo la base de datos permitirá superponer diferentes y múltiples demandas que nos remiten a diferentes cronologías ilustrando la variación de uso de los conceptos y el análisis de las ideologías subyacentes en cada periodo. La creación de una base de datos múltiple, integrando distintas lenguas (latín, romance, francés, inglés) permite realizar al mismo tiempo exploraciones geográficas que son claves a la hora de comprender la arqueología de los discursos políticos.

Un proyecto de estas condiciones no está exento de dificultades que deben ser expuestas y analizadas:

1. Problemáticas relativas a la selección del corpus a analizar: amplitud cronológica del proyecto (desde la tardo antigüedad hasta el siglo XVIII) ; amplitud geográfica (contexto europeo en el periodo tardo antiguo y medieval, y la dimensión mundial en el periodo moderno), así como la pluridisciplinariedad del mismo (fuentes textuales, iconográficas…).
2. Observaciones generales relativas a la distribución de fuentes documentales disponibles on-line por periodos. Las fuentes disponibles en modo txt. son muy abundantes para el periodo tardo antiguo y para la alta edad media, debido a la existencia de experiencias previas en proyectos de digitalización y análisis textual en estos periodos. Sin embargo a pesar de la

abundancia de fuentes disponibles para la edad media y sobre todo para la edad moderna, en la mayoría de los casos encontramos textos incompletos, traducciones o textos en modo imagen. Esta última cuestión nos confronta con la ardua tarea de la OCRsación de textos con los consabidos errores mecánicos y la necesidad de relecturas y correcciones . A pesar de la existencia de diferentes programas libres que permiten una primera conversión de los mismos, los resultados no son aptos para ser codificados directamente para su uso informático directo en proyectos de carácter científico.

3. Clasificación temática de los recursos a utilizar. El volumen de textos a utilizar nos confronta a una reflexión temática relativa a la clasificación de los mismos, en principio inspirada en la tesis de Bruno Dumézil, Les racines chrétienes de l'Europe (Fayard, Paris,2005), que propone una articulación del corpus a través de diferentes marcadores temáticos: textos teóricos (patrística, filosofía); normativa legal y eclesiástica; práctica jurídica; textos narrativos (historias, crónicas, relatos hagiográficos); iconografía y arqueología, lo que provoca la distribución de las fuentes en diversos subcorpus con diferentes tratamientos en función de la naturaleza de los mismos. Si bien en principio la riqueza del corpus anima a la investigación, al mismo tiempo es altamente problemática, dataciones, corpus compuestos y la imprescindible limpieza de textos, lo que provoca una gran lentitud en el trabajo.
4. Problemas técnicos, relativos a la selección del modelo de base de datos. Los modelos constituidos por fichas temáticas o por selección puntual de textos, constituyen un modelo en auge por su mayor flexibilidad. Estas bases de datos constituyen repositorios de fuentes que el historiador y el gran público pueden utilizar, si bien las posibilidades de análisis de concurrencia son limitadas. Los programas que incluyen modelos matemáticos y estadísticos provocan unas mayores dificultades técnicas y una fuerte interdisciplinariedad entre el campo de las ciencias humanas y la programación informática, son fuertemente experimentales y permiten una riqueza en el análisis que abre las puertas a otra dimensión epistemológica modificando en muchos casos los resultados de la investigación histórica, ya que posibilitan el tratamiento de un mayor número de datos que solo pueden ser analizados matemáticamente y posteriormente analizados en clave histórica.
5. Presentamos también los problemas a los que nos hemos visto confrontados a la hora de la selección de plataforma para albergar el proyecto: Telma (IRHT); ARTFL (Universidad de Chicago), http://www.lib.uchicago.edu/efts/ARTFL/philologic, Txm, ENS- Lyon II, http://textometrie.ens-lyon.fr; CWB, desarrollada en las Universidades de Osnarbrück y Lancaster, http://cwb.sourceforge.net .

El objetivo de la comunicación, no es otro que participar en la discusión teórica científica de esta reunión, presentando los problemas a los que nos hemos visto confrontados en el desarrollo de una herramienta digital de estas características, donde las decisiones tomadas condicionan los resultados y abren campos y puertas en la investigación que aún están sin explorar.

Hacia un hipertexto crítico del siglo XVII: la polémica en torno a la poesía de Luis de Góngora

SARA PEZZINI

sarpezzini@gmail.com

HÉCTOR RUIZ

hector.ruiz.soto@gmail.com

La difusión de los grandes poemas de Luis de Góngora (la *Fábula de Polifemo y Galatea* y las *Soledades*, entre 1613 y 1614) marca la última fase de la reflexión sobre la lengua poética vernácula, reflexión que empieza al principio del XVI con Garcilaso y Boscán, se prolonga en las *Anotaciones* de Fernando de Herrera y desemboca en la polémica que en torno a Góngora defiende su "nueva poesía". En el caso de Góngora, la polémica dura cincuenta años y produce, en todo el imperio de los Austrias, un ingente volumen de documentos dispares: cartas, respuestas, papeles, pareceres, censuras, apologías, defensas, ilustraciones y comentarios. En 1662 se publica en Lima el último documento importante de la polémica, el *Apologético* de Espinosa Medrano. Estos cincuenta años de producción crítica han despertado el interés de los principales gongoristas del siglo XX: Dámaso Alonso, cuyo aporte ha sido fundamental, así como Miguel Artigas, Alfonso Reyes o Emilio Orozco (1925, 1927, 1969). El desarrollo de los estudios sobre Góngora ha puesto paulatinamente el foco sobre el debate de la "nueva poesía": la investigación sobre la polémica se ha sistematizado y afianzado. Algunos textos del corpus han sido editados de manera modélica, como la correspondencia completa de Góngora (Antonio Carreira, 1999) donde abundan las alusiones a los primeros lectores de las *Soledades.* Sus reacciones son el punto de partida de la polémica y constituyen un aporte fundamental para el estudio de la obra del poeta cordobés, partiendo del postulado de que la literatura secundaria coetánea constituye un contexto imprescindible para el estudio de la literatura primaria. Sin embargo, los documentos del corpus polémico gongorino siguen siendo difíciles de encontrar. Solo una quinta parte se encuentra impresa hoy en día, teniendo en cuenta que la mayoría de los textos son manuscritos. Algunas piezas, como las *Epístolas satisfactorias* de Martín de Angulo y Pulgar (1635) pueden ser consultadas a partir de la digitalización en repositorios digitales, pero representan una minoría del conjunto. En 1994, Robert Jammes estableció un catálogo detallado de la polémica en un apéndice de su edición de las *Soledades*, con el objetivo de realizar una *recensio* definitiva de un corpus hasta entonces fragmentado y de estimular su estudio por parte de la comunidad científica.

Siguiendo esta tendencia de estudio de un texto poético a partir del corpus crítico coetáneo, el proyecto Góngora (2013, LABEX OBVIL, Paris – Sorbonne) dirigido por la catedrática Mercedes Blanco, constituye un proyecto de edición digital de los textos pertenecientes a la polémica gongorina. Reuniendo a cuarenta investigadores españoles, franceses, italianos y argentinos, el proyecto tiene como objetivo digitalizar, editar y publicar en la red un corpus crítico amplio (un centenar de textos aproximadamente) de naturaleza muy heterogénea y que constituye, en su conjunto, un análisis y valoración de la poesía gongorina. El trabajo editorial que nos ocupa consiste, en concreto, en publicar en una única plataforma HTML los textos manuscritos e impresos en formato XML/TEI.

El proyecto Góngora forma parte del laboratorio OBVIL de la Universidad Paris Sorbonne (Sorbona). Este laboratorio pretende seguir el ejemplo de otros proyectos de edición digital («Van Gogh. The letters», «Cervantes Virtual», «BaTyr», «Les nouvelles nouvelles de Donneau de Visé», etc.) para ofrecerle al lector plataformas de navegación y de lectura que reúnan la comodidad de la lectura multimedia y el rendimiento científico. El proyecto Góngora desarrolla en particular su propia plataforma de lectura. Por ejemplo, las notas marginales que los autores añaden a sus textos aparecen en nuestras ediciones en el margen del texto glosado: la versión HTML facilita por tanto la lectura del texto completo del autor, incluidas las notas autógrafas, y restituye la disposición original del manuscrito o del impreso. Esta plataforma pretende utilizar las nuevas tecnologías para restituir una experiencia de lectura del texto del XVII con la mayor comodidad para el lector. Además, el enriquecimiento multimedia de las ediciones permite añadirle al texto editado una digitalización del *codex optimus* sobre el que se basa el editor. La lectura en HTML permitirá de esta manera, como en el caso del *Parecer* del Abad de Rute (publicado en abril de 2015) consultar de forma conjunta la transcripción del texto y la fuente manuscrita o impresa elegida por los editores. Cada imagen está anclada con un hipervínculo al número de folio o de página en las ediciones HTML para que el lector pueda verificar la calidad filológica de los textos.

En el primer Congreso Internacional HDH, Jaime Galbarro presentó un primer panorama del trabajo llevado a cabo por los editores, mostrando con detenimiento el proceso de edición en TEI a través de una plantilla de word que permite una transformación automática en código XML. Esa etapa ya ha dado sus primeros frutos y los textos publicados en la página del LABEX OBVIL, algunos de ellos aún en desarrollo, permiten proyectar motores de búsqueda, sistemas de hipervínculos, reenvíos e índices. En resumen, permiten pasar del texto único (el *Parecer* del Abad de Rute o las *Epístolas Satisfactorias* de Martín de Angulo) al corpus de textos y del corpus de textos a la polémica gongorina como hipertexto.

En efecto, la transformación de un texto manuscrito o impreso en una base de datos textuales etiquetados con XML no es más que una etapa intermedia en el proceso de construcción de un hipertexto conjunto del corpus polémico en torno a Góngora. La etapa actual de nuestro trabajo consiste en concebir instrumentos científicos de navegación que renueven la lectura tradicional del corpus, sacándole todo el partido posible a la plataforma web de lectura, pero sin dejar de lado formas más tradicionales de acercamiento al mismo. Por tanto proponemos al menos tres formatos al lector: el epub, que permite une lectura individual de cada texto; el TEI, que permite el análisis textométrico del corpus polémico; el HTML, que debe permitir una lectura novedosa de dicho corpus como si de un único hipertexto se tratase. En la ponencia, queremos presentar el entorno HTML del proyecto tal y como lo proyectamos a partir del etiquetado TEI.

En esta comunicación, nos detendremos por tanto en la construcción de hipervínculos y de modelos de visualización del hipertexto que resulten de esta construcción de reenvíos. Nuestros textos comparten conceptos y lugares críticos, localizables por textometría a través del formato TEI. Además, el material polémico presenta la particularidad de multiplicar los reenvíos a otros textos en forma de ataques y defensas, de pastiches, burlas u homenajes. Gracias a los reenvíos, que cada editor localiza en su texto, proyectamos construir un mapa virtual de la polémica gongorina que permita leer de forma transversal las series correlativas de textos que estén directamente relacionados. La versión final de este mapa debería permitir visualizar la forma de la polémica gongorina, con atributos cronológicos y geográficos aplicados a cada texto. En efecto, dicho mapa contendría series textuales – los comentarios de un verso gongorino, en particular de las *Soledades*; la disputa epistolar entre dos o más autores; los plagios y los pastiches de la controversia - y también núcleos capaces de reunir todas esas series y de explicar la difusión de conceptos y textos anteriores. Entre estos núcleos, el primero será sin duda el texto y la biografía de Luis de Góngora, pero la aparición en este mapa de otros grandes intelectuales de la época (Lope de Vega, Jáuregui, Salcedo Coronel, Salazar Mardones…) permitirá además reordenar la historia de la polémica en torno a sus principales autores y reflexionar sobre el significado intertextual, histórico y cultural de la polémica como fenómeno literario.

Humanidades Digitales en el mundo VUCA: de las promesas a la realidad

ALEJANDRO PISCITELLI

piscitelli.alejandro@gmail.com

Universidad de Buenos Aires

En una reciente visita a Buenos Aires Franco Moretti expresó un un profundo desencanto frente al proyecto que viene llevando a cabo en los últimos años de cuantificar el sentido. En contraposición el ruso-norteamericano Lev Manovich no deja de asombrarnos con sus proyectos mas recientes (On Broadway, Selfiecity, The exceptional and the everyday, Phototrail, Manga Style Space, Timeline, etc) donde en una sucesión interminable de insights vemos lo mismo con ojos nuevos, es decir hacemos sentido donde antes no lo había. ¿A qué se debe esta asimetría y diferencia de actitud y resultados? ¿A que el pobre Moretti trabaja con textos que han sido por siglos el dominio de la lectura cercana y dónde la hermenéutica no tiene rivalidad? ¿A que Manovich encontró en la hermenéutica del Big Data el carácter productivo de la lectura distante que hace agua en el dominio de las palabras? Mientras, la expresión (y a práctica) "Humanidades Digitales" corre el mismo riesgo que el término Paradigma acuñado por Thomas Kuhn que antes de hacerse público a mediados de 1960 ya fungía en 30 usos distintos. Lo cierto es que gracias a un conjunto de factores contextuales e ínsitos las HD están en el corazón de una discusión acercad de métodos, objetos y producción de sentido -que oscila entre el endiosamiento y el escarnio- como nunca antes. Revisando algunas invariantes en el trabajo de estos autores y de otros padres fundadores de las HD buscaremos discernir cuantas de sus promesas se han convertido en Realidad. Sobretodo cuando el mudo VUCA aniquila cualquier certeza. ¿Quo vadis HD en la era de los algoritmos y las máquinas inteligentes?

Cartografía literaria de la lírica profana gallego-portuguesa

MIGUEL ÁNGEL POUSADA CRUZ

miguelangel.pousada@usc.es

Universidade de Santiago de Compostela

HELENA BERMÚDEZ SABE

helena.bermudez@usc.es

Universidade de Santiago de Compostela

Son muchos los elementos partícipes del fenómeno literario que podemos representar visualmente sobre un mapa: el origen de los/las autores/as, los espacios de la *performance*, las relaciones de mecenazgo, los lugares de los debates literarios, etc. Aun teniendo presente esta realidad, para poder llevar a buen término la fase inicial de este proyecto –que hemos decidido titular ***Cartografía literaria de la lírica profana gallego-portuguesa***– y que ahora presentamos, hemos decidido únicamente centrar la atención en las referencias textuales extraídas del producto literario propiamente dicho, es decir, de las *cantigas* profanas escritas en lengua gallego-portuguesa.

Aunque la idea no es original y son muchos los proyectos similares que nos preceden, nuestro objetivo es crear una herramienta auxiliar que complemente la información del corpus lírico gallego-portugués consultable en línea a través del banco textual *MedDB: Base de datos da Lírica Profana Galego-Portuguesa* del CRPIH, que, en su versión inicial, en red desde el año 1998, constituyó un importante hito dentro del estudio de esta escuela lírica medieval desde una perspectiva románica e interdisciplinar.

Nuestra intención no es únicamente facilitar información de tipo geográfico para localizar un topónimo mencionado en una cantiga concreta, sino que buscamos ofrecer una visión de conjunto que permita, por ejemplo, saber qué espacios geográficos son los más *poéticos* o cuál es la relación de un subgénero literario con la presencia de determinados espacios.

Desde el punto de vista metodológico, todo el proceso es elaborado a partir de tecnologías XML. En un primer momento, se extrae la información toponímica utilizando el lenguaje de consulta *XQuery*. Esta información se recupera de una manera rápida y eficaz debido al marcado XML empleado para codificar la información contemplada en *MedDB*. Posteriormente, utilizamos el lenguaje XSLT para crear un fichero KML. Uno de los motivos por los que se ha optado por el uso del KML es la ventaja que supone trabajar con un lenguaje basado en XML cuyo formato es, además, soportado por diferentes programas de información geográfica (*QGIS*, *WorldWind*, *Google Earth*, etc.).

Para la incorporación de las coordenadas geográficas hacemos uso de diferentes *gazetteers* o nomenclátores, pero la labor del filólogo/a resulta fundamental en este proceso para salvar las *anatopías*, esto es, las dificultades a la hora de localizar ciertos topónimos. Entre otras cuestiones, hacemos una distinción visual entre localizaciones geográficas reales, es decir, espacios en los que la ficción poética tiene lugar, y otras referencias literarias de difícil localización sobre el mapa (como los topónimos bíblicos Sodoma y Gomorra).

De un medio a otro: Actividades digitales para integrar escritura, lengua, cultura y comunicación en un curso híbrido de ELE

MÓNICA POZA DIÉGUEZ

pozamo@gmail.com

ALVARO LLOSA SANZ

lectorespa@gmail.com

En el otoño de 2014 se desarrolló en la Universidad Hobart and William Smith Colleges, bajo el marco del New York Six Blended Project (formado por seis Liberal Arts Colleges del estado de Nueva York) la asignatura Taller de Escritores (Spanish Writing Workshop), un curso híbrido dirigido a estudiantes de español como lengua extranjera de nivel intermedio (B1-B2) con los objetivos de mejorar la escritura personal y académica en español al tiempo que se promovía, en un entorno de actividad transmedia, el trabajo colaborativo y profesional sobre diferentes aspectos y materiales de la cultura hispánica. Mostraremos el diseño del curso y algunos ejemplos de actividades efectivas y bien conectadas entre sí en entornos híbridos. Veremos cómo estas actividades permiten la creación progresiva de una comunidad de aprendizaje y práctica de escritura a partir de la potenciación personal y grupal que la integración de herramientas para la alfabetización digital permiten, consiguiendo como resultado textos publicables en forma de proyectos web, discusiones críticas en plataformas blogueras, o la cobertura colaborativa de eventos a través de redes sociales, siempre con el foco en la práctica de las habilidades comunicativas propuestas para el curso, el desarrollo de contenido escrito relevante y el acceso a temas de cultura desde lo local a lo global.

La edición crítica y archivo digital de La dama boba de Lope de Vega

MARCO PRESOTTO

marco.presotto@unibo.it

Università di Bologna

SÒNIA BOADAS

sonia.boadas@gmail.com

Esta comunicación presenta los resultados del proyecto de edición digital de *La dama boba* de Lope de Vega, coordinado por Marco Presotto con el asesoramiento de Francesca Tomasi, fruto de la colaboración entre el grupo de investigación Prolope, la Biblioteca Nacional de España y la Universidad de Bolonia. La aplicación permite acceder al texto crítico comentado de la obra y visualizar también los testimonios de la pieza de manera sinóptica gracias a una estructura modular. Se propone además la representación de las correcciones que se produjeron a lo largo de la escritura del manuscrito autógrafo, ofreciendo así una lectura genética del documento. A partir de la versión actual, en la que están a disposición solamente los documentos necesarios para la *constitutio textus*, se prevé la ampliación de los contenidos para que la aplicación pueda convertirse en repositorio documental y comprender la tradición textual en su totalidad y los textos de las principales adaptaciones contemporáneas.

El proyecto tiene el objetivo de ofrecer un nuevo modelo de representación de la complejidad de la tradición textual del teatro del Siglo de Oro. A veces, una comedia presenta documentos de diferentes tipologías y origen, relacionados con el proceso de escritura o las vicisitudes de la puesta en escena, y transmiten en algunos casos una estratificación de intervenciones que dan cuenta de la vida de la obra en las tablas. El texto impreso, a menudo, es el resultado final de una constante corrupción de la pieza con respecto a la voluntad originaria. La presencia del mismo autor en la publicación no es garantía de fiabilidad, ya que no siempre conlleva su atenta revisión del texto editado. Cuando se conservan manuscritos autógrafos, allí las intervenciones de autor permiten apreciar, en varios casos, la historia de la génesis de la obra, los *pentimenti*, la construcción *in itinere* de una secuencia o una entera escena o la revisión completa de la pieza debida a causas ajenas al propio autor. La edición crítica tradicional, con sus exigencias y limitaciones también derivadas del soporte en papel, por lo común reduce mucho la atención a todos estos aspectos materiales de la tradición textual, relegándolos generalmente a un apéndice o a una síntesis introductoria. *La dama boba* se conserva en testimonios muy peculiares: el manuscrito autógrafo, una copia que posiblemente deriva de la memorización ilegal de la pieza durante las representaciones, y una edición cuidada por el mismo autor. Las diferencias entre estos tres documentos revisten notable interés desde el punto de vista ecdótico, bibliográfico y codicológico, que ha dado lugar a un interesante debate.

La presentación de este proyecto en el II congreso de Humanidades Digitales Hispánicas supondrá, por una parte, su culminación, y por otra, tiene la esperanza de contribuir al desarrollo de las ediciones críticas digitales de nuestro teatro del Siglo de Oro.

Spanish approach of Epigraphic Echoes (EpiEch), an interdisciplinary project for the study of inscriptions from Antiquity to nowadays

MANUEL RAMÍREZ

manuel.ramirez@ulpgc.es

Universidad de Las Palmas de Gran Canaria

MARCO PRESOTTO

marion.lame@ilc.cnr.it

The Epigraphic Echoes (EpiEch) project conjugates epigraphic research with the methods of Public History, by studying the diachronic, diatopic and diastratic reuse of inscriptions from Antiquity to nowadays, from the Balkans to the Iberian Peninsula. It aims at identifying patterns in epigraphic communication among inscriptions that are distant in sapce and time in order to shed lights on the intercultural continuity from one society to another one and how identities of local community was designed thanks to those visble words. Similar ambition are faced currently by research projects in philology, focusing on the intertextuality between epigraphic and non epigraphic texts. *Memorata Poetis* works on an exhaustive diachronic corpus of multilingual epigramms. Although the numerous and various relationships between epigraphy and literature are basic components of the epigraphic and historical methods, they are not sufficient to draw a complete standpoint of entangles dynamics of social and cultural realities. EpiEch wants to elaborate a genuine digital method applied in a diachronic way on epigraphic material.

Digitalización y modelización 3D de inscripciones romanas: del Museo a los dispositivos móviles

MANUEL RAMÍREZ-SÁNCHEZ

manuel.ramirez@ulpgc.es

Universidad de Las Palmas de Gran Canaria

JOSÉ PABLO SUÁREZ-RIVERO

En los últimos años se han experimentado notables avances en las tecnologías basadas en el procesamiento digital de imágenes, que han permitido poner en marcha algunos proyectos pioneros de tratamiento digital de imágenes y modelización en 3D en campos, hasta ahora ajenos a estas técnicas. En concreto, en el campo de la Epigrafía, una ciencia fundamental en la formación de historiadores y filólogos, se han producido interesantes avances en España, gracias a la consecución de dos proyectos de innovación científica financiados por la Fundación Española para la Ciencia y la Tecnología (FECYT) del Ministerio de Economía y Competitividad (MINECO) del Gobierno de España. En la presente comunicación se explicará la metodología empleada en la digitalización y modelización 3D de inscripciones romanas del Museo Arqueológico Nacional (Madrid) y del Museo Nacional de Arte Romano (Mérida), así como los retos futuros que tienen los Museos para la puesta en valor de sus colecciones y su accesibilidad a través de los dispositivos móviles.

Georeferenciación de cartografía antigua con la ayuda de la comunidad: la experiencia de la Cartoteca de Cataluña (ICGC)

NOELIA RAMOS ESPINOSA

noelia.ramos@icgc.cat

Institut Cartogràfic i Geològic de Catalunya

Resumen:

En esta comunicación vamos a presentar la iniciativa de georeferenciación colaborativa de la Cartoteca del Institut Cartogràfic i Geològic de Catalunya (ICGC). Se trata de un proyecto realizado en tres campañas (2012/2014) donde se ha utilizado una herramienta en línea adaptada a las colecciones de la Cartoteca Digital del ICGC. La Cartoteca digital sirve las imágenes digitales y la aplicación de georeferenciación y los voluntarios asignan las coordenadas geográficas. Una vez georeferenciados, los mapas se pueden visualizar de forma inmediata sobre cartografía actual y quedan a disposición de toda la comunidad.

El reto: georeferenciar mapas antiguos digitales:

Una vez creadas con éxito las cartotecas digitales el nuevo reto está siendo la georeferenciación de los fondos mediante la adopción de Sistemas de Información Geográfica (SIG). Se trata de la unión de software específico y bases de datos espaciales que almacenan y gestionan geoinformación (información geográficamente referenciada). Cuando las colecciones de cartografía antigua digitalizada se manipulan en un SIG se añade una componente temporal al resultado, ya que facilitan la visión del territorio a lo largo del tiempo.

Los mapas, como representación espacial del territorio, tienen unas coordenadas que los sitúan en un espacio determinado. El proceso de aplicar esas coordenadas al mapa digitalizado mediante un SIG se llama georeferenciar y es una práctica que enriquece el objeto digital y multiplica su explotación.

El proceso de georeferenciación de mapas antiguos consiste en asignar pares de puntos homólogos, también llamados "Ground Control Point" (GCP), que identifiquen el mismo lugar en el mapa antiguo y el actual. A partir de 3 o más pares de GCP se puede computar una solución matemática que permita la rotación y traslación del mapa al espació actual. Esta operación es relativamente sencilla, pero el número total de GCP a identificar en una imagen dependerá de la antigüedad del mapa a georeferenciar (Roset, R., 2011) y de las características de la imagen. Todo el proceso puede durar entre 5 y 30 minutos dependiendo del número de GCP a asignar.

Algunas de las principales ventajas de georeferenciar mapas antiguos son (Fleet at al, 2012):

1. Ir más allá de los catálogos tradicionales de las bibliotecas y convertirlos en buscadores geográficos. Asignar áreas geográficas alfanuméricas a los documentos ha sido una ardua tarea para los cartotecarios con un resultado desigual en las búsquedas. Las coordenadas geográficas en cambio, aportan precisión y estabilidad a la recuperación de la información. Un buen ejemplo de ello son las soluciones de búsqueda geográfica como el portal de las colecciones catalanas de mapas Cartocat [1] impulsado por el Institut Cartogràfic i Geològic de Catalunya (ICGC) y la Biblioteca de Catalunya o la anglosajona Oldmapsonline [2].
2. Optimizar la visualización con servicios de mapas que utilicen estándares abiertos OGC,

como los visores de mapas oficiales (Visor del IGN [3], Vissir ICGC [4], IDEs,...) o sistemas comerciales como Google Maps o Google Earth.

3. Abrir nuevas líneas de investigación en el estudio de historia de la cartografía. La implementación de programas para el estudio de la geometría y la exactitud de los mapas antiguos como MapAnalyst [5], cuyo objetivo es evaluar la distorsión y la precisión de la cartografía antigua georeferenciada.
4. Modernizar la difusión del patrimonio cartográfico, añadiendo utilidades para comparar mapas antiguos y/o contemporáneos mediante transparencias, herramientas de medida y dibujo.
5. Enriquecer los mapas antiguos mediante la integración con otra información científica, humanística o social. La cartografía antigua es una base excepcional en la investigación histórica en muchos campos científicos. Las humanidades digitales a las que va dedicada este monográfico son un extraordinario ejemplo de ello.

Los proyectos de georeferenciación de cartografía antigua impulsados desde las propias cartotecas requieren de entrenamiento y pericia por parte del operador, software específico y tiempo. Según las particularidades de cada organismo estas tareas se han enfocado desde diferentes vertientes. Las primeras aproximaciones al asunto las encontramos en las bibliotecas públicas suizas que ya a mediados de la década de los 90 establecieron como obligatorio en las fichas MARC los campos 034 y 255 con las coordenadas geográficas de los mapas.

***Tabla 1**. Campos 034 y 255 extraídos de un registro bibliográfico*

034 1	$a a $b 500000 $d E0703000 $e E0760000 $fN0393700 $g N0364000
255	$a 1:500 000 $c (E 70°30'—E 76°00'/N 39°37'—N 36°40')

***Fuente:** Swiss National Library (**Oehrli, M. et al**, 2011)*

Esta práctica tan ortodoxa ha dado buenos resultados pero es muy costosa si la queremos aplicar de modo retrospectivo ya que deberíamos calcular las coordenadas y añadirlas a cada registro, aunque sencillas aplicaciones como la *Bounding Box Tool* [6] puedan aligerar la tarea.

Actualmente la tecnología permite asignar coordenadas a los mapas antiguos de manera más eficaz. Los proyectos de georeferenciación para grandes colecciones se han inclinado por el uso de SIG de escritorio, propios de las ciencias de la tierra. En el mercado hay aplicaciones para todos los gustos: propietarias (ArcGis, Autodesk, MapInfo...) o de código abierto (GvSig, Qgis, GDAL,...). Abordar proyectos de esta envergadura requiere de recursos económicos además de personal disponible y entrenado pero los resultados son de muy alta calidad. Para colecciones pequeñas otra posibilidad es el uso de sistemas en línea como Map Rectifier [7], aplicación online más asequible y fácil de usar.

Crowdsourcing para georeferenciar mapas antiguos online: la experiencia de la Cartoteca:

Una opción diferente al uso de softwares de escritorio es la georeferenciación en línea abierta a la colaboración o crowdsourcing que también ha sido muy exitosa en cartotecas de todo el mundo. Inspirada en el programa Map Rectifier, la New York Public Library (NYPL) lanzó Map Warper [8], elegido por las universidades de Harvard y Stanford. La iniciativa NYPL Map Warper hizo una llamada a la colaboración ciudadana para la rectificación de los mapas antiguos de su galería digital. En Europa, fue la Moravian Library checa quién impulsó el Georeferencer [9] que ya ha sido utilizado por los National Archief de La Haya, la British Library [10], la National Library of Scotland [11] y la Cartoteca del ICGC [12].

Las cartotecas se han beneficiado del crowdsourcing (Holley, R., 2010) en muchos aspectos: cumplir un objetivo pese a la falta de dinero, tiempo o personal; crear un grupo de expertos; implicar a la ciudadanía y reutilizar la inteligencia de la comunidad; enriquecer sus colecciones con etiquetas, descripciones, comentarios o geodatos; permitir el descubrimiento de nuevo conocimiento; establecer nuevas vías de confianza y comunicación con los usuarios; y alentar el espíritu de responsabilidad de la población sobre las colecciones patrimoniales.

Pero, ¿cómo motivar la participación? Es fundamental que el proceso sea sencillo pero también lo más ameno posible. Una estrategia actual – importada del campo de la educación- es la ludificación [13] o capacidad de mostrar una tarea como un juego y un sistema de recompensa (Deterding, S., 2011). La experiencia con el crowdsourcing en el ICGC (Ramos, N., 2012) demostró que los usuarios más activos estuvieron pendientes de la clasificación e incluso sugirieron mejoras para las maneras de puntuar. Para las dos campañas de georeferenciación se crearon tablas de clasificación para fomentar la competencia. El público de la Cartoteca Digital del ICGC demostró un gran conocimiento sobre el territorio, un alto respeto por el patrimonio cartográfico, e incluso hizo llegar múltiples mejoras para el sistema.

***Tabla 2**. Resumen de los resultados de las de campañas de georeferenciación colaborativa del ICGC*

2012	
Número de puntos de control (GCP) creados	16.154
Media de GPC por documento	16,17
Mayor cantidad de GPC en un documento	246
Mínimo de GPC requerido por documento	5
Usuarios únicos	88
Duración de la campaña	24 días
Documentos georeferenciados	999
Ediciones	1.997
2013	
Número de puntos de control (GCP) creados	8.332
Media de GPC por documento	16,73
Mayor cantidad de GPC en un documento	322
Mínimo de GPC requerido por documento	5
Usuarios únicos	42
Duración de la campaña	21 días
Documentos georeferenciados	498
Ediciones	1.089
2014 (datos provisionales)	
Número de puntos de control (GCP) creados	5.013
Media de GPC por documento	10
Mayor cantidad de GPC en un documento	71
Mínimo de GPC requerido por documento	5
Usuarios únicos	33
Duración de la campaña	42 días
Documentos georeferenciados	501
Ediciones	

Ilustración: El mapa con más GCP

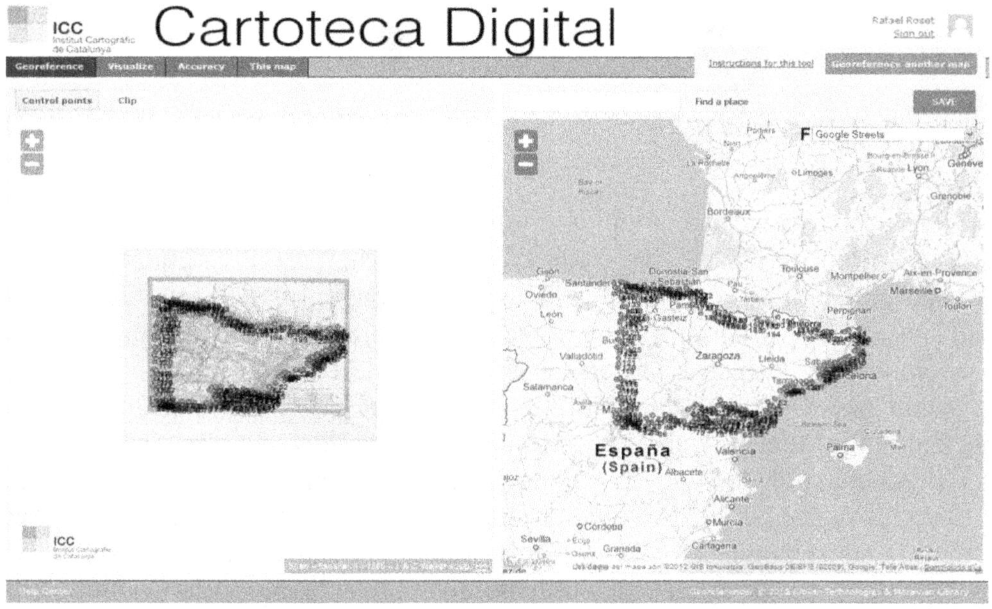

[1] Portal Cartocat: http://www.cartocat.cat [Consulta: abril 2015]
[2] Oldmapsonline: http://www.oldmapsonline.org [Consulta: abril 2015]
[3] Instituto Geográfico Nacional (IGN): http://www.ign.es [Consulta: abril 2015]
[4] Visir ICGC: http://www.icc.cat/vissir3/ [Consulta: abril 2015]
[5] MapAnalyst: http://mapanalyst.org/ [Consulta: abril 2015]
[6] Bounding Box Tool: http://boundingbox.klokantech.com/ [Consulta: abril 2015]
[7] Map Rectifier: http://labs.metacarta.com/rectifier/ [Consulta: abril 2015]
[8]NYPL Map Warper: http://maps.nypl.org/warper/ [Consulta: abril 2015]
[9] Georeferencer : http://www.klokantech.com/georeferencer/ [Consulta: abril 2015]
[10] Georeferencer British Library: http://www.bl.uk/maps/ [Consulta: abril 2015]
[11] National Library of Scotland: http://geo.nls.uk/maps/georeferencer/ [Consulta: abril 2015]
[12] Georeferenciación del ICGC: http://cartotecadigital.icc.cat/cdm/Georeferenciacio [Consulta: abril 2015
[13] La ludificación —a veces traducido como gamificación, jueguización o juguetización- es el uso de técnicas y dinámicas propias de los juegos y el ocio en actividades no recreativas: http://es.wikipedia.org/wiki/Ludificaci %C3%B3n [Consulta: abril 2015]

La producción de conocimiento en la era digital: el caso de Wikipedia

PAOLA RICAURTE

ricaurte.paola@gmail.com

El debate acerca del conocimiento se enmarca en un sistema de fuerzas y contextos en permanente tensión: por una parte, la instauración de un capitalismo cognitivo basado en bienes comunes intangibles e infinitos que tiende a la concentración y privatización de la información y el conocimiento (información y conocimiento como "commodities"); por otra, como resultado de este proceso de acumulación, la disparidad en la producción de información y conocimiento a nivel global que genera nuevas formas de control y exclusión (Hess y Ostrom, 2007; Graham, 2010, 2011, 2014); en contraparte, la emergencia de una comprensión del conocimiento como un bien compartido o procomún que debe ser concebido, defendido y construido (Hess y Ostrom, 2007); y, por último, el estado actual de desarrollo de las estructuras sociotécnicas y la creciente complejidad del ecosistema digital y comunicativo que recrea, reconfigura o busca transgredir los circuitos de producción, difusión y consumo del conocimiento dominantes. Estos escenarios nos proporcionan un marco de referencia para abordar el problema de la producción de conocimiento como "commodity" o como bien común y dan cuenta de la manera en que se materializan estas tensiones a partir de articulación entre estructuras económicas, sociotécnicas y comunicativas.

A partir del análisis de Wikipedia como locus paradigmático de la producción colectiva de conocimiento en el entorno digital, este trabajo se propone demostrar cómo se enfrentan las distintas fuerzas y sus implicaciones en términos económicos, sociales, tecnológicos y culturales. En este contexto, se discuten las posibilidades que se abren para construir nuevos objetos de estudio en contextos digitales y la necesidad de contar con marcos interpretativos que nos permitan comprenderlos en sus distintos niveles de complejidad. Sostenemos que los procesos de producción, circulación y consumo del conocimiento deben constituir un problema central de las humanidades digitales que se producen y se piensan desde los márgenes de la sociedad del conocimiento.

Definir, clasificar, usar, pensar las herramientas para las Humanidades Digitales: el proyecto MheDi

MARÍA GIMENA DEL RIO RIANDE

gdelrio@conicet.gov.ar

CONICET

El panorama sobre el acceso abierto es aún dispar en el mundo. Más allá de las Declaraciones elaboradas desde Europa, donde vienen realizándose trabajos pioneros, tanto a nivel comunidad europea como en lo que hace a las políticas culturales de los diferentes países, otras latitudes -Perú o Argentina- han decidido transformar el acceso abierto en ley y así comprometer a los Estados acerca de la necesidad de un acceso democrático e igualitario a la información. En Argentina, a partir de la ley 26.899 de creación de repositorios digitales institucionales de acceso abierto a datos y documentos, han crecido las necesidades de formación, servicios e infraestructura en tecnología aplicada a la producción, identificación, manejo y reuso de datos de investigación.

En este marco el Centro Argentino de Información Científica y Tecnológica (CAICYT, CONICET), dirigido por Mela Bosch, inició a fines de 2014 un Proyecto Institucional denominado Metodologías en Herramientas Digitales para la Investigación Científica (MHeDI) que se lleva adelante con las Áreas Comunicación Institucional y de Tecnología Documental de CAICYT y e investigadores de otros institutos de CONICET, además de instituciones nacionales e internacionales que colaboran activamente en las actividades de investigación del proyecto.

El objetivo de este proyecto es definir no solo instrumentalmente sino también ontológicamente cuáles son las herramientas que un Humanista Digital necesita para su labor académica (personal o colectiva) y asimismo encontrar los modos en los que esa información se recoleta en la web y los recursos y herramientas que se usan en este ámbito de producción académica (software open source, propietario, etc.). Sostenemos que el acceso a este material de primera mano posibilita la creación y la legitimación del campo de las Humanidades Digitales en español.

El proyecto contempla una línea temática dirigida a trabajar en general con metodologías en herramientas para producción de de datos y desarrollo de esquemas de metadatos para proyectos de investigación. En esta línea CAICYT está trabajando en el desarrollo de un Marco de verificación de calidad de metadata e infraestectura para datos primarios científicos. La otra línea temática está orientada al estudio de metodologías para el uso de herramientas digitales en el ámbito de Ciencas Sociales y Humanidades. Este tipo de experiencias es conocida genéricamente como Humanidades Digitales, un campo en franca expansión en el ámbito universitario y de la investigación que trasciende la simple etiqueta de disciplina.

Como todos sabemos, en el ámbitos hispánico las Humanidades Digitales representan un mosaico de iniciativas dispares, vinculadas a investigadores, docentes, grupos de investigación con desarrollos propios desde el punto de vista tecnológico pero que aún están lejos de acercarse a un estándar tanto en los aspectos de aprovechamiento de la oferta técnica, así como en los aspectos metodológicos y conceptuales. El proyecto MeHDI ofrece un ámbito de investigación, formación y desarrollo en este sentido, y se propone avanzar dando apoyo y formación a los investigadores que trabajan en plataformas de datos, anotación textual, lenguajes controlados y Humanidades en general en el ámbito de habla hispana.

Así, el propósito de el trabajo que aquí presentamos es comentar el modo en el que se encararon los pasos fundamentales del proyecto en lo que hace a su sección en Humanidades Digitales y cómo la vinculación con otras instituciones nacionales o del exterior fue fundamental para encauzar el trabajo que nos proponemos. Nunca mejor podrían aplicarse en este proyecto las nociones de co-working y crowdsourcing: en primer lugar, cuando procedimos a reunir información sobre herramientas digitales (software, recursos, métodos, bases de datos, bibliotecas, repositorios, etc.), realizar una traducción al español y un análisis taxonómico propio, entendimos que debíamos apelar a iniciativas con experiencia en el tema. Para ellos propusimos a DARIAH una traducción al español de la taxonomía sobre Humanidades Digitales denominada TaDiRAH (Taxonomy of Digital Research Activities in the Humanities), dentro de un vocabulario controlado alojado en el servidor semántico del CAICYT, accesible desde: Taxonomía sobre Investigación Digital en Humanidades. Partimos del proyecto que en este momento la Universidad de California, Berkeley (http://digitalhumanities.berkeley.edu) y el Centro de Graduados de la Ciudad Universidad de Nueva York (http://www.gc.cuny.edu), a través de la Fundación Mellon, han desarrollado a partir de la unión en un único nodo en la web de la biblioteca de recursos digitales de DiRT (Herramientas de Investigación digital) (http://dirtdirectory.org/), antes Bamboo Project, Commons in a Box (http://commonsinabox.org/), y el directorio del proyecto DHCommons (http://dhcommons.org). Sumamos a nuestro trabajo sobre este proyecto señero el de otras bibliotecas de herramientas digitales en inglés como TaPor (http://www.tapor.ca/), Force11 Resource and Tool Catalog (https://www.force11.org/catalog), CLARIN (https://user.clarin.eu/view_tools) y CLARIN España (http://www.clarin-es-lab.org/). Agregamos además a nuestro proyecto la información ya vertida en el Atlas de las Ciencias Sociales y Humanidades Digitales de la Universidad de Granada (http://grinugr.org/mapa/) y el LINHD-Laboratorio de Innovación en Humanidades Digitales de UNED (http://linhd.uned.es/herramientas/). Para quienes trabajan con herramientas y metodologías digitales, directorios como DiRT son guías esenciales a la amplia gama de herramientas que están disponibles para satisfacer las diversas necesidades en torno a la investigación y formación. Así y todo, para los investigadores de habla hispana estos directorios de información en inglés resultan de escaso rendimiento en la investigación, dado que utilizan un lenguaje poco familiar y en un idioma ajeno. Nuestro proyecto reutiliza estas iniciativas, y busca a través de la traducción de esta taxonomía y su aplicación a un corpus marcado, estructurar la información pertinente a las Humanidades Digitales y hacerla más homogénea y fácilmente hallable en la web, aunando así a la heterogénea comunidad de habla hispana del ámbito de las Humanidades Digitales

A sabiendas que en el LINHD se estaba trabajando en un proyecto similar y que "la unión hace la fuerza", al equipo trabajo y coordinación del MHeDI, la directora del CAICYT, Mela Bosch, Diego Ferreyra (Tecnología Documental CAICYT-CONICET), Fernando Ariel López, Mirna Prieto, Magdalena Biota (Comunicación Institucional de CAICYT) y Gimena del Rio IBICRIT (Instituto de Investigaciones Bibliográficas y Crítica Textual-CONICET), decidimos trabajar en co-working con investigadores del LINHD y a modo de colaboración con DiRT la traducción de todo el directorio de herramientas online al español. A este proyecto sumamos investigadores del Centro de Investigación en Mediatizaciones (CIM) de la Universidad Nacional de Rosario (Argentina), y mediante crowdsourcing a investigadores y estudiantes de la Universidad Nacional de La Plata (Argentina).

Creemos que la correcta localización y definición de las herramientas que un Humanista Digital necesita para su trabajo deben llevarnos a generar una taxonomía propia que no solo sirva para la dimensión instrumental de las Humanidades Digitales, sino que permita a investigadores, docentes e interesados, aplicar estas desde un conocimiento cabal y completo, que ayude además a pensar el modo de trabajo de los proyectos de investigación en Humanidades Digitales en el ámbito de habla hispana. Se trata no solo de definir, clasificar y usar, sino también pensar las herramientas y su condición de accesibiliadad para las Humanidades Digitales.

Investigar y enseñar la evolución histórica de los puertos atlánticos: El proyecto digital *e-port*

ANA MARÍA RIVERA MEDINA

arivera@geo.uned.es

UNED

MARTA GARCÍA GARRALÓN

mgarciag@madrid.uned.es

UNED – Madrid

ROBERTO J. GONZÁLEZ ZALACAIN

robgonzalez@la-laguna.uned.es

UNED - La Laguna

ÁLVARO CHAPARRO SAINZ

a.chaparrosainz@gmail.com

LINHD - ISEN

El proyecto digital "e-port: Cartografía Atlántica, siglos XIV-XVIII", que presentamos al Congreso organizado por *Humanidades Digitales Hispánicas. Sociedad Internacional II Congreso Internacional. Innovación, globalización e impacto*, nace del interés por analizar históricamente la evolución de la costa atlántica y, de manera particular, de sus infraestructuras y puertos a lo largo de un amplio marco cronológico. Dos son principalmente los ejes que estructuran el proyecto:

a) El estudio de la evolución de las representaciones de la costa atlántica, explorando las formas de las representaciones, su carácter material, real y simbólico, su plasmación objetiva o subjetiva y su funcionalidad.

b) El estudio de la evolución de la organización y del equipamiento de los espacios portuarios.

Las representaciones cartográficas, sean mapas, planos, portulanos, atlas, vistas, estampas o representaciones pictóricas portuarias, en las edades Media y Moderna son complejas construcciones que posibilitan el conocimiento de los puertos como núcleos situados entre la tierra y el mar. El análisis iconográfico y cartográfico de las imágenes permite al investigador examinar diversidad de elementos, como los símbolos y las representaciones científicas e imaginarias, las escalas, la proyección, los autores y destinatarios, los colores, los códigos, la decoración, la temática inspiradora y los textos complementarios que acompañan a la imagen. Todos ellos, en su conjunto, constituyen una fuente de información extraordinariamente rica para la interpretación histórica. El presente proyecto trata de mostrar dos de las potencialidades del proyecto: la investigación y la docencia.

Desde el punto de vista científico, la cartografía histórica se presenta como una fuente documental del máximo interés para la investigación. Ante nuestro interés por hacer posible un análisis del medio físico, geográfico o el contexto histórico y cultural en el que se han desarrollado las costas y puertos atlánticos en el arco temporal que se extiende desde el siglo XIV al siglo XVIII nos encontrábamos ante la necesidad de recurrir a medios tecnológicos, propios de las Humanidades Digitales. El resultado final de esta problemática ha sido la creación de una plataforma digital implementada con el software libre Omeka que nos permite abordar las líneas de investigación arriba mencionadas, siendo posible de este modo desarrollar un proyecto de investigación en base exclusivamente a los contenidos y herramientas que la plataforma nos ofrece. Se trata de un repositorio de imágenes históricamente y temáticamente contextualizado lo que la convierte en una herramienta de trabajo referente para quienes se interesan por la historia marítima.

Desde un plano pedagógico, la cartografía histórica posee numerosos componentes que no se observan en otros recursos docentes destinados a la enseñanza de la Historia, como son el hecho de poder trabajar directamente con fuentes primarias o el uso de herramientas digitales por parte del alumnado, actividad que constituye una de las principales competencias a desarrollar en los niveles de educación primaria. En este sentido, sirviéndonos de la tecnología del propio software Omeka, altamente dirigido a la realización de exposiciones virtuales a través de "Exhibits", deseamos mostrar las posibilidades de la herramienta para la construcción de unidades didácticas a partir de los contenidos insertos en la plataforma *e-port*. De este modo, conseguiremos que la investigación en Humanidades Digitales sirva, al mismo tiempo, para la transferencia de conocimientos en los diferentes niveles de enseñanza, tanto primaria, secundaria como superior. Además, se la presentará como un instrumento colaborativo en el que el alumno colabora y alimenta el proyecto de investigación de la misma manera que lo hace el responsable de la investigación. Por último, se destacará la transversalidad de la herramienta, pudiendo ser explotada por diferentes docentes responsables a su vez de temáticas curriculares divergentes.

El proyecto «e-port: Cartografía Atlántica, siglos XIV-XVIII» es el resultado del trabajo del grupo científico formado por Ana María Rivera Medina (UNED), Marta García Garralón (UNED), Roberto J. González Zalacaín (UNED), Alvaro Chaparro Sainz (LINHD - Casa de Velázquez) y Elena González-Blanco (LINHD-UNED). Se trata de un proyecto digital desarrollado tecnológicamente por el Laboratorio de Innovación en Humanidades Digitales (LINHD) y sustentado por las instituciones: Institut Français, Laboratorio de Innovación en Humanidades Digitales (LINHD), Universidad Nacional de Educación a Distancia (UNED) y Casa de Velázquez.

Humanidades digitales, una oportunidad para allanar la brecha entre las dos culturas

JAIME ALEJANDRO RODRIGUEZ RUIZ

jarodri@javeriana.edu.co

Pontificia Universidad Javierana

En esta comunicación breve presentaré los antecedentes de practicas y actividades que en la Universidad Javeriana (Bogotá - Colombia) podrían incluirse como propias del campo de las humanidades digitales.

En seguida expondré las iniciativas que se están desarrollando con el objetivo de diseñar y definir una unidad o estrategia institucional que favorezca el desarrollo de prácticas convergentes en el nuevo campo académico: análisis de antecedentes, diagnóstico de necesidades y encuesta a investigadores.

Finalmente se describirán tres actividades que en distintos momentos de desarrollo se acaban de emprender en el departamento de literatura de la Universidad para concretar proyectos enmarcables en el campo de la humanidades digitales:

1. Exploración de posibilidades de inclusión de la metodología "Distance Reading" de Franco Moretii en las actividades curriculares del departamento,
2. Desarrollo conceptual con miras a la implementación de un posgrado en ficción transmedia
3. Un proyecto que busca el registro neurofisiológico y la caracterización de momentos de producción de presencia en experiencias de uso de ficciones.

Proyecto Excerpta: un producto en dos capas para el etiquetado y consulta en web de florilegios latinos poéticos del siglo XVI

GREGORIO RODRÍGUEZ HERRERA

gregorio.rodriguez@ulpgc.es

Universidad de Las Palmas de Gran Canaria

Los florilegios, por su difusión e influencia, han tenido una gran relevancia para la configuración del pensamiento europeo, sin embargo hoy día son estudiados parcialmente y con un método pre-tecnológico que impide obtener resultados significativos y con rapidez.

Proyecto Excerpta se separa su producto en dos capas (cliente - servidor), lo que independiza la forma en la que se muestran los datos al usuario final, así como el almacenamiento y gestión de esos datos. Esta independencia permite a los investigadores crear sus propios programas informáticos para acceder a los datos directamente con fines específicos —sin tener que usar la aplicación web cliente—, lo cual aumenta considerablemente el alcance y la innovación de este proyecto.

En nuestro producto, *Proyecto Excerpta*, se podrán consultar florilegios latinos del siglo XVI por medio de un aplicativo alojado en una página web en el que de manera simple o combinada se puedan localizar los extractos por florilegio, autor, obra extractada, *titulus* en el que se ha insertado el extracto, subtítulo y término o palabra concreta. Para llegar a este producto final se ha diseñado también un aplicativo en el que los investigadores transcriben los extractos y son etiquetados en códico XML Por último, los datos obtenidos a través de la aplicación permitirán ampliar el espectro de análisis de los *excerpta* más allá del meramente literario y facititará las investigaciones no solo en humanidades sino también en ciencias sociales

La innovación que ofrece este proyecto es incremental con respecto a los buscadores de corpus, pero es una innovación disruptiva en el ámbito concreto de los estudios sobre florilegios, pues *Proyecto Excerpta* ofrece a los investigadores un servicio de búsqueda inexistente hasta ahora, que evitará la lectura de textos en formato tradicional, optimizará los recursos de investigación y permitirá obtener resultados de investigación significativos.

Gregorio Rodríguez Herrera
Gustavo Rodríguez Rodríguez
Oliverio J. Santana Jaria

Repensando los estudios metadisciplinares en la sociedad datacéntrica: análisis dinámico de las redes de conocimiento de la Historia del Arte a través de la base de datos ISOCArte (CSIC)

NURIA RODRÍGUEZ-ORTEGA

nuriar72@wanadoo.es

JOSÉ PINO DIAZ

jospindia@uma.es

Universidad de Málaga

ANTONIO CRUCES RODRÍGUEZ

antonio.cruces@uma.es

Universidad de Málaga

CARMEN TENOR POLO

carmen.tenor@gmail.com

RAFAEL BAILÓN-MORENO

bailonm@ugr.es

Universidad de Granada

Nuestra propuesta de comunicación tiene por objetivo presentar la metodología de trabajo, las técnicas de análisis y los resultados más relevantes alcanzados en el proyecto de investigación «Análisis estratégico y dinámico de la investigación en Historia del Arte en España», que se está desarrollando en el marco de un convenio de colaboración establecido desde junio de 2014 entre el grupo iArtHis_Lab de la Universidad de Málaga y el Centro de Ciencias Humanas y Sociales del CSIC para el análisis de las redes de producción y distribución de conocimiento en el ámbito disciplinar de la Historia del Arte [1].

1. Nuevas preguntas para tiempos nuevos:

Afirma Johanna Drucker (2014) que uno de los valores del digital turn es su capacidad para hacernos reflexionar, bajo el foco de una nueva luz, sobre las condiciones y circunstancias que han caracterizado nuestro ¿pasado? científico-académico. Así pues, el cambio experimentado por los procesos de producción y distribución del conocimiento en la sociedad digital nos impele a focalizar la atención en este aspecto, y a preguntarnos sobre cuáles son los procesos y condiciones que han regido la producción de conocimiento en el marco de la Historia del Arte; lo cual, de acuerdo con el pensamiento foucaltiano, nos confronta con la dinámica misma que subyace a la construcción de la Historia del Arte como instancia disciplinar; y nos sitúa, por tanto, en una perspectiva de análisis meta-disciplinar, entendiendo aquí meta-disciplina como la revisión crítica de la conformación y funcionamiento de las disciplinas en cuanto sistemas de institucionalización, control y organización de los conocimientos [2].

Asumiendo este punto de partida, las preguntas de nuestra investigación están modeladas por los presupuestos de la teoría del Actor-Red (Actor-Network Theory o ANT) de Bruno Latour, recientemente rebautizada como la ontología del actante-rizoma (Latour, 1983, 1992, 1998, 2005). La Teoría del Actor-Red, derivación de las ideas posestructuralistas sobre los procesos de producción de conocimiento, es uno de los planteamientos más disruptivos de las últimas décadas por lo que respecta al modo de entender estos procesos, integrando lo social, lo institucional y lo material. De acuerdo con Latour, el conocimiento el conocimiento ya no es –o no es solo- un conjunto de ideas sustanciadas en textos y libros susceptibles de análisis hermenéutico y/o desvelamiento crítico –el que ha sido hasta ahora el enfoque tradicional-, sino el resultado del conjunto de interacciones establecidas entre actores heterogéneos, humanos (investigadores, tecnólogos, gestores, etc.) o no humanos (centros de investigación, revistas, editoriales, financiadores, etc.), los cuales construyen, a través de estas interacciones, redes con morfología diversa y diferente nivel de intensidad. Estas redes se van redefiniendo a lo largo del tiempo en la medida en que actores y relaciones cambian, mostrando así distinto grado de variabilidad y/o estabilidad (Callon, Law, & Rip, 1986; Callon, 1989).

Por tanto, las preguntas a las que tratamos de responder en este proyecto son: cuáles son los actores implicados en los procesos de producción y distribución de conocimiento; cómo se conectan e interactúan entre sí; cuáles han sido (y son) las redes más estratégicas en dichos procesos [3]; cómo se distribuyen geográficamente y si esta distribución es significativa para entenderlos; y cómo estas redes (actores y relaciones) se mantienen o cambian en el eje temporal. Este análisis, por tanto, nos permite indagar también sobre cuáles han sido las estructuras jerárquicas y los centros de poder que han regido la organización de los conocimientos en el ámbito de la Historia del Arte.

2. Marco metodológico:

La teoría del Actor-Red, que ha mostrado ser muy útil para describir las complejas relaciones que se establecen en las redes del conocimiento tecno-científico (Echevarría & González, 2009), se asocia a las posibilidades de procesamiento de datos que nos permite la tecnología computacional, pues utiliza estas estrategias de análisis para descubrir y modelar cuáles son los actores, y cuáles son las redes que se establecen entre ellos. En nuestro proyecto concreto, estamos procesando un repositorio de datos preparado al efecto, el cual constituye una representación exhaustiva del conocimiento producido en el marco disciplinar de la Historia del Arte desde 1975. El conjunto de datos procede de los registros bibliográficos presentes en la base de datos ISOC-Arte del CSIC (Abejón Peña, 1983), conformada por 50.493 registros que referencian los artículos publicados en todas las revistas españolas del ámbito artístico, en un rango cronológico que va desde 1975 hasta 2014 [4]. El convenio firmado con el CCSH ha hecho posible el uso completo de estos datos.

Los actores que hemos considerado en nuestro análisis son: investigadores/autores, descriptores [5], revistas e instituciones-organizaciones, que se corresponden con los ítems de información proporcionados por los registros bibliográficos, a lo que se une los indicadores de localización, lo que nos permite llevar a cabo un análisis geo-espacial complementario al temporal. En este sentido, para realizar el análisis dinámico y trazar el desarrollo del campo, el eje temporal se ha dividido en 8 subperiodos de 5 años cada uno [6].

Los registros, formateados de acuerdo con el estándar RIS, han sido procesados utilizando técnicas de KDD (Knowledge Discovery in Databases), según estas se han desarrollado en el ámbito de la Ingeniería del Conocimiento. Las técnicas de KDD, que se basan en un amplio rango de estrategias de minería de datos, están pensadas para crear conocimiento nuevo y estratégico a partir del conocimiento implícito existente en grandes repositorios de datos estructurados (Hernández Orallo, 2000; Pierret and Boutin, 2004). Concretamente, en nuestro proyecto hemos aplicado el análisis de palabras asociadas (co-word analysis), ya que este se basa justamente en la Teoría del Actor-Red y su complementaria Teoría de la Traducción [7]. El análisis de palabras asociadas está guiada por un

principio esencial (He, 1999): todos los actores de una red, independientemente de cuál sea su naturaleza, pueden ser representados mediante palabras (de hecho, es así como los datos se representan mayoritariamente en los repositorios). La co-ocurrencia natural de palabras en un repositorio da lugar a la formación de redes o clusters que pueden ser cartografiadas. Para la obtención de estas redes o clusters utilizamos el índice de equivalencia o asociación8, que nos permite medir la fortaleza de las asociaciones que se establecen entre los nodos-actores (representados por palabras) [9]. Así, las palabras que co-ocurren con mayor frecuencia pueden ser analizadas como redes con fuertes asociaciones entre sus nodos, siendo estos los clusters más estratégicos del dominio [10].
Para el procesamiento de los datos se ha utilizado el sistema de conocimiento Techné Coword©, desarrollado por el grupo de investigación «Techne, ingeniería del conocimiento y del producto» de la Universidad de Granada.

3. Resultados e interpretaciones:

Los resultados que mostraremos durante la presentación comprenderán las diversas dimensiones – estratégica, espacial y dinámica- en las que estamos trabajando, y que podemos visualizar e interpretar a través de una diversidad de salidas gráficas. Ante la imposibilidad de ser exhaustivos en este texto, mostramos a continuación algunas de ellas a modo de ejemplo de las que se discutirán con más detalle durante la presentación.

1. El análisis de las redes propiamente dichas nos ha permitido conocer cómo estos actores se relacionan entre sí. Por ejemplo, los clusters conformados por la asociación de descriptores constituyen una representación gráfica de las redes temáticas de investigación, que se nos muestran así definidas conceptualmente por los subtemas (o nodos) que conforman la red. En los siguientes ejemplos obtenidos a partir del procesamiento completo del corpus podemos comparar las diferencias existentes entre la extensión y complejidad de las redes «arquitectura religiosa» y «pintura religiosa», y el carácter más concreto y polarizado de «artes aplicadas»; o también podemos analizar el ecosistema que constituyen los nodos temáticos de lo que se consigna como estudios de «arte contemporáneo» y de «iconografía» (donde quedan integrados los estudios sobre «mujeres») [11].

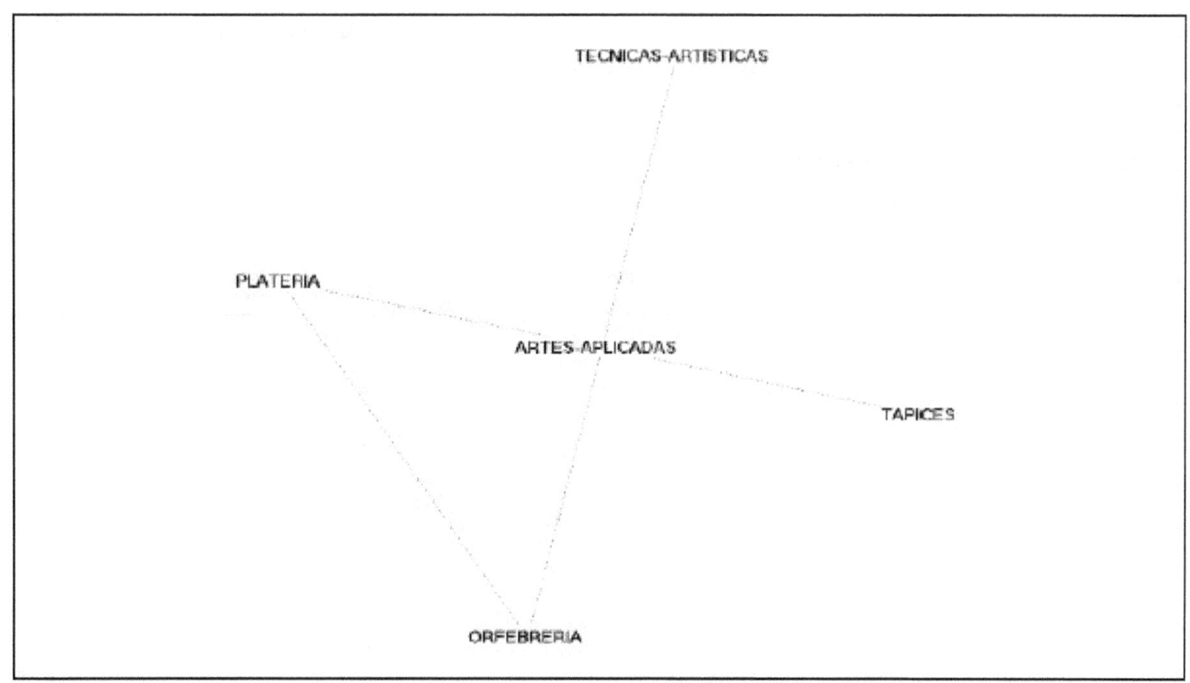

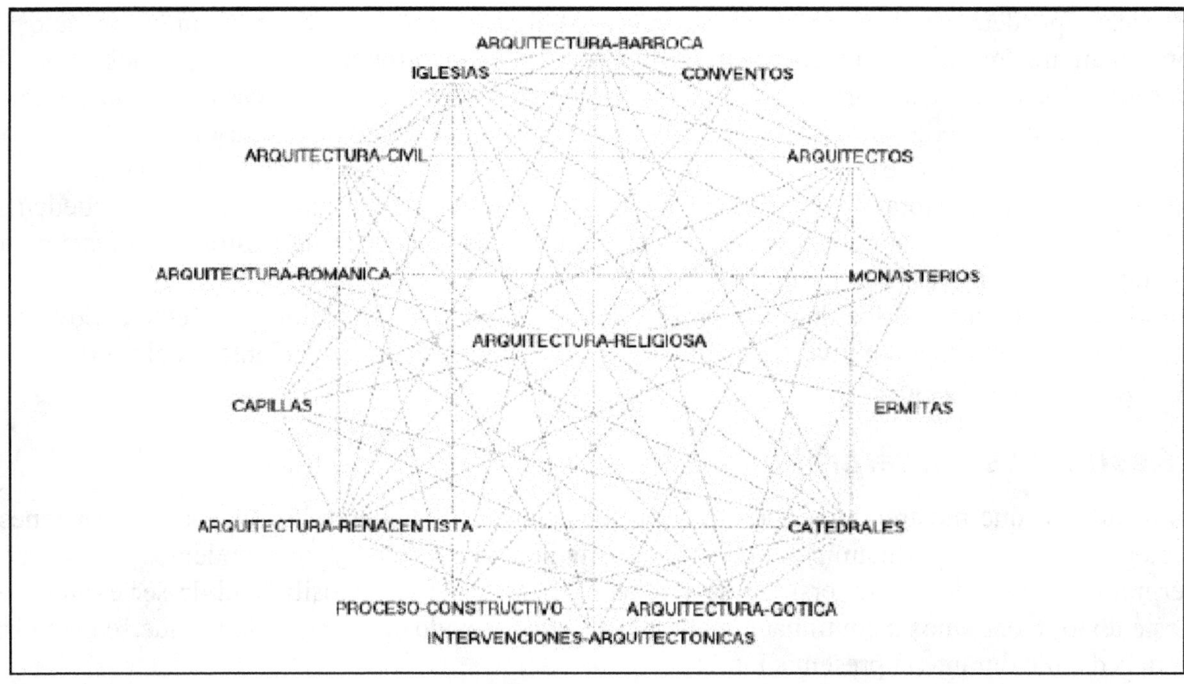
ARQUITECTURA-BARROCA
IGLESIAS
CONVENTOS
ARQUITECTURA-CIVIL
ARQUITECTOS
ARQUITECTURA-ROMANICA
MONASTERIOS
ARQUITECTURA-RELIGIOSA
CAPILLAS
ERMITAS
ARQUITECTURA-RENACENTISTA
CATEDRALES
PROCESO-CONSTRUCTIVO
ARQUITECTURA-GOTICA
INTERVENCIONES-ARQUITECTONICAS

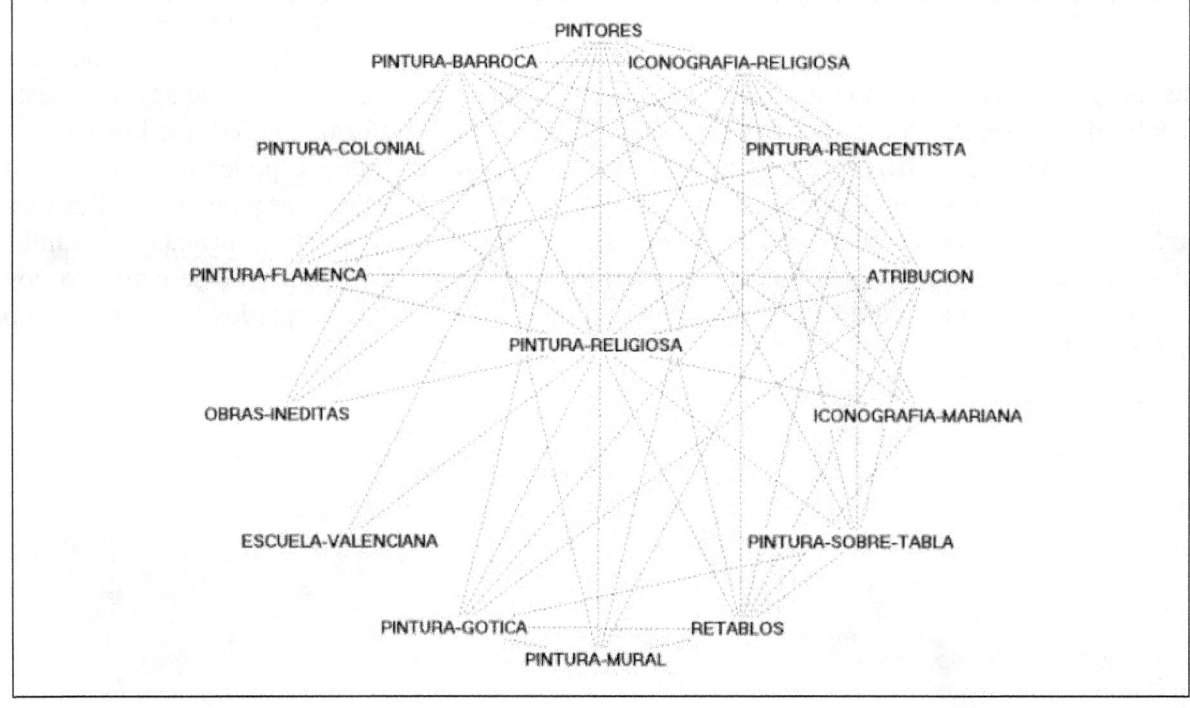
PINTORES
PINTURA-BARROCA
ICONOGRAFIA-RELIGIOSA
PINTURA-COLONIAL
PINTURA-RENACENTISTA
PINTURA-FLAMENCA
ATRIBUCION
PINTURA-RELIGIOSA
OBRAS-INEDITAS
ICONOGRAFIA-MARIANA
ESCUELA-VALENCIANA
PINTURA-SOBRE-TABLA
PINTURA-GOTICA
RETABLOS
PINTURA-MURAL

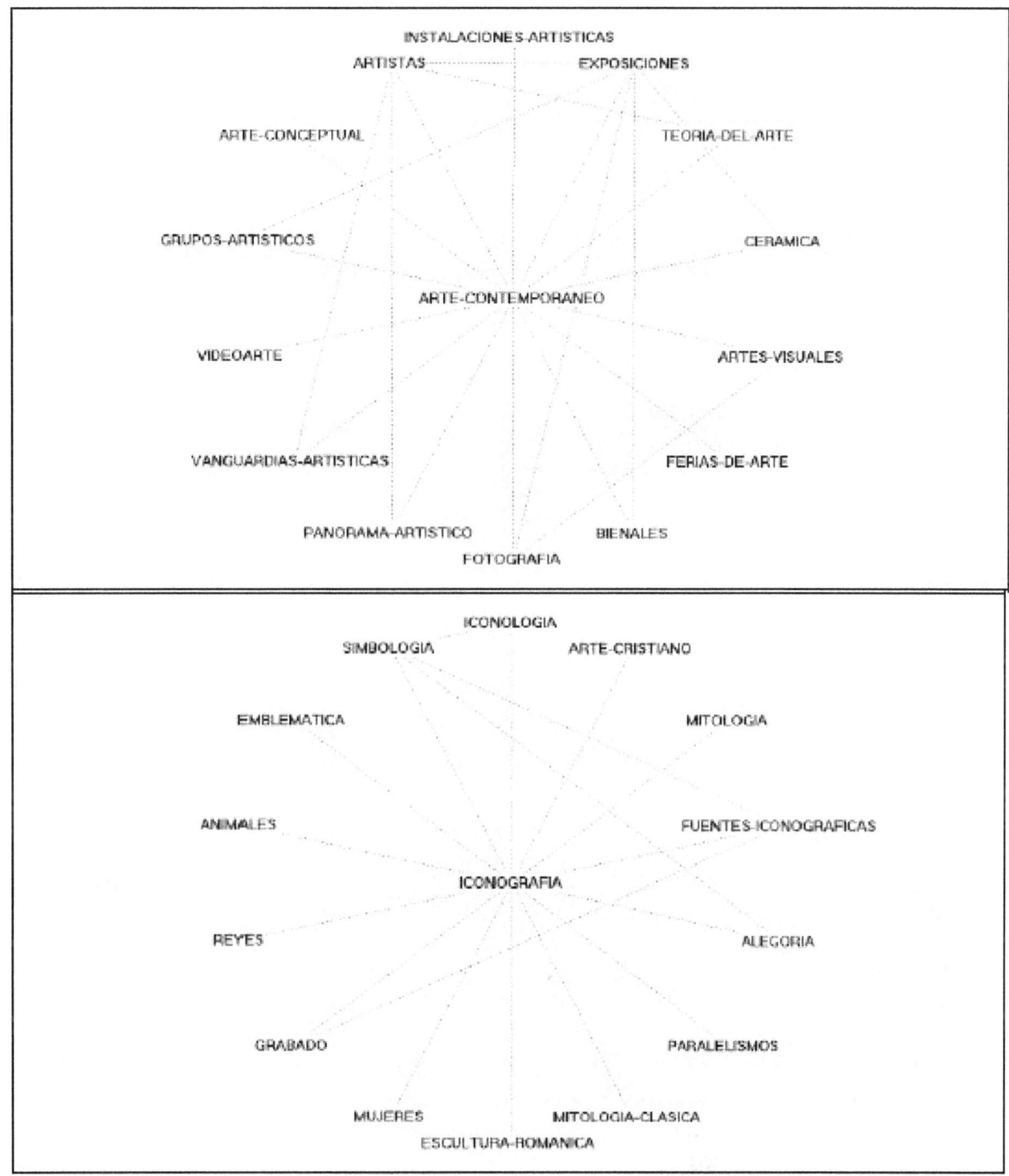

Fig. 1. Clusters que representan redes temáticas de investigación obtenidas del procesamiento completo del corpus

2. Los diagramas estratégicos nos permiten visualizar la posición que ocupa un cluster concreto en el conjunto del dominio y su ubicación en relación a otros clusters (nominados aquí por su nodo central). La situación estratégica de un cluster en el diagrama viene dada por su rango de centralidad, eje X [12]; y su rango de densidad, eje Y [13]. El diagrama de la figura 2 ilustra la posición estratégica de las redes temáticas de investigación identificadas en todo el periodo analizado (1975-2014), entre las que destaca, por su alta centralidad y densidad, el cluster «Historia del cine»; y también, pero en menor medida, «Pintura religiosa» y «Arquitectura religiosa». También resulta visible la centralidad que en el conjunto del dominio ocupan los estudios de

iconografía y arte contemporáneo. Asimismo, destacan algunos clusters temáticos muy consolidados y cohesionados pero con cierto carácter periférico, como son «platería religiosa», «arquitectura militar», «restauración del patrimonio» o «códices miniados».

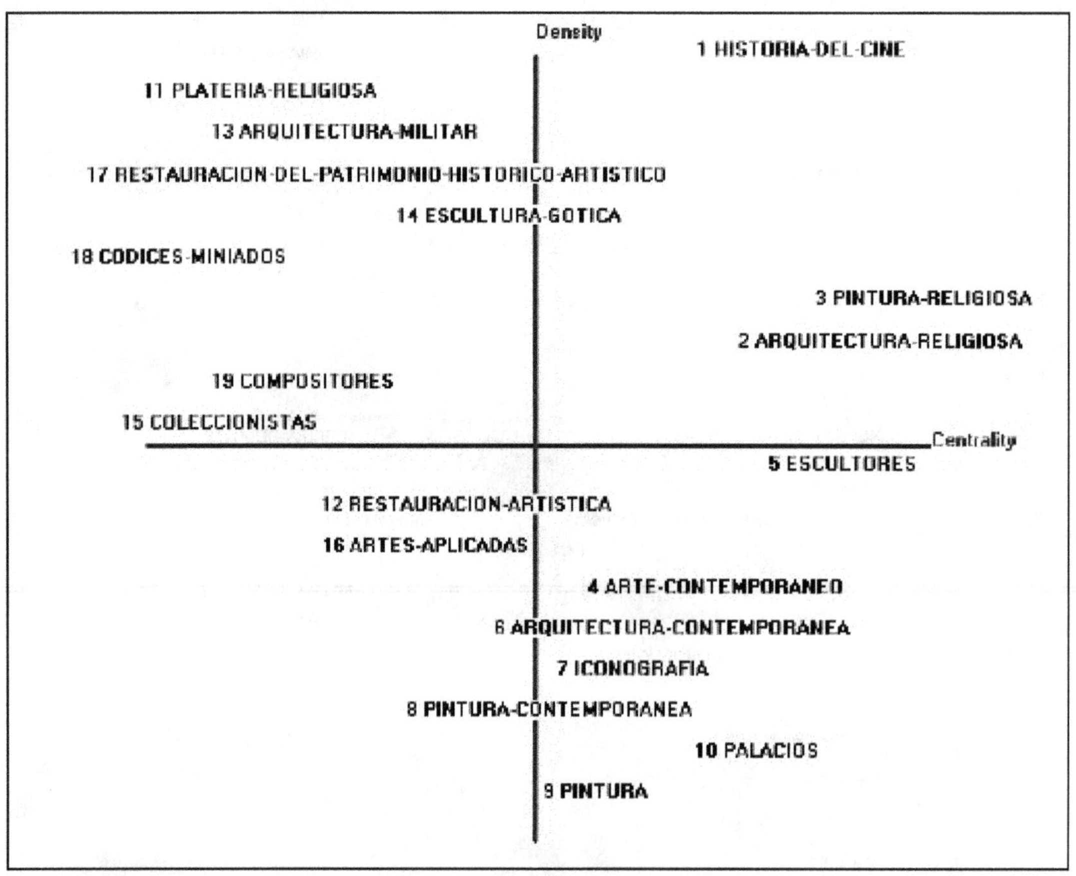

Fig. 2. Diagrama estratégico de las redes temáticas de investigación obtenido del procesamiento del corpus completo

3. El diagrama dinámico de las subredes nos permite observar los clusters presentes en cada subperiodo. El diagrama dinámico de la figura 3 está constituido por las redes temáticas de investigación detectadas. En este diagrama podemos observar la progresiva expansión experimentada por el campo disciplinar a partir del incremento de temas de investigación, llegando a su pico máximo en el subperiodo 2000-2004, para iniciar un proceso de contracción, muy evidente en el último subperiodo (2010-2014), que puede corresponder a un periodo de maduración y estabilización de determinados temas.

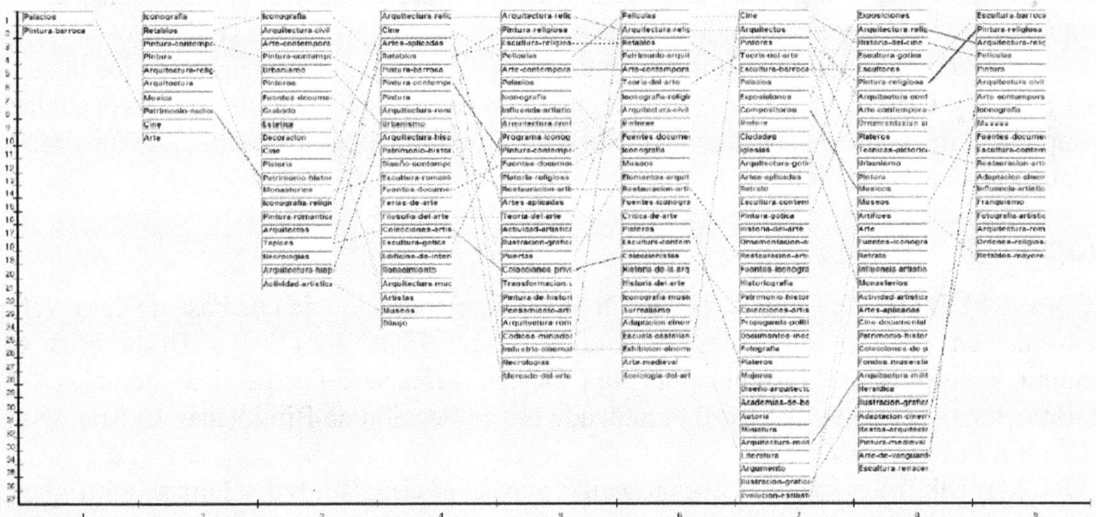

Fig. 3. Diagrama dinámico de las subredes de investigación de cada subperiodo

El diagrama dinámico de las series temáticas nos permite conocer, además, cómo estos actores aparecen, desaparecen, reaparecen o son sustituidos por otros (esto es, la traducción). Así, podemos constatar el siguiente desarrollo: el descriptor «arte», nodo central de una red temática en el periodo (1975-1979), queda subsumido como parte de la red temática «estética» (1980-1985); la cual, a su vez, se reformula en «filosofía del arte» en el siguiente subperiodo (1986-1990), para quedar integrada finalmente en «teoría del arte» en el subperiodo 1990-1994, que es cuando aparece este actor temático como red per se. Este se mantiene hasta el subperiodo 2005-2009, en el que vuelve a integrarse como parte de la red «arte», mientras que en el último subperiodo aparece como parte de la red «arte contemporáneo».

Durante la presentación, se profundizará en las conclusiones que se obtienen del análisis detallado de la configuración de las redes y sus cambios dinámicos. Asimismo, se discutirán los resultados obtenidos de las siguientes relaciones de asociación, en las que estamos trabajando: relaciones asociativas cognitivas (descriptor/descriptor; descriptor/investigador; descriptor/publicación; descriptor/institución); 2) relaciones asociativas de colaboración (investigador/investigador, institución/institución); 3) relaciones asociativas de publicación (investigador/publicación, institución/publicación); y relaciones de asociación compleja, en el que se correlacionan todos los actores entre sí.

Con todo, y aunque no cabe duda de que el conocimiento compilado en ISOC-Arte puede ser considerado representativo del ecosistema científico del ámbito de la Historia del Arte, somos conscientes de que esta investigación tiene una serie de limitaciones, pues no toda la producción científica está presente en esta base de datos, en la que no se recogen, por ejemplo, los libros, las actas de congreso o los catálogos de exposiciones. En consecuencia, presentamos aquí la primera fase de un proyecto de investigación de mayor alcance que contempla, al menos, dos fases más: a) la inclusión progresiva de todos los componentes que constituyen la producción científica en el ámbito de la Historia del Arte; y b) el análisis de la producción científica que se encuentra en bases de datos y repositorios internacionales.

No obstante, este primer énfasis en ISOC-Arte nos parece en sí mismo relevante. En primer lugar, por el conocimiento que nos proporciona; y en segundo lugar, porque nos invita a una reflexión crítica sobre los mecanismos y sistemas que rigen la representación del conocimiento en las bases de datos, las cuales se utilizan, entre otras cosas, para medir el impacto y la calidad de los campos disciplinares. En este sentido –y para concluir con uno de los diversos aspectos que sobre esta cuestión referiremos en nuestra presentación-, se advierte la necesidad de una revisión de los descriptores que actualmente se están utilizando para la indexación y descripción de los documentos. Los estudios digitales, de género [14], culturales, visuales, poscoloniales, etc. quedan absolutamente invisibles y subsumidos en las categorías tradicionales de la clasificación histórico-artística, una sistematización del campo hace tiempo ya superada. A principios de los años ochenta Rozsika Parker y Griselda Pollock (1983) reclamaron la necesidad de un nuevo vocabulario para poder «apresar» los nuevos conceptos que nos iban a permitir pensar las cosas de otro modo. Esta sigue siendo una tarea pendiente.

Bibliografía:

ABEJÓN-PEÑA T. (1993), Características y método de elaboración de una base de datos referencial especializada en revistas españolas de Bellas Artes: ISOC-ARTE, en Bibliotecas de arte, arquitectura y diseño / Art, Architecture and Design Libraries: Perspectivas actuales / Current trends, Barcelona. Actas del Congreso organizado por la Sección de Bibliotecas de Arte de la IFLA, vol. 74 de IFA Publications.

CALLON, M. (1989), La science et ses réseaux: gènese et circulation des faits scientifiques, Paris: Découverte.

14 Consideramos que el descriptor «mujeres» no describe suficientemente la complejidad, alcance y extensión de las investigaciones que se inscriben en lo que se denomina –con mayor o menor acierto- «estudios de género».

CALLON, M., LAW, J. Y RIP, A. (1986), Mapping the dynamics of science and technology: Sociology of science in the real world, London: McMillan Press LTD.

DRUCKER, J. (2014), Digital Art History. The J. Paul Getty Trust 2014 Report. Disponible en: http://www.getty.edu/about/governance/trustreport/2014/digital_art_history.html [Consulta: 01/03/2015].

ECHEVARRÍA, J. Y GONZÁLEZ, M. I. (2009), «La Teoría del Actor-Red y la tesis de la Tecnociencia», Arbor Ciencia, Pensamiento y Cultura, 738, pp. 705-720.

HE, Q. (1999), «Knowledge Discovery Through Co-Word Analysis», Library Trends, 48-1, pp. 133-159.

HERNÁNDEZ-ORALLO, J. J.; LIZANDRA, M. C.; MINAYA COLLADO, N. Y MONSERRAT ARANDA, C. (2000), «Extracción y Visualización de Conocimiento en Bases de Datos Médicas», ACTA, vol. 18, pp. 49-58. Disponible en: http://users.dsic.upv.es/~jorallo/escrits/Kdd-ACTA.pdf. [Consulta: 01/03&2015].

LATOUR, B. (1983), «Give me a Laboratory and I Will Raise the World», en K. KNORR-CETINA, & M. MULKAY, Science observed: Perspectives on the Social Study of Science. Londres: Sage.

LATOUR, B. (1992), La Ciencia en acción, Barcelona: Labor.

LATOUR, B. (2005), Reassembling the Social: An Introduction to Actor-Network-Theory, Oxford and New York: Oxford University Press.

PIERRET, J. D. AND BOUTIN, E. (2004), «Découverte de connaissances dans les bases de données bibliographiques. Le travail de Don Swanson: de l'idée au modèle», Archive Ouverte en Sciences de l'Information et de la Communication. Disponible en: http://archivesic.ccsd.cnrs.fr/docs/00/06/24/10/PDF/sic_00001040.pdf [Consulta : 01/03/2015].

PINO DÍAZ, J., CRUCES RODRÍGUEZ, A., RODRÍGUEZ-ORTEGA, N. y BAILÓN MORENO, R. (2013a), «Aplicación del análisis dinámico de redes científicas al estudio de la investigación española relacionada con el «descriptor» historia del arte durante 1976-2012, según ISOC», Digital Humanities Annual Conference´2014, Lausanne, 9-11 de julio de 2014. Ecole Polytechnique Féderele de Lausanne y Universidad de Lausanne.

PINO DÍAZ, J., CRUCES RODRÍGUEZ, A., RODRÍGUEZ-ORTEGA, N. y BAILÓN MORENO, R. (2013b), «Analyse dinamique d'un terme et son résau de connaissances associées: le cas du descripteur historia del arte», Les 2ème Journées d'Intelligence Économique Big Data Mining, 22-23 de mayo de 2014. Organizado por la Asociación VSST (Vigilancia Estratégica Científica y Tecnológica) y el Departamento de Ingeniería Informática de la Facultad de Ciencias y Técnicas de

Tánger. PARKER, R. and POLLOCK, G. (1981), Old Mistresses: Women, Art and Ideology, Pandora. RUIZ BAÑOS, R. (1999), «Las traducciones dinámicas de las series temáticas, propuesta de una clasificación», en Actas del IV Congreso ISKO, Granada.

[1] Este proyecto tiene sus precedentes en el análisis que el mismo grupo de investigación llevó a cabo en el año 2013 sobre las dinámicas de la investigación española relacionadas con la Historia del Arte. Esta investigación se centró, más que en el campo disciplinar per se, en el descriptor «historia del arte» y en el conjunto de documentos que contenían dicho descriptor como componente de identificación. Los resultados se expusieron en el congreso anual del ADHO celebrado en Laussane (julio 2013) (Pino, Cruces, Rodríguez-Ortega y Bailón-Moreno, 2013a) y en las Journées d'Intelligence Économique Big Data Mining organizadas por la Asociación VSST (Vigilancia Estratégica Científica y Tecnológica) celebradas en Tánger en mayo de 2013 (Pino, Cruces, Rodríguez-Ortega y Bailón-Moreno, 2013b). El presente proyecto es de más amplio alcance, pues el corpus lo constituye la totalidad de la producción científico-académica relacionada con la historia del arte según esta se ha sustanciado en artículos de revistas españolas.

[2] Nuestro proyecto se inscribe en el marco de la revisión emprendida en España en los últimos tiempos con el objetivo explícito de analizar críticamente la construcción de los discursos histórico-artísticos y de la propia Historia del Arte como ámbito disciplinar específico. Proyectos como los dirigidos por Wifredo Rincón (Imágenes del Nuevo Mundo: el patrimonio artístico portugués e iberoamericano a través del legado fotográfico de Diego Angulo Iñíguez, HAR2011-25864) y especialmente Jesusa Vega (La Historia del Arte en España: devenir, discursos y propuestas, HAR2012-32609), que están profundizando en sus circunstancias y determinaciones, representan una buena muestra de este interés, del que nuestro proyecto participa, aportando nuevas perspectivas de análisis a partir del enfoque que se describe en este trabajo.

[3] Véase a continuación en qué sentido entendemos la noción «estratégico» en el contexto de este proyecto.

[4] Hay un conjunto de artículos (569) anteriores a 1975. Los dos documentos más antiguos son de 1925.

[5] Para la indización de los documentos en la BD ISOC-Arte los documentalistas utilizan los listados de palabras clave e identificadores del área de Bellas Artes y el Tesauro de Topónimos ISOC.

[6] El primer subperiodo está constituido por todo el arco temporal que va desde 1925 hasta 1974.

[7] La Teoría de la Traducción (o transformación) estudia los cambios que se producen en las relaciones establecidas entre los actores de la red. Estos cambios de relaciones entre los actores producen su aparición, fortalecimiento, equilibrio, debilitamiento o desaparición (Ruiz Baños, 1999; Callon, Law and Rip, 1986).

[8] E = co-ocurrencia al cuadrado dividido por el producto de las ocurrencias de cada uno de los descriptores. El índice obtiene valores que van de 0 a 1, con independencia del tamaño de la muestra. Los clusters se han obtenido aplicando el algoritmo de centro simple.

[9] Los parámetros utilizados para el análisis han sido: 60, ocurrencia mínima; 30, co-ocurrencia mínima; 4, n.º mínimo de nodos por cluster; 15, n.º máximo de nodos por cluster.

[10] A los efectos de este proyecto, es importante diferenciar los resultados obtenidos aplicando el criterio de la fortaleza de las asociaciones de los que se obtienen del análisis meramente cuantitativo. Por ejemplo, para la totalidad del periodo, el descriptor que más ocurrencias tiene es «pintura contemporánea» (que aparece en 4.233 registros), seguido de «pintores», «exposiciones» e «iconografía». «Historia del cine» se encuentra en el puesto 55 (493 registros). Sin embargo, según observamos en la fig. 1, «Historia del cine» aparece como la red temática más estratégica del dominio, al constituir una red con una alta centralidad y densidad.

[11] Esto es, el grueso de los trabajos sobre mujeres realizados en España, según los artículos de ISOC-Arte, son estudios de iconografía.

[12] Los clusters con una alta centralidad son aquellos que se caracterizan por la fortaleza de la suma de sus relaciones externas, esto es, por su capacidad para relacionarse con el resto de actores del dominio, lo que les hace funcionar como tipos de redes estructurales con una gran capacidad para articular el campo. Se sitúan en los cuadrantes de la derecha (inferior y superior).

[13] Los clusters con una alta densidad son aquellos caracterizados por la fortaleza de sus asociaciones internas. Son, por tanto, redes muy consolidadas y cohesionadas, con una gran capacidad para la producción de conocimiento. Se las considera fuerzas tractoras o motores de desarrollo del conocimiento en un ámbito dado. Se sitúan en los cuadrantes superiores (izquierdo y derecho).

[14] Consideramos que el descriptor «mujeres» no describe suficientemente la complejidad, alcance y extensión de las investigaciones que se inscriben en lo que se denomina –con mayor o menor acierto- «estudios de género».

La edición crítica digital y la codificación XML/TEI. Algunas reflexiones a raíz de la edición de las Soledades de Góngora

RAFAEL BAILÓN-MORENO

antonio.rojas@upf.edu

Desde los noventa la creación de grandes bibliotecas y la publicación de imágenes de documentos en internet son la norma mientras que la edición crítica de un texto parece la excepción. Con esta comunicación breve, sin embargo, se pretende defender el valor de las ediciones críticas digitales, reflexionar sobre algunos de los procedimientos recomendados por la TEI para codificar variantes y señalar cuáles son las principales dificultades.

Así, tomando como punto de partida la codificación del aparato crítico de las *Soledades* de Luis de Góngora, se expondrá una metodología para representar con lenguaje de marcado descriptivo, por un lado, los testimonios cotejados; por el otro, los errores de copia y las variantes de autor. De esta manera, se pondrá de manifiesto que sin hipótesis de trabajo (que incluye el modelado de los datos y la correcta interrelación entre testimonio y variante) no hay edición crítica digital; en última instancia, que no se puede homologar la publicación de contenidos con la edición crítica de un texto.

Data models and standards in DARIAH

LAURENT ROMARY

laurent.romary@inria.fr

Inria, Directeur de Recherche

DARIAH, president of the board of directors

After a general presentation of the current state of the DARIAH infrastructure, I will focus on the activities to be carried out in the years to come on standards and good practices. Outlining the central role of standards for a digital infrastructure, I will show several activities that need to be carried out to offer a solid but yet accessible environment for the creation, maintenance and dissemination of standards in the wide variety of humanities communities. I will open up the discussion to see how this could impact the development of new certification for data such as data journals.

Website:

https://cv.archives-ouvertes.fr/laurentromary

Humanidades Digitales: ¿públicas, abiertas o todo lo contrario?

ESTEBAN ROMERO FRÍAS

eromerofrias@gmail.com

Universidad de Granada

Las Humanidades Digitales (Schreibman, Siemens y Unsworth 2004) se pueden considerar como el resultado del cruce entre dos grandes caminos, uno centrado en el texto y en la computación, en la línea de Humanities Computing (McCarty 2005), y otro que recoge la transformación digital de los últimos 20 años con el desarrollo de la Web 2.0, la popularización de los medios sociales y el impacto de la cultura digital en nuestra sociedad. Davidson (2008) explica la transición entre Humanities Computing y Digital Humanities con la analogía 2.0: Humanities Computing sería a la Web 1.0 lo que Digital Humanities a la Web 2.0, esto es, un espacio más interconectado, interactivo y colaborativo. Esta rápida transformación del campo, que se ha producido de manera similar en Ciencias Sociales y en otros ámbitos académicos, ha generado una yuxtaposición de "culturas", de prácticas, de valores, que coexisten con evidentes tensiones. En un reciente análisis de los centros de Humanidades Digitales (Romero y del Barrio 2014) se pusieron de manifiesto algunas de estas contradicciones. Especialmente me interesa reflexionar en este caso sobre la relación entre Humanidades Digitales y los valores de lo público (Humanidades Públicas) y lo abierto. Esto es, de qué manera coexiste una visión del hecho tecnológico en Humanidades con el compromiso social que pretende conectar con los ciudadanos así como de qué forma los productos generados responden al valor de lo abierto, considerado no como accesible por el público en la Red, sino como legalmente apto para ser copiado y reutilizado. Buena parte de la comunidad académica parece vivir de espaldas a estas cuestiones que resultan clave para acceder a la información y para generar conocimiento. ¿Suponen en este sentido las Humanidades Digitales una apuesta por lo público y abierto o es una cuestión indiferente a estos valores tan presentes en la cultura digital?

Hacia la Smartlibrary: Colecciones digitales con nuevas herramientas para las literaturas en español

DOLORES ROMERO LÓPEZ

dromero@ucm.es

Universidad Complutense de Madrid

En las últimas décadas, las bibliotecas han dado un paso de gigante con la digitalización masiva de sus fondos y la apertura de sus contenidos en el marco de la sociedad digital. Sin embargo, investigadores y profesores, tanto de enseñanza superior como de primaria y secundaria, experimentan grandes dificultades a la hora de utilizar, enriquecer y compartir esos contenidos con alumnos y con otros investigadores. Se hace necesario crear herramientas y colecciones digitales enriquecidas desde espacios de trabajo propios. El objetivo de este panel es presentar a la comunidad científica internacional nuestro concepto de smartlibrary, a través de la exploración de herramientas (@note, Clavy) y nuevas colecciones para la docencia y la investigación (Ciberia, Mnemosine y Tropos). Pretendemos además crear sinergias entre diferentes grupos de investigación y entre diferentes instituciones en el campo de las Humanidades Digitales.

1.- Joaquín Gayoso y Amelia Sanz (F. de Informática y F. de Filología UCM) Clavy y @Note: Herramientas Informáticas para la Investigación y la Docencia:

Presentación: Clavy es una RIA (Rich Internet Application) que sirve para importar, mantener y editar la información de colecciones de objetos digitales creando puentes entre repositorios digitales y que genera colecciones de objetos digitales enriquecidos. En ella se ha integrado @Note, una aplicación de anotación colaborativa, que permite al investigador y al docente la anotación de obras literarias digitalizadas en imágenes. Ambas herramientas han sido desarrolladas por el Grupo ILSA (http://ilsa.fdi.ucm.es/) gracias a proyectos financiados por Google Digital Humanities Award Program (2010-2012), y por la Ayuda a la Investigación en Humanidades Digitales de la Fundación BBVA (2015-2016).

Enlaces:

http://clavy.fdi.ucm.es/
http://a-note.fdi.ucm.es/

2.- José Luis Bueren (Biblioteca Digital Hispánica, BNE) Mnemosine: Biblioteca Digital de Textos Literarios Raros y Olvidados de la Edad de Plata

Presentación: La Biblioteca Digital Mnemosine: Textos Literarios Raros y Olvidados de la Edad de Plata selecciona, cataloga y hace visibles en formato digital textos que pertenecen a un repertorio olvidado que permitirá la revisión historiográfica de la denominada 'La Otra Edad de Plata' por el Grupo LOEP (https://www.ucm.es/loep). Esta biblioteca digital pretende ser un espacio de experimentación tanto a partir de su esquema de datos como de sus redes semánticas interoperables capaces de generar nuevas preguntas y nuevos modelos de interpretación de los textos literarios. Mnemosine pretende estructurar el conocimiento de la Edad de Plata a través de nuevas colecciones de datos para docentes e investigadores, entre las que destacan: colección de literatura de quiosco, colección de ciencia-ficción, colección de diálogos, colección de traductoras y la colección de poetas raros y olvidados en el exilio norteamericano. Esta biblioteca es resultado de la investigación desarrollada a través del Proyecto I+D+i "Escritorios Electrónicos para las Literaturas-2", Referencia: FFI2012-34666, del Ministerio de Economía y Competitividad (2013-2015).

Enlaces:

https://biblioteca.ucm.es/hathitrust
http://clavy.fdi.ucm.es/Clavy/?CollectionId=13

3.- Laura Sánchez (Factoría Cultural/ Fundación Germán Sánchez Rupérez):

Ciberia: Literatura Digital en Español Presentación: La Biblioteca Digital Ciberia: Literatura Digital en Español es una colección de obras de la literatura digital en español elaborado con OdA 2.0., el repositorio de objetos de aprendizaje que más se está utilizando en la UCM. Ciberia nace de la necesidad de hacer la literatura digital en español más visible, realizar su seguimiento y garantizar que una literatura tan efímera deje su huella. Esta biblioteca refleja la literatura digital en español como un fenómeno panhispánico que está creando una nueva "cibernación" literaria, con nuevos contornos, nuevas herencias, nuevas migraciones y puntos de encuentro. Ofrecemos un catálogo de 60 obras presentadas de manera didáctica y atractiva para una audiencia amplia de lectores no expertos. Cada una de estas obras ha sido catalogada por profesores o alumnos de posgrado con el fin de facilitar estudio. Ciberia es una creación del Grupo LEETHI en la Facultad de Filología de la UCM (http://www.ucm.es/leethi) y es un resultado de la investigación del Proyecto I+D+i "Escritorios Electrónicos para las Literaturas-2", Referencia: FFI2012-34666, del Ministerio de Economía y Competitividad (2013-2015).

Enlace:

http://repositorios.fdi.ucm.es/CIBERIA

4.- Begoña Regueiro (Facultad de Ciencias de Educación, UCM):

Tropos: Biblioteca de Escritura Creativa Digital Presentación: Tropos es una Biblioteca de Escritura Creativa Digital que pretende sistematizar una metodología para el aprendizaje de la literatura a partir de la escritura en un ámbito bien conocido para nuestros alumnos: la Red. Con esto pretendemos aunar las ventajas didácticas de lo que Roman Gubern denomina "pedagogía de rutina" y la creatividad de nuestros alumnos, de modo que, desde una práctica motivacional, ellos mismos sean protagonistas en su aprendizaje. Cada uno de los objetos digitales va acompañado de una ficha en la que se apuntan algunas de sus posibilidades didácticas y se ofrecen unas pautas para facilitar su reusabilidad para cualquier profesor de primaria, secundaria o universidad con el fin de enriquecer su práctica docente. Tropos ha sido desarrollada por el Grupo LEETHI en la Facultad de Educación de la UCM gracias al apoyo del Proyecto de Innovación Educativa "Repositorio de buenas prácticas para la escritura literaria en pantalla", Referencia: 295 (2014-2015).

Enlace:

http://repositorios.fdi.ucm.es/Tropos

Las nuevas tecnologías en la enseñanza de las etimologías

ALEJANDRO ROMERO RAMÍREZ

alexandre_renoir@hotmail.com

En las últimas décadas el modelo educativo mundial se ha transformado en gran medida por los avances científicos y tecnológicos. La integración de las nuevas tecnologías de la información y la comunicación (TIC's) en el ámbito educativo ha favorecido la creación de herramientas que intervienen positivamente en el proceso de enseñanza-aprendizaje.

No obstante, nos encontramos en una situación "sui géneris" en la que por primera vez el docente baja de su pedestal para "aprender" algo de las nuevas tecnologías de sus alumnos mientras que éstos últimos "se enseñan" entre sus pares; dado que el clásico "magister dixit" si bien no ha desaparecido, al menos, ha cobrado otra dimensión.

Según Mark Prensky, acuñador del término, los "Nativos Digitales" son todas aquellas personas nacidas desde mediados 1990 en adelante. Por ende, los "Inmigrantes Digitales" somos el resto de los mortales (docentes) que nacimos antes. Si bien es cierto que muy pronto los jóvenes profesores que estén en las aulas serán "Nativos Digitales", la situación actual es que compartimos el mismo espacio real y virtual; más aún, ambos hemos descubierto que la información no es el conocimiento y que la tecnología no garantiza el aprendizaje, por tanto, es necesario el trabajo colaborativo.

Las redes sociales pueden ser ese vínculo que necesitamos para aprovechar lo mejor de ambos mundos. El camino a seguir es la conformación de grupos de apoyo, comunidades de aprendizaje en las que en docente se convierta en un facilitador y el alumno deje atrás ese papel pasivo tradicional y se convierta en el responsable de su propio aprendizaje para que ambos contribuyan en la construcción del conocimiento.

A la luz de lo anterior, no cabe duda de que las Redes Sociales pueden ser aprovechadas de forma eficaz para su uso en la educación, el reto es comenzar a emplearlas e ir descubriendo juntos –maestros y alumnos- las bondades de las TIC's.

En mi práctica profesional me desempeño como docente, imparto la materia de Etimologías Grecolatinas en la Universidad Latinoamericana y desde hace 2 años comencé con la creación de una página de Facebook y un Blog el cual dejé pendiente por la falta de tiempo para ir subiendo contenidos y por la rápida aceptación de la página de Facebook "Etimologías Alexandre" la cual cuenta hasta el momento con aproximadamente 900 likes y más de 1700 seguidores.

"Etimologías Alexandre" al principio me ayudaba para informar sobre fechas de entrega de tareas y rúbricas de proyectos bimestrales; posteriormente comencé a subir imágenes (fotos) de lo que escribía en el pizarrón; más tarde a través de inbox o en el mismo post resolvía dudas sobre la clase. Últimamente subo videos de Youtube, links de páginas oficiales referentes a los contenidos de clase, grabaciones de textos en Griego y Latín con sus respectivas imágenes, etc.

Tengo como propósito para este ciclo escolar integrar el Blog en mi práctica docente así como el pizarrón inteligente y otras herramientas pero, como bien señala B. Collis (1997), "la importancia de la tecnología no está en sí misma, sino en su aplicación como herramienta para hacer concreta una filosofía educativa".

La edición digital de "Fisonomía natural y varios secretos de naturaleza" o la búsqueda del equilibrio entre la investigación filológica y los conocimientos técnicos informáticos

AMARANTA SAGUAR

saguar@uni-trier.de

Universität Trier

Entre los varios productos finales del proyecto "Voraussagen zwischen okkultem Wissen und Wissenschaft", liderado por Folke Gernert y financiado desde 2012 por la Deutsche Forschungsgemeinschaft (DFG), se encuentra la edición crítica digital de "Fisonomía natural y varios secretos de naturaleza"; prácticamente una miscelánea científica y pseudocientífica que vio la luz a finales del siglo XVI en Valencia y se siguió imprimiendo casi sin interrupción, con mayores o menores intervenciones de los impresores y de la Inquisición, hasta el siglo XX. El elevadísimo número de ediciones (más de cien con ejemplares conservados y localizados) y la tendencia del propio texto a ser ampliado y reescrito por los impresores hacían este texto inviable para una edición crítica tradicional en papel, ya que no sólo hubiese requerido varios tomos, con lo que esto supone desde el punto de vista económico, sino que un aparato crítico en papel no hubiese permitido una visualización cómoda y práctica de las variantes, dada la naturaleza de la mayoría de las intervenciones en el texto: desplazamientos, adiciones, supresiones y sustituciones. Asimismo, la edición digital permitía la inclusión de algunas herramientas adicionales, tales una base de datos bibliográfica de todas las ediciones conocidas y, por supuesto, el acceso directo a la digitalización de un número nada despreciable de ejemplares del texto.

Para el establecimiento del texto crítico se decidió utilizar un etiquetado TEI con un grado bajo de detalle, ya que el proyecto corría a cargo de un único editor y tenía que completarse en tan sólo quince meses. En la primera sección de esta comunicación me gustaría explicar las estrategias del editor para aprovechar al máximo el poco tiempo disponible, las decisiones ecdóticas y técnicas a las que se vio enfrentado a la hora de generar su código, y las herramientas que hicieron su tarea más fácil (o más complicada). Esto implica muy especialmente discutir las ventajas y las desventajas de los métodos vinculación del aparato crítico al texto (particularmente, el Double End-Point Attachment Method y el Parallel Segmentation Method), de la creación de ficheros independientes para el aparato crítico y las notas de contenido, de la clasificación de las variantes y de las anotaciones, y las limitaciones del etiquetado TEI a la hora de enfrentarse a textos de la imprenta manual.

En segundo lugar, me gustaría mostrar el partido que la edición digital saca a las decisiones del editor (lo que viene a ser una demostración), así como las posibilidades que quedan abiertas o están sin explotar. En esta parte insistiré en la necesidad de generar un código legible, detallado y, sobre todo, abierto, invitando a los asistentes a reutilizar el que se ha usado para crear la edición digital de "Fisonomía natural y varios secretos de naturaleza" en futuros proyectos.

“Ḥayy ibn Yaqẓān, el Filósofo Autodidacta”: un proyecto de edición digital bilingüe árabe-latín.

ESTRELLA SAMBA CAMPOS

esc@st-andrews.ac.uk

University of St. Andrews

Resumen:

Este proyecto work in progress se contempla como un primer ejercicio divulgativo de edición digital bilingüe de una obra fundamental dentro la literatura árabe clásica. El congreso me dará la oportunidad de analizar sus posibilidades y retos, tanto textuales como metodológicos. El objetivo a largo plazo es crear una plataforma pilota y futura que investigue y desarrolle la edición académica, digital y multilingüe del gran corpus textual andalusí en España.

El presente proyecto se plantea como una etapa inicial de un futuro proyecto mayor, pudiendo incluso dar lugar a una investigación doctoral.

Antecedentes:

La obra Risāla Ḥayy ibn Yaqẓan fī asrār al-ḥikma al-mašriqiyya (Epístola de Ḥayy ibn Yaqẓān acerca de los secretos de la sabiduría oriental) o El Filósofo autodidacta, conocida así por su primer traductor Edward Pococke, fue escrita por Ibn Ṭufayl (también llamado Aben Tofail o Ebn Tophail) en el siglo XII.

Poca información nos ha llegado del autor pero sabemos por las fuentes que era natural de Guadix y fue médico, filósofo y matemático de la corte almohade. En un marco contextual dominado por el programa cultural de esta dinastía, su obra constituye uno de los relatos más célebres dentro del saber científico-filosófico andalusí y su transmisión a Europa. La novela cuenta la historia de un niño nacido en una isla desierta en el Océano Índico y criado por una gacela. Después de la muerte de esta, Ḥayy ibn Yaqẓān (en árabe, “vivo o vida, hijo del despierto) disecciona su cuerpo descubriendo que su muerte se debió a una pérdida de calor innato. Esto lo pone en el camino de la investigación científica y de la experimentación.

Este cuento alegórico de Ibn Ṭufayl supone un hito en la literatura andalusí puesto que quiso resolver las relaciones entre la religión y la filosofía practicada por los falāsifa, pensadores musulmanes, en la encrucijada entre la fe islámica y la recepción del saber griego-Aristotélico.

Objetivos del proyecto:

Existen muchas ediciones y traducciones de la obra. Es por ello que se considera el texto más reproducido y traducido de la tradición textual árabo-islámica tras Las mil y una noches. La obra cobró suma relevancia a partir de la primera traducción hecha por Edward Pococke al latín, junto con el texto árabe, en 1671. A partir de ahí, aparecerían sendas traducciones y ediciones. En cuanto al español, fue traducida por primera vez por Francisco Pons Boigues y más tarde por Ángel González Palencia.

Al respecto del texto en formato digital, se puede encontrar la obra y sus ediciones impresas en algunos repositorios digitales árabes. Ya sea en XML o directamente escaneada en su totalidad, en la mayoría de ellos, no existe una edición en TEI-XML. Es frecuente que no haya alusión ni a la edición que se ha colgado o su origen e información bibliotecaria. Otra de las coyunturas y retos más importantes de estos repositorios son, a su vez, la ausencia de derechos de autor y las licencias de copyright. Por lo tanto, con respecto al texto en formato digital en árabe, no existe aún una edición digital académica reconocida, lo que justifica el interés del trabajo.

En cuanto al texto en XML y en español, puede encontrarse en varios portales dedicados a la filosofía con carácter divulgativo pero al igual que en los repositorios árabes, no parece que exista una intención clara u objetivo de realizar una edición digital o de publicar el texto con un lenguaje marcado siguiendo las directrices TEI.

Con respecto al latín, no hallado el texto en formato digital o extraído del manuscrito.

La edición digital:

Esta proyecto de edición digital bilingüe tomará el manuscrito de Edward Pococke fechado en 1671 y disponible a través de la British Library. En él, se halla el texto árabe junto con la traducción latina. Se presentará en su versión bilingüe árabe-latina, tal y como aparece el manuscrito y marcada siguiendo las TEI Guidelines (algunos de los módulos podrán ser <msdescription> y <transcrt>, con un esquema Relax NG que corresponderá a las necesidades del proyecto.

Por el momento, no contemplo ampliar la edición con otras variantes semánticas o lingüísticas tomadas de otros manuscritos, dado que, como se indicó al principio, este es un primer ejercicio y en fase de desarrollo. Sí busco crear una edición clara y transparente.

Se procederá a aislar y anotar elementos semánticos como fechas, lugares, o cualquier otra información sobre otro nombres, conceptos o personas que guarden relación con la obra de Ibn Ṭufayl y su corriente filosófica. Así como, términos o lemas que tengan relación con el Aristotelismo o préstamos árabes en el texto latino, entre otros ejemplos.

El texto árabe no aparece vocalizado en el manuscrito y así permanecerá, por tanto en la edición digital.

Con respecto a rasgos codicológicos, será importante señalar también el tipo de letra árabe o caligrafía, anotaciones, abreviaturas, notas, marcas de agua, sellos, cuerpos ornamentales, información sobre el copista, entre otros aspectos que se acotarán en la primera etapa del proyecto. Una posible extensión y futuro desarrollo de mi proyecto sería realizar una edición trilingüe digital árabe-latín-español tomada de las traducciones mencionadas de Pons Boigues y Ángel González Palencia (el ejemplo encontrado en XML en español reproduce esta edición). A su vez, cabe la posibilidad de poder realizar una nueva traducción del texto árabe al español en collatio con distintos manuscritos.

En definitiva, con un texto tan rico e importante, considero que se podría trabajar y contemplar distintas modalidades textuales que faciliten un acercamiento divulgativo tanto al estudiante como al investigador que busque una plataforma que permite visualizar el texto de manera multilingüe, con la posibilidad, en un futuro, de añadir reproducciones o imágenes del manuscrito escogido.

Bibliografía:

"Ibn Tufayl, Abū Bakr", en Biblioteca de al-Andalus, 5, 498-503, nº 1260 [Puerta Vílchez - J. Lirola Delgado].

"Ibn Tufayl, Abū Bakr", en Historia de Transmisores y Autores de al-Andalus (HATA), Proyecto "Knowledge, Heresy and Politcal culture in the Islamic West"(KOHEPOCU). Recuperado de http://kohepocu.cchs.csic.es/ [Fecha de consulta: 13-04-2015]

Ibn Tufayl, Abū Bakr, El filósofo autodidacto, Ángel González Palencia (trad.). Ediciones digitales de Filosofía, 2001. Recuperado de http://www.filosofia.org/cla/isl/hayy.htm.
[Fecha de consulta: 13-04-2015]

Repositorio árabes de interés:

http://www.al-eman.com/index.htm

Enlaces de interés:

http://islamichumanities.org/

Mapas dinámicos como herramientas didácticas

JOSÉ ALFREDO SÁNCHEZ ÁLVAREZ

josealfredosanchezalvarez@gmail.com

Los mapas dinámicos son una herramienta didáctica que proporciona relevantes ventajas en la enseñanza de diferentes disciplinas de contenido histórico y geográfico.

En la ponencia se expondrán los avances realizados en el proyecto de mapas dinámicos de Derecho medieval y Derecho provincial romano.

El alumno dispone de una visión de conjunto cronológica y/o temáticamente organizada desde el inicio y puede ir encajando con posterioridad los diferentes casos objeto de estudio en el objeto total de estudio. Así conseguimos una realidad percibida no sólo más completa sino también más fiel, más profunda.

Los mapas dinámicos también permiten una enseñanza progresiva desde lo general a lo concreto, donde el alumno puede determinar la profundidad de su estudio, pudiendo personalizar según sus intereses, lo que fomenta el interés del alumno.

Además, se obtiene un mayor rendimiento del alumno con menos esfuerzo. Mediante su utilización conseguimos resultados que de otra manera no habríamos obtenido o que para obtener esos mismos resultados de aprovechamiento por parte del alumno, la inversión de tiempo y otros recursos sería muy grande, ya que el contenido de los mapas refleja un importante número de datos que por lo general los alumnos e incluso profesores no especializados en la materia concreta no han podido estudiar y aún menos estructurar para alcanzar las mismas conclusiones. Esta circunstancia abre el camino para que estos recursos sean utilizados como bases de datos útiles para llegar a diferentes conclusiones, según el objeto del estudio que quiera realizarse. En esta ponencia se mostrarán ejemplos prácticos de mapas dinámicos utilizados para la docencia en la historia del derecho, como un mapa del proceso de creación de los fueros. Se analiza la forma de utilizarlos, qué utilidades ofrecen y los resultados obtenidos. El grado de satisfacción del alumno es mucho mayor, incluso cuando sólo se utilizan como herramienta de apoyo a –por ejemplo- el libro de texto. Pero también existen limitaciones importantes a su uso: técnicas, materiales, temporales. Como solución a estas limitaciones se propone colaborar en un grupo de trabajo que desarrolle estos contenidos para la comunidad educativa en general, donde pueden existir diferentes niveles de colaboración, abierta tanto a profesores como a alumnos.

Collaborative Digital Pedagogy for Digital Literacies in Humanities Classrooms

ANITA SAY CHAN

asaychan@gmail.com

Innovative advances in educational technology have made a wealth of new tools and platforms available to college students and instructors alike. A vast number of commercially developed solutions and tools can help users organize, process, visualize, and digitally communicate information. Moreover, academic and research institutions increasingly develop new tools and platforms specifically for instructional use. Although new digital tools and platforms produce new opportunities in pedagogy, they also present an emerging challenge: the increasing normalization of deploying new and under-tested digital tools in classroom instruction. Many of these tools have new technological features that hold clear promise for educational application, but only a few will prove to be "disruptive" game changers in instruction or eventually stabilize as instructional staples. This situation presents challenges for campuses and educators alike. What are the benefits and complications of using under-tested tools for pedagogical ends? How should faculty design students' course work when tool performance might be uncertain and intended learning outcomes contingent on tool use? And what degree of student engagement with tools should educators reasonably expect when there's no guarantee that students are learning skills for the next major disruptive technology — that is, the "next BIG hit"?

Here, a strategy is explored for addressing these questions in humanities instruction by developing digital pedagogy practices that foster an environment of interdisciplinary, collaborative student engagement with new tools; openly acknowledge the digital tools' experimental states; and encourage playful student tinkering with the tools, even when they appear simple or familiar.

This is particularly valuable for humanities instruction, where curricular structure, facilities, and pedagogy are often oriented less toward tinkering and lab-like practices than those in science, engineering, and technology. It's also valuable to developers and designers of educational technologies, which are often promoted as finished solutions prior to user testing through sustained classroom applications. Insights are drawn from a collbortive pedagogical experience between a media studies professor and digital humanities librarian in an interdisciplinary collaboration to design coursework for two undergraduate courses in the University of Illinois at Urbana-Champaign's Media and Cinema Studies Department.

Herramientas para la edición genética electrónica: estudio ejemplar para la literatura francesa del siglo XVIII

SUSANNE SCHUETZ

susanne.schuetz@romanistik.uni-halle.de

Martin-Luther-Universität

La *Histoire philosophique et politique des deux Indes* por Thomas Guillaume Raynal (1713-1796), un texto central de la Ilustración francesa, contiene una crítica feroz de la política colonial europea. El texto está disponible en cuatro versiones impresas (1770, 1776, 1780 y póstumamente 1824) que fueron revisadas y ampliadas por su autor durante un período de más de 20 años. Centrándose en la representación de América Latina en la *Histoire des deux Indes* el proyecto reconstruye la génesis de los textos en una edición electrónica. El punto de partida de la comparación de los textos son las cuatro versiones codificadas en xml por las normas de la TEI. El objetivo del proyecto consiste en la comparación semi-automática de los textos y una presentación gráficamente clara de las variantes textuales de acuerdo con las especificaciones que propone un editor. Las herramientas de comparación marcan automáticamente las variantes del texto que van de la corrección de errores tipográficos a la inserción de páginas enteras y permiten demostrar los beneficios de la edición genética del texto: el creciente conocimiento sobre América Latina al final del siglo XVIII y la radicalización en el pensamiento de Raynal son fáciles de reconocer.

En este estudio de viabilidad no queremos producir una edición final del texto, sino ofrecer a los filólogos la posibilidad de especificar la comparación de texto dependiendo de su interés científico y adaptar la visualización de los resultados a sus intenciones para la edición. El proyecto por lo tanto se centra métodos que favorezcan el desarrollo de las ediciones genéticas con herramientas informáticas. Presentamos el enfoque de la investigación, la metodología, los primeros resultados y dudas que surgen en el desarrollo interdisciplinario de herramientas de edición.

Las Humanidades en las Redes Sociales

ROSA SEBASTIÀ ASENSI

rsebastia14@gmail.com

LINHD-UNED

Esta comunicación se ocupa del estudio del impacto de las redes sociales en la difusión de la investigación en proyectos de humanidades y estudia las posibles vías formativas para alcanzar visibilidad más allá del ámbito de la publicación científica académica tradicional. Contar con una red social para la investigación como parte de una universidad que sirva para difundir avances y nuevas metodología se torna casi imprescindible.

El núcleo fundamental de la propuesta es la elaboración de cuentas en redes sociales, Facebook y Twitter, al servicio de proyectos y resultados en el ámbito de la investigación en el área de las Humanidades.

El Investigador puede incorporar fácilmente contenido a las redes sociales y como recurso para desarrollar su trabajo tanto si utiliza como soporte del mismo un sitio web, un editor de contenidos o una presentación, entre otros. El usuario puede visualizar y almacenar la información en cualquier dispositivo y compartirlo en las redes sociales, para la difusión de diferentes investigaciones.

Las acciones a realizar serán las siguientes:

- Estudio de mercado. Imprescindible en este tipo de proyectos antes de la creación de nuevas cuentas. Es importante realizar estos estudios habitualmente para estar al día en las nuevas tendencias y enfoques.
- Confirmar la realización de nuevas cuentas y disponer de información de los diferentes proyectos de investigación y de los posibles seguidores.
- Es recomendable iniciar el blog y la campaña online. Para poder realizar estas actuaciones necesitaremos un servicio de correo electrónico.
- Definir y diseñar la cuenta: temática y contenidos. Diseñar la estructura y el planteamiento a seguir con un profundo estudio del proyecto a divulgar.
- Creación de un archivo para el proyecto: El usuario facilitara logotipos, fotografías (si es que dispone de ellos), artículos, para alimentar las redes. Estas cuentas están vivas y una vez creadas hay que actualizarlas y estar pendiente de las consultas de los usuarios.
- Community Manager: La persona que gestione las páginas y las redes sociales, tiene que ser responsable y estar cualificada en las áreas que gestiona. Será la imagen del proyecto de investigación en las redes sociales y por la actividad del medio es difícil supervisar antes de publicar.
- Para gestionar las redes y utilizar Google Analytics, Google Sitemaps, y el resto de servicios de Google, debemos disponer de una cuenta Google y mail:
- Uso de servicios estadísticos y de analítica web. El análisis de los visitantes de la web y blog es fundamental para conocer la repercusión que está teniendo la actividad de las redes sociales, las secciones más visitadas, de dónde provienen los visitantes, cuanto tiempo están en la web, etc. Utilizaremos el Google Analytics. Herramienta gratuita, pero muy potente.
- Un Administrador de páginas para redes sociales, disponible tanto para Android como para iOS, una herramienta con la que podremos administrar varias páginas a la vez. Es importante definir las cuentas y los contenidos. Estas cuentas estarían en continua actividad,

con información de los diferentes proyectos en humanida- des, para interactuar continuamente con el los seguidores. Estas cuentas a la vez nos remitirían a la página web o blog. Aumentando la imagen de marca y la sen- sación de cercanía.

Evaluar los resultados:

- Por volumen de visitas: Se calcula el coste que habría supuesto obtener las visitas mediante campañas SEM. Esta valoración compara el número de visitas de cada término de búsqueda en los resultados del buscador con el coste que se paga por cada una de ellas, siguiendo el modelo de pago por clic de los enlaces patrocinados. Utilizando la herramienta Google AdWords y el estimador de tráfico, se calcula el precio a pagar para aparecer en la misma posición, o similar, entre los resultados patrocinados.
- Valoración por calidad de las visitas. El objetivo no puede limitarse a la adquisición de visitas. Una visita de calidad permanece en la web como mínimo más de 10 segundos. Para controlar estas visitas Google Analytics ofrece dos métricas: Porcentaje de abandonos, o Tasa de Rebote (Bounce Rate), y Tiempo de Permanencia en la página. Los resultados de estas métricas se reflejan en informes.

Propuesta de visualización de redes teatrales a través de las bases de datos DICAT y CATCOM

EVA SOLER SASERA

eva.soler@uv.es

Universitat de València - alumno UNED

En la base de datos DICAT (Diccionario biográfico de actores del teatro clásico español, dirigido por Teresa Ferrer) se reúne la actividad de 5.000 profesionales del teatro, actores, músicos, apuntadores y directores de compañía. Los límites cronológicos abarcan desde los comienzos del teatro profesional en España (en la década de 1540) hasta aproximadamente comienzos del siglo XVIII. El campo geográfico comprende prioritariamente la España moderna, aunque se han incorporado algunos datos publicados acerca de la actividad de compañías y actores españoles en otros países europeos (especialmente Italia, por razones históricas) y América.

Entre actores y autores (directores de compañía) se va creando una red de relaciones que se hace patente no sólo en la participación de actores en compañías sino también a través de la compraventa de comedias y a través de la formación de compañías por los propios actores que anteriormente habían trabajado para otros autores. El acceso a estas redes teatrales de una manera visible permitiría la identificación de comedias que habían sido representadas por distintas compañías y su posterior atribución a un mismo dramaturgo.

En este sentido, se convertiría en un instrumento de trabajo para la base de datos CATCOM (Las comedias y sus representantes: base de datos de comedias mencionadas en la documentación teatral. 1540-1700) desarrollada por el grupo de investigación DICAT. En ella, se lleva a cabo un trabajo de clarificación a partir de los catálogos de piezas teatrales, manuscritas e impresas, ediciones y estudios específicos sobre las obras dramáticas de los autores de la época, que permita relacionar un título mencionado en un documento con obras teatrales y con autores concretos. Un conocimmiento pormenorizado de las redes teatrales y de la circulación de los textos permitiría poder establecer conexiones entre obras cuyo título se asemeja o es similar, pero que no sabemos con seguridad si se trata de la misma comedia pues el texto no se conserva o existe cierta distancia cronológica/geográfica en la representación.

A través de esta comunicación pretendemos proponer una visualización de estas redes teatrales mediante el programa GEPHI. GEPHI es un software de código abierto que permite la visualización interactiva de redes de todo tipo estableciendo distintos tipos de relaciones y jerarquías entre nodos. Para nuestro trabajo, utilizaremos un conjunto limitado de autores/directores de compañía y veremos como se relacionan con actores, dramaturgos y otros autores. El grosor de los nodos indicará un mayor número de relaciones mientras que el color estará determinado por el rol de cada nodo-agente.

Las humanidades digitales y los espacios de la representación

PAUL SPENCE

paul.spence@kcl.ac.uk

King's College London

El intercambio de conocimiento es un elemento básico en la ciencia, que se enriquece por la acumulación de interpretaciones de diversos investigadores, y cuyo contraste y combinación conduce a nuevas interpretaciones de genealogía compleja. La creciente influencia de la cultura digital no cambia esta función elemental, pero sí le introduce en nuevas dinámicas comunicativas, cada una con sus propias oportunidades y desafíos.

En los primeros años de las humanidades digitales, la creación de recursos digitales generalmente supuso su entierro en almacenes aislados (los 'digital silos' para usar la expresión muy usada en inglés). Parece irónico si uno se acuerda de los principios de diseño de proyectos, herramientas y estándares de la época – que habitualmente promulgaban el intercambio y la interoperabilidad – pero a menudo el resultado fue una serie de islas preciosas pero inaccesibles, que uno podía admirar desde lejos, sin ninguna posibilidad de un acercamiento real. Las arquitecturas digitales, los datos, las estructuras interpretativas habitualmente quedaban fuera del alcance de cualquier persona no involucrada en los proyectos, y al terminar el proyecto, solamente quedaban los resultados formales de la investigación, generalmente manifestándose como publicaciones tradicionales.

Una vez acumulada una cantidad importante de datos en formato digital - y quizás lo que es más importante de experiencia, puesto que la relación entre humanidades y tecnología implica procesos sociales, culturales y epistemológicos más que solo 'técnicos'- varias iniciativas pretendían buscar conexiones, espacios de interacción y maneras comunes de abordar cuestiones científicas en humanidades a través de entornos digitales de distinta índole. Hubo portales dedicados a la revisión por pares de recursos digitales (NINES [1]), y los entornos virtuales de investigación, que a menudo pretendían ofrecer plataformas integrales al investigador [2], algunos con más éxito que otros (Dombrowski, 2014).

La investigación en un ecosistema digital:

Aunque es muy dudoso que jamás se manifieste toda la actividad científica en formato digital, parece probable que un porcentaje muy alto de los procesos y ciclos de investigación sea realizado en infraestructura digital en el futuro, incluso en las humanidades. No hemos llegado, ni tal vez hay que llegar, a consenso sobre la mejor manera de conectar la investigación en espacios digitales, pero la propagación del término ecosistema digital, sugerente de propiedades positivas (definidos por Chang y West 2006, citado en (Blanke, 2014) como: equilibrio; autoorganización; conexión flexible entre racimos autonómicos; interacción permanente) y suficientemente vago para permitir varias interpretaciones, al menos ha comenzado a popularizar el concepto.

Como observan Anderson y Blanke en su estudio comparativo de sistemas, los datos de la investigación en humanidades padecen de altos grados de fragmentación, dispersada por varias instancias que incluyen las "publicaciones en red, sitios web menores y repositorios mayores en las bibliotecas, archivos, museos, galería, editoriales y el sector comercial" (S. Anderson & Blanke, 2012: 150, mi traducción). Esto constituye un recurso infra-explotada por las humanidades argumentan, que por una serie de razones todavía no se ha comprometido plenamente con los fenómenos del diluvio de la información o los Big Data, pero parece probable que esta situación cambie, conforme se vaya digitalizando cada vez más del patrimonio histórico del mundo por un lado, y creando nuevos objetos culturales en formato digital por otra. Es un panorama híbrido, aseveran Ciula, Nyhan, & Moulin (2013), con tres espectros: tipo de colección (estática, dinámica, servicio), nivel de procesamiento (original, metadatos, enriquecido) y naturaleza del objeto (físico, digitalizado, nacido digital).

Los ecosistemas digitales representan conceptos de organizar el espacio de la investigación que pueden servir como contra-modelo al tópico de la imagen del investigador solitario en humanidades, y que reconoce un nuevo panorama comunicativo donde combinaciones flexibles y dinámicas de investigadores y aparatos se lanzan sobre cantidades mayores de información para procesarlas, y en el caso del humanista, interpretarlas con criterio crítico. Es un proceso social más que tecnológico que facilita mayor compromiso público – tanto en la fase de creación como en la recepción – y que abre cuestiones serias sobre la división entre lógicas de cierre y apertura en la difusión.

Anderson y Blanke señalan la mayor tendencia a la mercantilización de los contenidos y en reacción a las críticas de Trettien, que sugiere que las humanidades digitales a menudo figuran como "una casa de producción" con poco protagonismo en la investigación (Trettien, 2010), ellos proponen que las humanidades digitales sirvan como un "espacio y comunidad" que tome protagonismo ante la necesidad de "proteger los derechos del investigador antes sus propios materiales de fuente" y que facilite un espacio de "experimentación" para nuevas ideas usando cantidades mayores de contenidos (Anderson y Blanke, year: 151, mi traducción).

En un plano menos técnico, y siguiendo un patrón bastante común en las humanidades digitales, un reciente estudio de McGann (McGann, 2014) evoca una nueva república de las letras, aprovechándose de la migración de buena parte de nuestro patrimonio cultural a formas digitales e estructuras institucionales. Nos recuerda además que, mientras que otros agentes como las bibliotecas, los museos y entidades comerciales han llevado gran parte del patrimonio cultural a la red, la comunidad científica ha jugado un papel pasivo hasta ahora en el proceso (pág. 142).

Lo que le falta a esta visión es una perspectiva lingüístico-cultural, es decir ¿quién es ciudadano de esta nueva república? Se suele decir que la red digital ha facilitado el flujo de la información, pero ¿para quiénes? ¿Es verdaderamente universal? ¿Las desigualdades de acceso, presentes por supuesto antes de internet, están mejorando o empeorando? y ¿cómo se manifiestan en el espacio científico de las humanidades? Si queremos concebir una ciencia digital, abierta y en red, ¿cuáles son las medidas necesarias para crear y mantener una presencia geográficamente representativa de todos?, ¿cómo creamos infraestructura social y técnica que trasciende las fronteras económicas y culturales impuestas por las dinámicas de la globalización? y ¿cuál debe ser el papel de las humanidades digitales en este terreno?

Varios investigadores internacionales cuestionan la visión universalista de la ciencia manejada en Occidente, la construcción de "una esfera supracultural de aparente homogeneización" (Escandell Montiel, Montiel, & Suárez, 2015: 28) que fácilmente puede servir como motor de exclusión (Carpentier, 2014). Para Vinck, el desarrollo de la ciencia "refleja las dinámicas políticas, industriales, económicas y sociales" de "algunos países de Europa, América del Norte, Japón y algunos otros países emergentes" y citando a Wagner (2008) opina que 'las mega-redes de ciencias internacionales' "reflejan temas y preocupaciones que vienen de los países hegemónicos" (2013: 56).

En su estudio sobre las prácticas del software en Rio de Janeiro, Takhteyev (2012) analiza el desarrollo y la recepción del lenguaje de programación Lua, un lenguaje 'ligero' creado por programadores en la Pontificia Universidad Católica de Río de Janeiro que ha tenido bastante éxito, siendo usado para los juegos World of Warcraft y Angry Birds, por ejemplo. Takhteyev destaca la ironía en el hecho que Lua ha conseguido entrar en el club exclusivo de los lenguajes de programación, y sin embargo no era posible (al menos cuando escribió el libro) comprar un libro en portugués sobre el programa, puesto que las empresas locales no lo usaban. En un contexto donde dos zonas del mundo controlan más de la mitad de la industria del software a nivel mundial, Rio es el "sitio equivocado" para desarrollar software afirma (2012 :11). Bajo esta perspectiva, "la asimétrica relación entre el centro y a la periferia y sus distintas relaciones con sus sociedades locales respectivas tiene consecuencias importantes para el flujo de la información. Las nuevas prácticas y conocimientos producidos en el centro son tienen movilidad desde nacimiento" (2012: 42, mi traducción).

Pocos cuestionarían la importancia del intercambio científico global, pero es importante que reconozcamos las diferencias estructurales y científicas. Una pregunta importante en este sentido, es ¿qué son las humanidades?, es decir ¿para qué sirven? La respuesta puede cambiar mucho entre distintos países, donde a veces el campo de las humanidades va unido a otros campos (las artes y humanidades en algunos países; ciencias humanas y sociales en otros) y donde la definición tiene múltiples variaciones (compárese por ejemplo la definición de la agencia de financiación de la investigación, AHRC en el Reino Unido, según el cual "la agencia cubre temas como historia antigua, baile moderno, arqueología y contenidos digitales entre otros" [3] con el resumen de Kgomotso H. Moahi de la actividad financiada en Africa del Sur por la agencia HSRC en ciencias humanas: educación, pobreza, desarrollo, democracia y gobernabilidad (Moahi, 2010).

Por ahora, las definiciones de 'humanidades' manejadas por las humanidades digitales tienden a ser más amplias de lo tradicional. En esta ponencia analizo los retos principales para conseguir que estos espacios digitales de representación sean verdaderamente internacionales.

Bibliografía:

Anderson, B. R. O. (1983). Imagined communities: reflections on the origin and spread of nationalism. London: Verso.

Anderson, S., & Blanke, T. (2012). Taking the long view: from e-science humanities to humanities digital ecosystems. Historical Social Research / Historische Sozialforschung, 37(3), 147–164.

Arcila, C., Calderín Cruz, M., Núñez, L., & Briceño, Y. (2014). e-Investigación Social en América Latina. In E. Romero Frías & M. Sánchez González (Eds.), Ciencias Sociales y Humanidades Digitales: técnicas, herramientas y experiencias de e-Research e investigación en colaboración" (pp. 81–102). CAC, Cuadernos Artesanos de Comunicación. Retrieved from http://grinugr.org/en/biblioteca-de-medios/libro-ciencias-sociales-y-humanidades-digitales-tecnicas-herramientas-y-experiencias-de-e-research-e-investigacion-en-colaboracion/

Blanke, T. (2014). Digital asset ecosystems: rethinking crowds and clouds. Kidlington, UK: Chandos Publishing.

Bolter, J. D., & Grusin, R. (2000). Remediation: Understanding New Media (1st edition). Cambridge, Mass.: The MIT Press.

Bradley, J. (2009). What the developer saw: an outsider's view of Annotation, Interpretation and Scholarship. Digital Studies / Le Champ Numérique, 1(1). Retrieved from http://www.digitalstudies.org/ojs/index.php/digital_studies/article/view/143

Carpentier, N. (2014). On Walls, Squares, Bridges and Sqridges A framework to think about North-South dialogues in communication and media studies. Journal of Latin American Communication Research, 4(1), 12–29.

Ciula, A., Nyhan, J., & Moulin, C. (2013). Science Policy Briefing on Research Infrastructures in the Digital Humanities: Landscapes, Ecosystem, Cultures. Lexicon Philosophicum: International Journal for the History of Texts and Ideas, 0(1), 287.

Dacos, M. (2013). La estrategia de la sauna finlandesa (traducción de José López Villanueva). Retrieved April 10, 2015, from http://humanidadesdigitales.net/blog/2013/08/12/estrategia-sauna-finlandesa/

Dombrowski, Q. (2014). What Ever Happened to Project Bamboo? Literary and Linguistic Computing, 29(3), 326–339. http://doi.org/10.1093/llc/fqu026

Escandell Montiel, D., Montiel, D. E., & Suárez, J. C. C. (2015). Ser o no ser un perfil en internet. Investigadores americanistas y sus textos como parte del engranaje de lo digital. Anuario Americanista Europeo, 0(12). Retrieved from http://www.red-redial.net/revista/anuario-

americanista-europeo/article/view/272
Fiormonte, D. (2012). Towards a cultural critique of the Digital Humanities. Historical Social Research / Historische Sozialforschung, 37(3), 59–76.
Frías, E. R., & García, S. del B. (2014). Una visión de las humanidades digitales a través de sus centros. El Profesional de La Información, 23(5), 485–492.
Galina, I. (2013). Las Humanidades Digitales globales. Retrieved from http://humanidadesdigitales.net/blog/2013/11/08/las-humanidades-digitales-globales/
McCarty, W. (2004). Modeling: a study in words and meanings. In S. Schreibman, S. Siemens, & J. Unsworth (Eds.), Companion to Digital Humanities (Hardcover, pp. 254–272). Oxford: Blackwell Publishing Professional. Retrieved from http://www.digitalhumanities.org/companion/
McGann, J. (2014). A New Republic of Letters: Memory and Scholarship in the Age of Digital Reproduction. Cambridge, Massachusetts: Harvard University Press.
Moahi, K. H. (2010). Research issues in the humanities and social sciences in Africa in the 21st Century: challenges and opportunities. Inkanyiso Journal of Humanities and Social Science, 2(2), 78–85.
Prescott, A. (2013). Small Worlds and Big Tents. Retrieved from http://digitalriffs.blogspot.co.uk/2013/05/small-worlds-and-big-tents.html
Presner, T. (2010). Digital Humanities 2.0: A Report on Knowledge. In M. Bailar (Ed.), Emerging Disciplines (pp. 63–86). Rice University Press. Retrieved from http://cnx.org/contents/2742bb37-7c47-4bee-bb34-0f35bda760f3@6/Digital_Humanities_2.0:_A_Repo
Priani Saisó, E., Saisó, E. P., Spence, P., Russell, I. G., García, E. G.-B., Alves, D., … Sousa, M. C. P. de. (2014). Las humanidades digitales en español y portugués. Un estudio de caso: DíaHD/DiaHD. Anuario Americanista Europeo, 0(12). Retrieved from http://www.red-redial.net/revista/anuario-americanista-europeo/article/view/267
Ramsay, S. (2011). On Building. Retrieved January 29, 2013, from http://stephenramsay.us/text/2011/01/11/on-building.html
Rodríguez Ortega, N. (2014). Prólogo: Humanidades Digitales y pensamiento crítico. In Ciencias Sociales y Humanidades Digitales: técnicas, herramientas y experiencias de e-Research e investigación en colaboración" (pp. 15–19). CAC, Cuadernos Artesanos de Comunicación. Retrieved from http://grinugr.org/en/biblioteca-de-medios/libro-ciencias-sociales-y-humanidades-digitales-tecnicas-herramientas-y-experiencias-de-e-research-e-investigacion-en-colaboracion/
Schmidt, D. (2010). The inadequacy of embedded markup for cultural heritage texts. Literary and Linguistic Computing, 25(3), 337–356. http://doi.org/10.1093/llc/fqq007
Svensson, A. (2014). El término Humanidades Digitales y los Estudios Latinoamericanos: una revisión bibliográfica. Anuario Americanista Europeo, 0(12). Retrieved from http://www.red-redial.net/revista/anuario-americanista-europeo/article/view/281
Takhteyev, Y. (2012). Coding places : software practice in a South American city. Cambridge, Mass: MIT Press.
Trettien, W. (2010). Digital Humanities vs the digital humanist. Retrieved from http://blog.whitneyannetrettien.com/2010/04/digital-humanities-vs-digital-humanist.html
Vinck, D. (2013). Las culturas y humanidades digitales como nuevo desafío para el desarrollo de la ciencia y la tecnología en América latina. Universitas Humanística, 76(76). http://doi.org/10.11144/5906
Wagner, C. S. (2008). The new invisible college : science for development. Washington, DC: Brookings Institution Press.
Yunta, L. R. (2014). Ciberinfraestructura para las humanidades digitales: una oportunidad de desarrollo tecnológico para la biblioteca académica. El Profesional de La Información, 23(5), 453–462.

[1] http://www.nines.org/
[2] TextGrid http://www.textgrid.de/en/ , Human Num http://www.huma-num.fr/, Project Bamboo

http://www.projectbamboo.org/
[3]http://www.ahrc.ac.uk/What-We-Do/Fund-world-class-research/Pages/Fund-world-class-research.aspx

De la digitalización a la preservación: un tratamiento integrado para la difusión del patrimonio documental de la Universitat de Barcelona

MIQUEL TÉRMENS

termens@ub.edu

Universitat de Barcelona

DOMINGO IGLESIAS

diglesias@ub.edu

Universitat de Barcelona

JUDIT CASALS

juditcasals@ub.edu

Universitat de Barcelona

ROSA FABEIRO

rfabeiro@ub.edu

Universitat de Barcelona

MARTA MERCADER

mercader@ub.edu

Universitat de Barcelona

Durante los últimos años el Centro de Recursos para el Aprendizaje y la Investigación (CRAI) de la Universitat de Barcelona (UB) ha invertido recursos económicos propios y se ha adherido a ayudas públicas para la digitalización de documentos seleccionados de sus fondos. Pero esta iniciativa no ha contado con el respaldo económico y técnico suficiente que permitiese pasar a una escala mayor de digitalización, como correspondería a una universidad y una biblioteca de esta envergadura. Como resultado de estas limitaciones el CRAI tampoco ha contado con un portal propio para mostrar sus obras digitalizadas, habiendo de utilizar portales cooperativos externos, en especial Memoria Digital de Catalunya (MDC) y la Biblioteca Virtual Miguel de Cervantes (BVMC).

Esta situación ha cambiado entre los años 2010 y 2014 con el proyecto que se expone a continuación.

Visión del proyecto:

Este proyecto fue previsto y se ha ejecutado bajo una visión integral que aúna las tres "patas" de la explotación digital del patrimonio: la digitalización de los contenidos, su consulta pública y su preservación a largo plazo. Como resultado se ha creado un Centro de Digitalización

(CEDI), se ha creado un portal de consulta (BiPaDi) y se ha establecido un sistema de preservación digital (Xanadú), todos ellos operativos en el momento actual.

A nivel estratégico, el proyecto ha buscado permitir dar a la UB un salto en su capacidad para crear, mostrar y gestionar fondos digitalizados de sus bibliotecas, de forma que en este campo la UB se pudiera posicionar a corto-medio plazo en una puesto preeminente a nivel nacional e internacional. La gran escala del proyecto ha sido pues un elemento clave para entender el diseño dado a los distintos componentes que lo forman.

El Centro de Digitalización (CEDI):

En la creación del Centro de Digitalización se marcó alcanzar los siguientes objetivos:

- Especialización en la digitalización de documentos en papel, fotografías en negativo y diapositivas.
- Capacidad de digitalización de libros encuadernados.
- Alto volumen de producción y de calidad.
- Alta capacidad de transformación de los resultados.

En definitiva se trata de que la universidad tenga capacidad propia para digitalizar casi cualquier documento de sus fondos, sin la necesidad de recurrir a la contratación de empresas externas. En este sentido el diseño del CEDI se ha inspirado en unidades parecidas que son comunes en las grandes bibliotecas universitarias norteamericanas y también en otros países.

El portal BiPaDi:

Aunque la universidad ya contaba con distintos repositorios que permitían la consulta de determinados documentos digitales, en especial de literatura científica, éstos no tenían la capacidad para almacenar grandes volúmenes de nuevos documentos procedentes de digitalización, ni de mostrar todas las tipologías documentales posibles. Por esta razón el proyecto incluyó la instalación de un portal específico de fondos digitales, llamado Biblioteca Patrimonial Digital (BiPaDi).

Para el mismo se ha usado el software comercial ContentDM, que permite la interoperabilidad con otros sistemas, así como la recolección por Europeana.

Sistema de preservación Xanadú:

Las acciones de digitalización previamente emprendidas por el CRAI ya habían generado un volumen importante de ficheros máster que era necesario conservar de forma adecuada. La puesta en marcha del CEDI añadía que se generarían de forma habitual grandes volúmenes de ficheros, del orden de varios terabytes anuales. Por ello era imprescindible crear una infraestructura para la preservación digital a largo plazo de todos los ficheros generados, solo así se podrían asegurar , así como generar nuevos servicios en el futuro, como ofrecer copias de alta calidad o imprimir facsímiles.

La estrategia consiste en el mantenimiento de un servidor oscuro (sin acceso público), que controla las estrictas políticas de ingestión de ficheros que se han diseñado y que monitoriza periódicamente la integridad (control MD5) y la consistencia de la replicación de los ficheros.

Conclusiones:

Con este proyecto la UB ha hecho un cambio radical en su forma de afrontar el reto digital, pues se ha pasado de la acumulación de pequeñas acciones y pequeñas inversiones a aplicar un modelo que podríamos llamar de producción industrial. Es habitual que esta escala de actuación sea la usada en grandes bibliotecas nacionales y universitarias a nivel internacional, pero hasta ahora esto no ha sido habitual en España.

La experiencia de la UB demuestra que las instituciones que poseen grandes fondos patrimoniales pueden y deben encarar el reto digital a una gran escala, pues solo así su aportación digital tendrá un impacto significativo en la sociedad.

Historias que cuenta la era digital: Malaika la princesa

FERNANDA ESPERANZA TUSA JUMBO

ftusa@utmachala.edu.ec

Universidad Técnica de Machala

Dentro de la línea temática "Análisis de contenido" este trabajo académico realiza un abordaje teórico del estudio de caso "Malaika la princesa", un corto de animación interactivo basado en un formato de alta ilustración artística y diseño gráfico, donde se demuestra cómo está cambiando en el siglo XXI las historias tradicionales del libro impreso al ser llevadas a la plataforma digital.

Para el estudio se utilizó la metodología del análisis cualitativo de contenido mediante el levantamiento de una matriz de información, tomando como referencia las variables: temática-argumento, innovación artística y de diseño, forma narrativa digital.

Como conclusión el presente trabajo infiere que la humanidad digital de los libros infantiles del siglo XXI presenta un alto potencial creativo e innovador que fomenta en sus lectores el desarrollo de nuevas capacidades, habilidades y competencias hasta ahora no vistas con los libros impresos, pues es gracias a la incorporación de lo digital que niños y niñas se convierten en protagonistas activos y dinámicos que cuenta sus propias historias.

Edición digital genética y facsimilar de los manuscritos literarios inéditos del pintor Timoteo Pérez Rubio (1896-1977)

JESÚS UREÑA BRACERO

jurena@unex.es

Universidad de Extremadura

Equipo:

Miguel Ángel Lama, Leticia Gándara Fernández, Jesús Ureña Bracero, Javier Pizarro Gómez (arte), Antonio Polo Márquez (técnico), Luis Arévalo Rosado (técnico), Ángeles Ferrer (bibliotecas) y Mª Eugenia de Gabriel Marín (bibliotecas).

El fondo documental de manuscritos y mecanoscritos del pintor Timoteo Pérez Rubio (Oliva de la Frontera, Badajoz, 1896-Rio de Janeiro, 1978), propiedad del Museo Extremeño e Iberoamericano de Arte Contemporáneo (MEIAC) de Badajoz, que lo conserva, contiene un total de 280 textos de creación literaria —poemas y textos en prosa—y 33 cartas y documentos de su archivo personal, que se completa con 161 fotografías, 15 textos de prensa y 22 dibujos.

El interés de este fondo es innegable, por la importancia de su autor y por su carácter inédito y desconocido. Así pues, la posibilidad de que la Universidad de Extremadura, en colaboración con el MEIAC, disponga de ese conjunto de documentos para su reproducción y tratamiento para la aplicación de marcación en TEI (Text Encoding Initiative), abriría una vía de investigación en el ámbito de las Humanidades de extraordinario valor, que, además, tendría una inmediata repercusión en el ámbito social y cultural, y no sólo en el específicamente científico y especializado.

El proyecto, en una primera fase, abarcará la reproducción y luego transcripción de sus dos secciones principales:

1. Textos literarios
2. Epistolario

En cuanto al análisis literario posterior de los textos mediante marcado TEI, uno de los principales objetivos del proyecto será obtener una edición genética que revele todos los detalles del proceso creativo, aunque también se llevará a cabo el marcado propio de otros contenidos filológicos (estudios introductorios, métrica, figuras de estilo, notas, índices de personas y lugares, bibliografía, etc.).

Puntos abordados en el proyecto y brevemente presentados mediante ejemplos en la ponencia:

- Avances sobre las cuestiones de derechos de autor y de propiedad intelectual para la edición digital del corpus. Convenios, contactos, petición de permisos, cesión de derechos, etc., entre Instituciones (Universidad de Extremadura, Gobierno de Extremadura), MEIAC y otros Museos, familiares, autores en los distintos apartados del trabajo, Fundación Léa Pentagna, etc.
- Normativas para la digitalización, alojamiento y preservación.
- Estructura de antología en marcado TEI P5 para este tipo de corpus.
- Fuentes primarias (prosa y poesía) y el módulo verse en TEI aplicado (verso libre, número de sílabas, rima).

- Marcado de introducciones y notas.
- Marcado de cartas en TEI usado en el proyecto.
- Marcado específico para la edición genética, textos en paralelo sobre etapas en la composición (varias salidas a partir de un mismo texto). Etapas escriturales y uso del atributo @stage.
- Marcado de análisis con posibilidad de búsqueda (temas, estilo, métrica)
- Imágenes enlazadas de cuadros y referidas al texto.
- Índices (personas, lugares) y bibliografía completa

Uso de estándares XML tales como XSLT y XQuery para la visualización y ejecución de consultas sobre la información. Además se buscará su almacenamiento en bases de datos Nativas XML (eXist) que permitan mejorar la eficiencia de las mismas.

Futuro del proyecto. Pervivencia:

Sería interesante presentar el propósito de integración, dado el perfil de Timoteo Pérez Rubio —un pintor que ofrece esta veta creativa de carácter literario—, de los testimonios de su obra gráfica —hay retratos, dibujos, bocetos...— con su obra poética. Relacionar ambos lados de su creación.

Renovarse o morir? Los gozos y las sombras en la teoría y en la práctica de las HD

CARMEN DE URIOSTE

carmenurioste@mac.com

Arizona State University

LUCIA BINOTTI

lbinotti@email.unc.edu

University of North Carolina, Chapel Hill

JENNIFER BYRON

jebyron@asu.edu

Arizona State University

Introducción:

El panel presenta algunas reflexiones en torno al área de las humanidades digitales que servirán para debatir tanto el cambio ocurrido en el concepto epistemológico de estudios humanísticos como el cambio en la forma de trabajar para llevarlos a cabo. Como señala Elena González-Blanco (2013), las humanidades gozan de nueva salud a pesar del pesimismo de las instituciones académicas en las últimas década, aunque esta buena salud depende del adjetivo digital. Consideramos, tanto desde un punto de vista teórico como desde el de algunos enfoques prácticos, los cambios epistemológicos acaecidos para pasar del concepto de humanidades tradicionales al concepto de humanidades digitales:

1. Transdisciplinariedad: Apertura a la re-definición de las humanidades y necesidad de colaborar con profesionales no académicos.
2. Trabajo en grupo: enfoque de trabajo en equipo modelado sobre las ciencias.
3. Big Data vs. Síntesis
4. Visualización/cambio representacional.
5. Público/Audiencia: ¿Para quiénes son las Humanidades Digitales?

Carmen de Urioste: "Mujeres y DH: ¿una relación sencilla?":

Siguiendo los postulados teóricos planteados en la introducción, se presentarán algunos casos de estudio que ejemplifiquen dichos conceptos. Muchos de los ejemplos estarán centrados en la mujer y tendrán una lectura feminista. Las DH son interdisciplinarias no solo dentro de las mismas humanidades, sino también como señala Antonio Rojas Castro (2013), en la necesidad de colaboración "entre humanistas, informáticos, diseñadores gráficos y bibliotecarios [como] modo de trabajar propio de los centros de Humanidades Digitales". Como consecuencia de la utilización de sistemas informáticos, el volumen de artefactos a analizar ha cambiado de proporción y en este momento los investigadores de las humanidades pueden acceder a miles de documentos cuando anteriormente sus análisis debían cuantificarse por cientos (en el mejor de los casos). En este mismo sentido, en el campo de las humanidades digitales se está realizando un cambio representacional que va desde la letra impresa hacia las representaciones visuales: gráficos, mapas, árboles (Franco Moretti).

Asimismo, aunque el investigador humanista ha sido visto como un individuo solitario trabajando aislado en su espacio, este concepto ha mudado en las DH hacia el concepto de laboratorio y grupo. Por último, se aprecia un cambio en el receptor de las HD ya que tiene que ser en la mayoría de los casos un lector activo y conocedor de las HD él mismo y no simplemente un lector pasivo.

Casos de estudio, entre otros:

- Chicana por mi raza: chicanapormiraza.org
- Gynocine: digitalhumanities.umass.edu/gynocine/node/76
- Base de datos de mujeres artistas en Argentina: cuartopropio.net/basededatos/omeka-2.2.2/
- American Artists on Spain: americanartistsonspain.com

Lucia Binotti: "Humanidades Digitales y reconfiguraciones disciplinarias":

How Do You Say It? es un proyecto interdisciplinario y comunitario que utiliza la herramienta digital DHPress para organizar y visualizar información sobre las variedades de español que se utilizan en la prevención de la violencia interpersonal (VIP) en las comunidades Latin@s de los EEUU. El proyecto se articula sobre una base de datos que recoge materiales textuales relativos a VIP disponibles en español. La interfaz gráfica permite consultar la colección de folletos, carteles, manuales, etc., y producir visualizaciones dinámicas e interactivas de sus resultados de búsqueda. Dichas visualizaciones permiten explorar conexiones entre los textos y éstas a su vez invitan una multiplicidad de análisis lingüísticos y culturales, contribuyendo así al desarrollo de intervenciones culturalmente apropiadas para esta población desprotegida.

La comunicación presenta el proyecto como ejemplo práctico de la transcendencia social y cultural, externa a los muros universitarios, que el análisis textual y lingüístico puede abarcar cuando explota para su conceptualización y desarrollo los conceptos y métodos de las tecnologías digitales. Al contiempo, discute cuáles son algunos de los retos y dificultades, tanto personales como institucionales, de embarcarse en una línea investigativa que pone en tela de juicio las definiciones tradicionales sobre el uso y el alcance de la crítica textual.

Jennifer Byron: "La negociación y reconfiguración de identidades en las obras de multimedia de Carmen Gil Vrolijk":

Carmen Gil Vrolijk es una artista colombiana de multimedia que reside actualmente en la ciudad de Bogotá. Sus proyectos utilizan una variedad de formatos de media: animación, fotografía, video, diseño sonoro y la técnica de mapping (donde sobrepone imágenes y video sobre objetos tridimensionales) para narrar temas de la injusticia social en Colombia, la identidad nacional colombiana, el género y los efectos que la globalización ha tenido sobre estos asuntos. Su obra "Manual de persuasión ilustrado" expuesto en 2013 investiga la manera en la cuál se construye la imagen y concepto de la mujer ideal a través de la media. Gil recopiló documentos de varias épocas, desde la "Guía de la buena esposa" escrita por Pilar Primo de Rivera hasta ejemplos de marketing que se ven hoy en día en revistas para demostrar, en las propias palabras de la artista, lo siguiente: "Hoy, con la globalización, estos ideales [culturales] tienden a ser cada vez mas homogéneos, las diferencias raciales y socio-culturales en la sociedad de consumo tienden a desaparecer, el mundo pareciera aplanarse; ir de viaje a otra ciudad es a veces una experiencia desilusionante, las mismas tiendas, las mismas marcas, las mismas caras en la publicidad" (Vrolijk). Este trabajo no solo examinará el "Manual de persuasión ilustrado" desde una perspectiva feminista y con el marco teórico del concepto de globalización, sino también sus videos "Tayrona", "Chicha" y su proyecto titulado "Electropolis 2011_Zaitania (mapping Iglesia de Lourdes, Bogotá)" como ejemplos de la negociación y reconfiguración de identidades nacionales a causa de la dispersión cultural a nivel internacional que permite el multimedia.

Obra citada:

Vrolijk, Carmen. "El Proyecto: El Manual de persuasión ilustrado". Carmenelectric.net. n.d. Web. 3 abr. 2015.

Gestor online de etiquetado TEIScribe

MIGUEL URÍZAR SALINAS

miguel_urizar@hotmail.com

El consorcio de la Text Encoding Initiative (TEI) se ocupa de mantener y velar por la edición de textos digitales en formato XML gracias a este estándar de facto que se ha generalizado como sistema de etiquetado más utilizado en proyectos de Humanidades Digitales. La iniciativa TEI permite la introducción de metadatos en textos variados, como por ejemplo ensayos o poemas.

Estos metadatos se crean en forma de etiquetas con atributos dentro de las mismas y pueden contener sólo texto u otros formatos de datos, por ejemplo imágenes. Crear estos metadatos y conservarlos en una biblioteca digital permite un almacenamiento más ligero, inteligente y seguro del trabajo realizado en distintas universidades, bibliotecas y otros espacios de trabajo con textos.

Aparte, tener digitalizados los textos y los metadatos permite su acceso más sencillo y rápido, al igual que permite hacer comparaciones con muchos más datos de un modo casi inmediato, permitiendo reutilizar los textos etiquetados anteriormente sin invertir demasiado tiempo en su comprobación y comprensión. Al ser el sistema de etiquetado más utilizado en proyectos de Humanidades Digitales, las fuentes son muy estables y la cantidad de metadatos viables para las comparación es bastante elevada.

TEIScribe surge para suplir las demandas cada vez más crecientes de una herramienta de etiquetado TEI sencilla para un usuario sin conocimientos de XML. La herramienta ofrece un entorno de trabajo multiplataforma en la nube, de forma que es accesible desde cualquier dispositivo (incluyendo móviles y tabletas, aunque no está aún optimizado). El diseño tiene un enfoque orientado a los editores de texto de escritorio ya existentes debido a la familiaridad que suelen tener los usuarios con ellos. TEIScribe también permite creación, modificación y eliminado de etiquetas y atributos con un par de clics. Ya que no todos lo proyectos tienen las mismas necesidades de etiquetado, cada texto está vinculado con un esquema que establece la estructura que puede tener el fichero TEI. La aplicación organiza en una base de datos los distintos ficheros TEI existentes y los vincula con su esquema TEI. De este modo la aplicación simplifica mucho el trabajo del usuario, ya que detecta errores en las etiquetas que no cumplen con el formato marcándolas con un color rojo y mostrando mensajes humanizados. Aparte, en el momento de crear o cambiar etiquetas, la herramienta selecciona las etiquetas disponibles en función de su posición. Distintos botones con imágenes representativas permiten subir o descargar tanto esquemas TEI como los ficheros de texto.

TEIScribe es una herramienta con mucho potencial que, desde el principio, está diseñada para permitir cambios y nuevas funcionalidades. El primer proyecto surge para Bieses, dentro del seno de LINHD, pero pretende ser utilizado en distints proyectos a lo largo de todo el mundo. Los esquemas TEI pueden venir en distintos formatos. Actualmente la aplicación trabaja con el formato DTD, pero se plantea agregar nuevos formatos más extendidos para aumentar la flexibilidad y versatilidad de la herramienta. Se pueden gestionar los errores para dar mayor información al usuario e incluso proponer soluciones. De la biblioteca de textos digitales se pretende extraer todos los metadatos para luego trabajar con ellos y exponerlos en una web nueva de contenido dinámico.

Si se pretende usar la herramienta en tabletas y móviles, se puede optimizar para estos gadgets. Está previsto desarrollar nuevas funcionalidades, como por ejemplo insertar una gestión de usuarios en un futuro que permita también la creación de distintos proyectos, de forma que cada coordinador de cada proyecto pueda incluir distintos usuarios en el mismo. Los usuarios sólo podrán ver los distintos proyectos a los que les hayan dado acceso, tarea que realizará un supervisor de proyecto.

Bibliografía:

• TEI Consortium, eds. Guidelines for Electronic Text Encoding and Interchange. 6-4-2015. http://www.tei-c.org/P5/.

Pequeños grandes corpus. Recursos en red para la investigación en lingüística histórica

GAEL VAAMONDE

gaelvmnd@gmail.com

MARINA SERRANO MARÍN

marina.occam@hotmail.com

ANDRÉS ENRIQUE ARIAS

andres.enrique@uib.es

Universitat de les Illes Balears

La investigación en lingüística histórica no ha sido ajena al desarrollo de las nuevas tecnologías informáticas, beneficiándose en las últimas décadas de las enormes ventajas que ofrecen los corpus en formato electrónico. Para el caso del español, los dos corpus diacrónicos en red más importantes y conocidos son el *Corpus Diacrónico del Español* (CORDE) y el *Corpus del Español* de Mark Davies. El gran volumen de texto recopilado –250 millones de palabras y 100 millones de palabras, respectivamente– los convierte en verdaderas herramientas de referencia.

Junto a ellos, en el ámbito hispánico han ido apareciendo recientemente otros corpus diacrónicos más especializados que, a expensas de reducir el tamaño de la muestra, permiten dar un salto cualitativo en el tratamiento de los datos. En este panel presentamos tres casos de corpus diacrónicos especializados: el corpus *Biblia Medieval*, los corpus *CHARTA* y *CODEA+2015*, y los corpus de *P. S. Post Scriptum*. Todos ellos son recursos de acceso libre en red que mejoran algunos aspectos con respecto a los dos macrocorpus citados, como son la uniformidad de criterios en las transcripciones o la publicación de las imágenes de los facsímiles. Presentan, además, otras particularidades que los singularizan. Por citar solo tres, *Biblia Medieval* se beneficia de las ventajas metodológicas de un corpus paralelo; la triple presentación de los documentos de *CODEA* posibilita estudios de carácter interdisciplinar; la naturaleza de los textos ofrecidos en *P. S. Post Scriptum* permite compensar, en su justa medida, la carencia de fuentes orales.

En suma, estas herramientas electrónicas constituyen un complemento idóneo de los grandes corpus existentes, aportando nuevos datos y nuevas posibilidades de búsqueda al estudio del español en perspectiva diacrónica. Ofrecemos a continuación un resumen de cada presentación.

Comunicación 1: El sitio web y el corpus Biblia medieval:

Desde el año 2008 se lleva poniendo en marcha el sitio *Biblia Medieval* (www.bibliamedieval.es). Este proyecto tiene como objetivo desarrollar recursos para el estudio de un fenómeno singular de la historica cultural hispánica; la traducción de la Biblia al vernáculo castellano en la Edad Media. El sitio contiene:

- Un índice de manuscritos con información sobre cada uno de los códices medievales que ha transmitido versiones bíblicas: contenidos, fecha, lengua fuente y breve descripción codicológica.
- Un corpus que permite consultar en paralelo la totalidad de los romanceamientos existentes junto a sus fuentes latinas o hebreas, con posibilidad de consulta de imágenes digitales de

los códices originales.

- Una bibliografía actualizada que contiene ediciones, tesis, estudios y reseñas en torno a las traducciones bíblicas medievales al castellano. La base de datos bibliográfica está indexada y muchas de las entradas reseñadas.
- Una página con recursos diversos sobre el español medieval, la historia de la lengua española, biblias y judaísmo.
- Una sección de preguntas frecuentes en la que se puede encontrar información asequible sobre aspectos diversos relacionados con la traducción bíblica al castellano en la Edad Media.

El aspecto más importante y novedoso de la web es el corpus *Biblia Medieval*, una herramienta informática de acceso libre en la red que permite la consulta en paralelo de las versiones bíblicas castellanas producidas a lo largo de la Edad Media así como acceder a los facsímiles de los originales. La creación de este recurso supone un avance importante en el estudio de la lengua y cultura en la Castilla medieval: por un lado se trata de la edición integral de los textos bíblicos medievales incluyendo importantes ejemplares que estaban inéditos o en ediciones de difícil acceso y por otro supone la creación de un corpus de cinco millones de palabras de texto paralelo, alineado con la fuente hebrea o latina, y con posibilidad de consulta de más de 17.000 imágenes digitales con el facsímil de los originales.

En esta comunicación se exponen las principales cuestiones técnicas y filológicas que ha planteado la confección de este corpus y se presentan algunas aplicaciones concretas del mismo para el estudio de la lengua y la cultura en la Castilla medieval.

Comunicación 2: Los corpus CHARTA y CODEA+2015:

La Red Internacional CHARTA ("Corpus Hispánico y Americano en la Red: Textos Antiguos") nació como reflexión de lo útil y ventajoso que resultaría para los estudios filológicos la edición de documentos archivísticos en español. Se trata de un proyecto innovador de dimensión internacional que, mediante la publicación en red de un corpus de documentos antiguos de los siglos XII-XIX de España e Hispanoamérica, pretende solucionar las nuevas necesidades de acceso a la información requeridas por los investigadores y satisfacer el creciente interés por los textos como fuente primaria de la investigación filológica e histórica. Los objetivos propuestos fueron la creación de una metodología y criterios comunes de edición de fuentes documentales y de un corpus ampliable y consultable en internet que diera cuenta del español en España y América en un amplio período de tiempo. Resultado visible son los criterios de edición, así como el establecimiento de una tipología documental (http://www.charta.es).

Al corpus de la Red Internacional CHARTA se incorporarán los documentos de CODEA 2011 ("Corpus de Documentos Españoles Anteriores a 1700" http://www.textoshispanicos.es). Este proyecto creó en su primera fase un corpus con 1502 piezas de diferentes archivos preparadas en doble presentación (transcripción paleográfica y presentación crítica) y con una muestra de 63 facsímiles del Archivo Municipal de Toledo. En su fase actual, CODEA+2015 ("Corpus de Documentos Españoles Anteriores a 1800") se ha propuesto no solamente cubrir el hueco que existía en la documentación diacrónica del español, sino que pretende dar un salto conceptual mediante la ampliación del corpus en más de 1000 documentos; incorporar un sistema de navegación, búsquedas y herramientas novedosas de análisis; y, elaborar estudios con una metodología cualitativa y cuantitativa de examen de los documentos.

Este avance significativo puede observarse en la nueva web del corpus. Los textos aparecen ante el usuario en una triple presentación (transcripción paleográfica, presentación crítica y reproducción facsimilar). Se puede acceder a ellos mediante la navegación en el corpus buscándolos por signatura archivística, data, localización geográfica, ámbito de emisión, tipología documental, tipo de letra, (fórmula del) escribano, la presencia de mujeres en la elaboración del documento y palabras clave. Además, la web incorpora un aparato estadístico que permite realizar análisis cuantitativos de carácter cronológico, diastrático y diatópico. Los resultados se pueden exportar directamente a mapas, facilitando así el análisis lingüístico de textos.

Comunicación 3: El proyecto P. S. Post Scriptum:

P. S. Post Scriptum (http://ps.clul.ul.pt/index.php) es un proyecto de investigación interdisciplinar formado por lingüistas e historiadores que se desarrolla desde el año 2012. Su objetivo fundamental es la creación de dos corpus diacrónicos compuestos por cartas privadas, uno para el español y otro para el portugués. El marco cronológico estudiado es la Edad Moderna, desde el siglo XVI hasta el primer tercio del siglo XIX, y el tamaño del corpus alcanzará al final del proyecto, en 2017, un total de 3500 cartas (un millón de palabras, aproximadamente) para cada lengua.

Estas epístolas constituyen textos inéditos producidos por autores de muy diversa condición social y se conservaron hasta nuestros días como parte de la documentación judicial e inquisitorial de la época, ya que estos tribunales solían hacer uso de la correspondencia privada como prueba instrumental de los delitos que se juzgaban, esto es, para condenar o exonerar a sus autores, a sus destinatarios o a otras personas relacionadas o mencionadas en el contenido de las misivas. Generalmente, la lectura atenta del proceso permite contextualizar la situación comunicativa de la carta, así como trazar un perfil biográfico de autores y destinatarios. Estas fichas biográficas están siendo almacenadas en una base de datos independiente, cuya información es posible cruzar con los datos del corpus.

P. S. Post Scriptum ofrece un recurso digital para el estudio de la escritura cotidiana en España y Portugal durante la Edad Moderna que responda a los intereses de varias disciplinas: la crítica textual, la lingüística histórica y la historia cultural. Actualmente, están disponibles para su consulta los siguientes aspectos:

- La digitalización del facsímile
- La edición crítica digital de los textos
- La correspondiente edición normalizada
- La contextualización de las cartas
- La descripción física del manuscrito
- Las fichas biográficas de autores y destinatarios
- La anotación morfosintáctica y sintáctica del corpus (en fase experimental)
-

Toda esta información se integra en una interfaz llamado TEITOK que facilita no solo la consulta de cualquiera de los aspectos mencionados sino también la búsqueda cruzada de los datos. Además de la consulta en línea, el usuario puede descargar libremente los archivos XML con la transcripción (<body>) y el extratexto (<header)> de cada carta, así como los achivos TXT con la parte del corpus que ya ha sido anotada.

Introducción al proyecto Códice (Comunicación Digital: Corpus del español): repositorio de datos multimodales de tipo interaccional.

CRISTINA VELA DELFA

vela@fyl.uva.es

Universidad de Valladolid

LUCÍA CANTAMUTTO

luciacantamutto@gmail.com

Universidad Nacional del Sur - Conicet - Universidad Nacional de Comahue

Este póster muestra aspectos centrales del proyecto CODICE (COMUNICACIÓN DIGITAL CORPUS DEL ESPAÑOL https://sites.google.com/site/proyectocodice/), cuyo objetivo central del proyecto es la creación de un repositorio abierto y colaborativo de muestras representativas de distintos géneros del discurso digital, prioritariamente de tipo interaccional.

Este proyecto emerge tras la detección de una necesidad dentro del campo de estudios de la comunicación digital y, en particular, dentro de los estudios sobre el español. Los investigadores del campo de la interacción mediada por diferentes plataformas e interfaces se enfrentan con problemas de orden metodológico en la configuración de sus objetos de estudios: la dificultad para establecer muestras de datos estables, representativos, fiables, con cierta objetividad y validez. Máxime aun cuando en el análisis se quiere mantener ciertos rasgos intrínsecamente propios de las muestras de lengua de la comunicación digital que fungen como propiedades constitutivas (multimodalidad, multisimultaneaidad e hiperpersonalidad) entre otros factores que puedan interferir en la elaboración del intrumento. ¿Es posible abordar la complejidad propia de estos datos en la recolección de los datos? ¿Es posible fijar estos datos? ¿Etiquetarlos? Preguntas como estas han obligado a los investigadores a trabajar con datos no suficientemente idóneos.

La hipótesis de partida es que las dificultades de recogida y fijación de este tipo de datos justifican la limitaciones de las muestran con las que trabajan los investigadores, que en situaciones extremas deben recurrir a la propia introspección o al estudio de textos provenientes de círculos próximos. Ante tal situación, en CODICE proponemos un espacio colaborativo y abierto a la comunidad científica, en el que distintos investigadores pongan a disposición muestras de lengua simples (fragmentarias y recolectadas mediante diferentes instrumentos) y muestras ricas (recogidas en procesos de introspección y con mayor cantidad de datos contextuales). En este sentido, estamos seguros que la creación del repositorio CODICE, en el que se compartan estos datos, permitirá la suma de muestras fragmentarias con las que lograr un corpus suficientemente representativo junto a muestras de gran valor para el estudio de variación intra e inter lingüística. Una vez establecidos los estándares comunes, en lo que concierne principalmente a los factores contextuales y situacionales, y de la propia naturaleza de los datos, se favorecerán los análisis sociopragmáticos y sociolingüísticos. En particular, respondiendo a los retos derivados de la multimodalidad y la hiperpersonalidad del medio. Dos características profundamente relacionadas que determinan buena parte de estos datos y que debieran, por ende, tener un reflejo en la metodología de recogida.

El proyecto CÓDICE presenta una orientación doble, por un lado, de reflexión metodológica que se evidencia en la planilla de transcripción de muestras de lengua y en el material complementario que se provee sobre la metodología de la conformación de corpus en la comunicación digital y, por otro lado, la sistematización de datos. En el póster se observarán aspectos centrales de los datos de comunicación digital, así como aspectos de su recogida y transcripción, para estudios de corte sociopragmáticos y sociolingüísticos.

Sobre el diseño de un corpus para el análisis del discurso digital en el marco del proyecto CODICE

CRISTINA VELA DELFA

vela@fyl.uva.es

Universidad de Valladolid

LUCÍA CANTAMUTTO

luciacantamutto@gmail.com

Universidad Nacional del Sur - Conicet - Universidad Nacional de Comahue

En esta comunicación presentamos los avances del proyecto CODICE (Comunicación Digital Corpus del Español), orientado al diseño e implementación de un repositorio de discurso Digital en español. En la actualidad, CODICE es aún un proyecto en desarrollo que no ha sido abierto a la comunidad científica. En el corto plazo se dispondrá del dominio Web que servirá de plataforma tanto para acceder a los datos –mediante una ficha de inscripción donde se requieren datos de afiliación institucional a algún centro de investigación, universidad o instituto reconocido —como para depositar o cargar las muestras de lengua.

La importancia de CODICE radica en tres aspectos complementarios: por un lado, por la metodología de recogida, se accederá a dos tipos de datos unos de orden masivos y fragmentarios (muestras simples), y otros más personales y enriquecidos (muestras ricas), tal como se explica a continuación. Por otro, la continua alimentación del repositorio favorecerá la perspectiva diacrónica, y de lingüística histórica, del discurso digital en español.

El objetivo principal del proyecto CODICE es poner a disposición de la comunidad científica datos primarios, para solventar una de las principales carencias que el análisis del Discurso Digital tienen en relación a la lengua española. Uno de los problemas con los que se enfrenta el investigador de esta área estriba en el establecimiento de corpus de datos: no siempre es posible la recogida de muestras de lengua que conserven la representatividad necesaria para legitimar un estudio (Toruella y Llisterri, 1999) y cuando es posible acceder a ellas muchas veces se pierden datos multimodales y contextuales que resultan críticos para entender muchos fenómenos de la comunicación digital. Por ello, muchos investigadores se han visto obligados a trabajar con corpus "escasos" (Ling, 2005) o "fortuitos" (Campano Escudero, 2007). Estas circunstancias limitan el avance y la consolidación de la disciplina.

Para solventar esta carencia, se requiere establecer corpus estables de muestras de lengua de la comunicación digital. El objetivo de este trabajo es doble, por un lado, a partir de los antecedentes encontrados, reflexionar sobre los problemas metodológicos de recogida y fijación de datos en estos dispositivos de comunicación. Por otro lado, describir el proyecto de creación de un repositorio abierto y colaborativo de comunicaciones digitales (CODICE), que permita avanzar en los estudios de variación sociolingüística y pragmática intra/interlingüística.

Este proyecto se articula en tres fases diferentes. En la primera fase se han abordado las cuestiones relativas a la reflexión metodológica. Por las características del proyecto, creemos que las discusiones metodológicas previas a la publicación del repositorio son prioritarias. En ellas hemos reflexionados sobre las naturaleza de las muestras de lengua con las que se trabaja en el análisis del discurso digital (Vela & Cantamutto, *en prensa* a) que se caracterizan por su multimodalidad y su multisumultaneidad. Además, hemos abordado los principales problemas con que se topan los investigadores en el proceso de fijación y transcripción de las muestras (Vela &

Cantamutto, en prensa b): intercambios simultáneos, gestión temporal difusa, multiplicidad de plataformas, etc. Ante la ausencia de corpus de conjunto y la dificultad que implica la recolección de muestras de datos ad hoc, en el proyecto CODICE nos decantamos por la propuesta un repositorio abierto y colaborativo que, si bien pudiera parecer en principio una solución precaria, permite aunar esfuerzos de muchos profesionales (Cantamutto & Vela, en prensa). Además, un repositorio con una orientación eclética favorece la puesta en relación de muestras con carencias parciales, que al unirse se complementan. Por todo ello, en el repositorio se encontrarán con dos perfiles de muestras:

1) Las muestras simples: resultantes de recogidas masivas de datos a través colaboradores. Estas serán probablemente pobres en recursos multimodales, pero tendrán la ventaja de la representatividad.
2) Las muestras ricas: recogidas en procesos de introspecciones sistematizadas y fijadas a partir de las prácticas comunicativas de los propios investigadores. Serán más ricas en datos contextuales y más pobres en representatividad.

Una vez establecida la reflexión metodológica, en una segunda etapa se debe proceder a diseñar un modelo de recogida de datos destinado a alimentar el repositorio. Para ello, será necesario contar con una plantilla lo suficientemente enriquecida para que satisfaga, al menos, la mayoría de las características de las comunicaciones digitales actuales (Vela & Cantamutto, *en prensa b*). Cerrada esta fase, en la tercera abordaremos la alimentación del repositorio.

Actualmente no encontramos entre la primera y la segunda fase del proyecto. Para testar la plantilla que estamos diseñando se está procediendo a la recogida de una muestra de discurso digital. Tal acción nos plantea una serie de reflexiones metodológicas complementarias orientadas, principalmente, a la reflexión sobre los géneros del discurso digital (López Alonso & Séré, 2003, Deborah Schiffrin, Deborah Tannen, and Heidi E. Hamilton, 2001, Yus (2010),). Esta nos llevará a poner en discusión las siguientes cuestiones:

- ¿es preferible optar por un criterio de clasificación basado en la aplicación tecnológica o en criterios enunciativos? En muchas ocasiones las aplicaciones albergan interacciones con una naturaleza muy dispar
- ¿Qué unidades del referencia pueden resultar operativas en estos entornos? ¿Se puede volver los ojos al modelo tradicional del Análisis de la conversación, propuesto, entre otros por la pragmática dialógica (Kerbrat-Orecchioni, C. (1996) o resulta imprescindible la propuesta de alternativas más eficientes para la sistematización de estos entornos (Alcantaá Pla, 2014, Vela Delfa & Jiménez Gómez, 2011)
- ¿Qué metodología de recogida/observación se adapta mejor a estos entornos? En tanto que muestras relativas a la comunicación privada e interpresonal, los investigadores se ven obligados a optar bien por la opción de que las muestras sean filtradas y sistematizadas por los propios informantes o bien porque estas estas sean recogidas a partir de procesos de observación participante en los que intervienen los propios inventigadores. Ambas opciones presentan limitaciones (Vela & Cantamutto, *en prensa b*).

En esta comunicación queremos presentar el proceso de recogida de una muestra de lengua del discurso digital con el objetivo de abordar los problemas específicos que encontramos en el proceso a fin de proponer soluciones que se adapten al marco del repositorio CODICE. Más que las respuestas, nuestro interés en esta fase está en la preguntas que puedan plantearse, porque a partir de ellas podremos generar estándares efectivos para la sistematización de este tipo de datos.

Bibliografía:

Alcantará Plá, M. (2014): "Las unidades discursivas en los mensajes instantáneos de wasap", *Estudios de Lingüística del Español*, 35, pp. 223-242

Campano Escudero, B. (2007): "Análisis lingüístico-pragmático de un corpus de mensajes SMS", Ferrán, 8, nov., pp. 185-210, en www.educa.madrid.org/web/ies.jaimeferran.colladovillalba/revista2 (consulta: mayo de 2011).

Cantamutto, L. & Vela Delfa, C. (*en prensa*), "Repositorio abierto de comunicaciones digitales: hacia la construcción de un corpus para el español", *I Jornadas Nacionales de Humanidades Digitales*. Buenos Aires: AAHD FyL-UBA

Kerbrat-Orecchioni, C. (1996) *La conversation*, Seuil, Paris.

Ling, R. (2005): "The sociolinguistics of SMS: An analysis of SMS use by a random sample of Norwegians". Mobilecommunication, London: Springer , pp. 335-349.

López Alonso, C. & Séré, A. (2003) *Nuevos géneros discursivos: los textos electrónicos*, Madrid, Biblioteca Nueva.

Schiffrin, Deborah, D. Tannen and H. Hamilton (eds.) (2001): *The Handbook of Discourse Analysis*. Malden, Mass: Blackwell.

Torruella, J., & Llisterri, J. (1999): "Diseño de corpus textuales y orales". Filología e informática. Nuevas tecnologías en los estudios filológicos, Barcelona: Departamento de Filología Española,Univ. Autónoma de Barcelona: Editorial Milenio, pp. 45-77.

Vela Delfa, C., & Jiménez Gómez, J. (2011): "El sistema de alternancia de turnos en los intercambios sincrónicos mediatizados por ordenador", *Pragmalingüística*, 0(19), pp. 121-138.

Vela Delfa, C. & Cantamutto, L. (*en prensa a*), "¿Qué datos se estudian n el Discurso digital?", Actas del Congreso AESLA 2015

Vela Delfa, C. & Cantamutto, L. (*en prensa b*), Methodological approach to the design of digital discourse corpora in Spanish. Proposal of the CÓDICE Project", 7th International Conference on Corpus Linguistics: Current Work in Corpus Linguistics: Working with Traditionally-conceived Corpora and Beyond (CILC 2015)

Yus, F. (2010): *Ciberpragmática 2.0. Nuevos usos del lenguaje en Internet*, Barcelona: Ariel.

Multimodality as an Approach to Model Digital Publications

NIELS-OLIVER WALKOWSKI

In my presentation I will introduce a new approach to research on digital publications, especially in the context of e-Science and Digital Humanities. The content of this presentation reflects an ongoing research project which aims at defining an OAI-ORE based model for multimodal digital publications.

Problem: The State of Digital Publication Forms:

Research is discursive practice. This claim is applicable in two ways: first, research is a social activity and second, knowledge is a phenomena which resides and is created in discourse. Publications are objects that used to support well both aspects because they partly suspended space and time in communication. Globally, this quality of publications improved the conditions for knowledge dissemination. Structurally, it improved the conditions for the creation of more complex meaning and reliable knowledge. Publications take discourse out of the flow of space and time and re-materialize it into an object which moves across space and time instead. However, materiality dramatically changed shape in digital world and there are activities allover to change the shape of publications likewise.

Approaches like Enhanced Publications (Sierman, Schmidt, and Ludwig 2009; Holl 2012), Scientific Publication Packages (Hunter 2008) or Semantic Publications (David Shotton 2009; D. Shotton et al. 2009; Bourne et al. 2012), Nano Publications (Mons and Velterop 2009; Groth, Gibson, and Velterop 2010) among many others propose to make publications modular, formally annotated, distributed, multi-media, including data and software, a living entity, automatically reproducible and much more. In contrast to these abundant activities which started at least in 1995 with the ACM Publishing Plan (Denning and Rous 1995) its success seems quiet limited. This is especially true for the field of the Humanities. The PDF is still the most common digital publishing strategy (David Shotton 2009). Where publications are more sophisticated its richness is bound to the portal where it is produced or presented, like it is the case for Scalar (ANVC), myExperiment ("MyExperiment") or Authorea ("Authorea").

Digital publications are often ideologically bound to certain domains and to the *End of Theory* debate (Anderson 2008). Contrasting examples from the field of DH (ANVC; "Journal of Digital Humanities") explore new possibilities of multimedia writing but do not offer a generalizable model. Hence, new publications lack sustainability in terms of concepts and preservation. Accordingly, there are many models and few tools for their production. Their potentials remain unexploited and the reality of digital discourse that takes place is rarely objectifiable.

Approach: Multimodal Analysis and Systemic-Functional-Grammar:

The benefit of publications is twofold as I claimed at the beginning. However, digital publications tend to focus on the communication and dissemination aspect of publications and neglect or take for granted aspects of meaning making and knowledge – the ideological background. Naturally, these aspects are of special importance for the field of Humanities which study and communicate in distinct types of meaning material. It is this part which suggest changes in the way knowledge and thus publications function in society. The question of digital publications is not how to do old things better due to digital technology. The question is how to do things good in a changing world of digital technologies. Thus, what is missing in the debate around digital publications is a theoretical framework which is capable to contribute both to the sociocultural reevaluation of knowledge and publications as well as to the formalization and implementations of digital publications. In this respect I propose the field of and Multimodal Analysis.

Multimodal Analysis is a research field which grew out of Social Semiotics, a branch in linguistics initiated by Michael Halliday (1978; 1985). One of the main claims of Social Semiotics stresses that signs are socially constructed and thus that there is no categorical realm of signs, for example language. Multimodal Analysis is following this claim by investigating semiotic and grammatical structures in linguistic and non-linguistic resources like: visuals, audios, colour, space, rhythm and so forth. Furthermore, Multimodal Analysis investigates how these resources relate to each other grammatically. In doing so Multimodal Analysis offers sophisticated insights on structural and semantic aspects of discourse beyond language. Additionally, the historical orientation in a social approach to language makes it possible to evaluate how the configuration of signs and grammar as a condition for meaning and knowledge change over space and time.

By stretching Multimodal Analysis it is possible to make two claims:

1) computation is one but not the only theme in and for digital publications as many existing models suggest. Instead, the omnipresence of computation provokes a proliferation of strategies (interfaces) to create knowledge;
2) the dominant function of publications in a digital world will shift from dissemination to the creation of complex knowledge which is hardly organisable outside of such a framework like publications.

Benefit: How Multimodal Analysis improves the Conditions for Digital Publications:

The design of digital publications may benefit from Multimodal Analysis in several ways: Its grammatical and functional contents are very useful to derive semantics for a formal model of digital publications. The sociocultural perspective is suitable to approach digital publications in a sustainable way. This will promise to improve conditions for long term preservation and for authoring tools. Multimodal Analysis and the realization of multimodal digital publications will help to advance digital literacies, thus the capacities to write and read multimodal texts in a publicly understandable that means rule oriented way. Finally, it will support the adoption of digital technologies and computational methods in the Humanities because they are contextualized in a way which is integrative and not exclusive.

In the presentation I will give a short overview about examples of digital publications for the purpose to expose its common problems. I will substantiate the claim that multimodal analysis is a promising approach to frame modeling tasks for digital publications. Finally, I will indicate how certain high-level concepts of multimodal analysis can be transformed to fit the needs of modeling digital publications. Publications which are capable to include data, code and media of varying type and to organize them in distinct ways.

Bibliography:

Anderson, Chris. 2008. "The End of Theory: The Data Deluge Makes the Scientific Method Obsolete." *Wired Magazine*, no. 16.07.

ANVC. "Scalar." http://scalar.usc.edu/.

"Authorea." https://www.authorea.com/.

Bourne, P. E., T. W. Clark, R. Dale, A. de Waard, I. Herman, E. H. Hovy, and D. Shotton. 2012. "Improving The Future of Research Communications and E-Scholarship.

Denning, Peter J., and Bernard Rous. 1995. "The ACM Electronic Publishing Plan."

Communications of the ACM 38 (4): 97–109. doi:10.1145/205323.205348.
Groth, P., A. Gibson, and J. Velterop. 2010. "The Anatomy of a Nanopublication." *Information Services and Use* 30 (1): 51–56.
Halliday, Michael. 1978. *Language as Social Semiotic: The Social Interpretation of Language and Meaning*. Baltimore: University Park Press.
———. 1985. "Part A." In *Language, Context, and Text: Aspects of Language in a Social-Semiotic Perspective*, by Michael Halliday and Ruqaiya Hasan, 1–49. Geelong, Victoria: Deakin University Press.
Holl, Andras. 2012. "Information Bulletin on Variable Stars - Rich Content and Novel Services for an Enhanced Publication." *D-Lib Magazine* 18 (5/6). doi:10.1045/may2012-holl.
Hunter, J. 2008. "Scientific Publication Packages–A Selective Approach to the Communication and Archival of Scientific Output." *International Journal of Digital Curation* 1 (1): 33–52.
"Journal of Digital Humanities." http://journalofdigitalhumanities.org/.
Mons, B., and J. Velterop. 2009. "Nano-Publication in the E-Science Era." In *Workshop on Semantic Web Applications in Scientific Discourse (SWASD 2009)*.
"MyExperiment." http://www.myexperiment.org/home.
Shotton, D., K. Portwin, G. Klyne, and A. Miles. 2009. "Adventures in Semantic Publishing: Exemplar Semantic Enhancement of a Research Article."
Shotton, David. 2009. "Semantic Publishing: The Coming Revolution in Scientific Journal Publishing." *Learned Publishing* 22 (2): 85–94.
Sierman, Barbara, Birgit Schmidt, and Jens Ludwig. 2009. *Enhanced Publications : Linking Publications and Research Data in Digital Repositories*. Surf / EU-Driver. Amsterdam: Amsterdam University Press.

Using Stylometry to Model Transmission of Arabic Wisdom Literature in Medieval Europe: the Case of the Bocados de oro

DAVID JOSEPH WRISLEY

dwrisley@gmail.com

One instance of knowledge transfer from the Islamic world into medieval Europe that remains understudied is a textual compilation of the lives and sayings of mostly Hellenic philosophers composed in Arabic by al-Mubashshir Ibn Fatik, known as the Mukhtār al-Ḥikam wa-maḥāsin al-kalim. Unlike the other Hellenic gnomic collections compiled in Baghdad over the period of the eighth to tenth century (Gutas), al-Mubashshir Ibn Fātik was active in Cairo in the second half of the eleventh century. This means that the text's genesis is coterminous with the height of Fatimid power and Shi'i Ismaili learning, an influence that emerges prominently in different parts of the compilation. This text circulated in Iberia and was translated into Castilian in the mid-thirteenth century, a fact which facilitated its widespread reception in Europe with subsequent translations into Latin in the thirteenth century, and then into French, Occitan and English all in the fifteenth century. The significance of studying the tradition should be obvious: it illustrates the transmission of one strand of Greco-Arabica—Mediterranean political and philosophical thought collated by Muslim scholars—into Western Europe. The number of manuscript witnesses of the translations in all languages is considerable—about one hundred twenty at the time of writing—with about seventy in middle French alone. Outside of Hispanist circles, where the MHMK is a well-known influence on thirteenth-century Castilian literature, through the text known as the Bocados de oro, the text's influence in Italy, the Empire and northwestern Europe is not well documented. This article attempts to show how digital research methods can help us to explore such uncharted domain. I will argue that computational stylistics facilitate exploration of such a corpus at the formative stages of a larger research project. Using a corpus of some 60+ Castilian texts, 240+ medieval Latin texts and 360+ medieval French texts, consensus-tree stylometric analyses were performed using the Stylo package in R (Eder et al). These analyses were carried out in order to identify the particular linguistic communities bearing a similar lexical imprint, the results of which I claim are heuristically suggestive of the communities in which these translations are likely to have emerged. This research generates new viewpoints from which to consider contexts of textual transmission of works of Arabic origin in medieval Iberia and beyond. Such communities were, however, not monolingual. The bilingual interface with Latin in both the Iberian and French corpus pose certain methodological problems which will be discussed in the paper. I will engage with some of previous hypotheses about authorship, dating and provenance, but I will also point out what we do not yet know about the MHMK tradition and how stylometry points out new paths of inquiry for medieval literary history.

Del juego al aprendizaje. Juegos digitales para complementar conocimientos de paleografía

LEONOR ZOZAYA

leonorzozaya@gmail.com

Coimbra University

MIGUEL MORALES

mignaciomm@gmail.com

Independent Researcher

Son numerosas las virtudes del juego como apoyo al aprendizaje y al desarrollo de la cultura, según defendió Huizinga (Homo Ludens, 1938).

Por su parte, Roger Caillois explicó cómo el juego disciplina los instintos, pues hace acatar restricciones, a la par que es fuente de placer (Los juegos y los hombres, 1967).

El juego tiene ventajas que pueden mejorar los conocimientos de cualquier materia. Por ejemplo, aquí se trata de su aplicación en la paleografía, disciplina que estudia la escritura antigua ("paleo" significa antigua, y "grafía", escritura). En concreto, aquí nos focalizaremos en la rama dedicada a su lectura, centrada leer e identificar grafías.

La innovación docente en paleografía ya ha logrado grandes méritos con diversos cursos online. Muchos presentan una apariencia lúdica, y además en ocasiones incluyen juegos propiamente dichos. Por ejemplo, the course of Palaeography of the Nacional Archives incluye "The Ducking stool game"[1]. Pero aún hay pocos juegos en el panorama internacional.

Aquí se propone un nuevo juego, construido con un "free educational programming languaje" libre online. Tiene la finalidad de motivar y complementar otros conocimientos adquiridos sobre paleografía (y también de historia), en forma de reto o desafío.

En el congreso se hará una demostración que aún se halla en fase alfa, que consiste en la siguiente historia.

El jugador ha logrado hacer un viaje al pasado. No recuerda nítidamente muchas cosas, pues aún está bajo el efecto de una pócima secreta con que le ha sedado el enemigo inquisidor (esa amnesia temporal justificará ir dándole claves).

Bajo una identidad secreta, adquiere el sobrenombre de Santos (un clérigo que realmente vivió en la España Ilustrada, y arriesgó su vida por difundir conocimientos demasiado innovadores para su época).

El jugador ha descubierto Gnosípolis, la ciudad del conocimiento, que fue creada bajo tierra para burlar a la Inquisición Española. Sus formas están construidas para confundir. Aunque los espacios parezcan abiertos, son infranqueables, y debes abrirlos descifrando las letras antiguas. Así franquearás la puerta invisible, la escalera infinita o el vano inconcluso, para, finalmente...

[1] http://www.nationalarchives.gov.uk/palaeography/game/default.htm

Índice de intervinientes

Índice de intervenciones

www.ingramcontent.com/pod-product-compliance
Lightning Source LLC
Chambersburg PA
CBHW080552060326
40689CB00021B/4831
9781517568184